상식이 통하는 목사

상식이 통하는 목사

삶에 밑줄 긋기

김요한 지음

새물결플러스

차례

제2부 목사와 영성

제3부 목사와 윤리

글을 시작하며

1. 살다 보면 하기 싫은 일을 해야 할 때가 있고 원치 않는 일에 휘말릴 때도 있다. 내게는 이 책에 실린 글을 쓰는 것이 그런 일이었다. 여기 있는 글들을 쓰게 된 단초는 지극히 우발적인 해프닝에서 비롯되었다. 두어달 전 내가 페이스북에서 한국 언론의 냄비 근성과 전문성 부족을 지적하는 글을 포스팅하자 누군가 댓글로 나더러 "개목사"라고 비아냥댔다. 그래서 그이의 페이스북 계정에 들어가보니 목사였다. 그런데 그 목사란 이의 계정은 온통 박근혜를 찬양하는 포스팅으로 도배되어 있었다. 참 어이가 없었다. 그런 이에게 개목사 소리를 들은 게 억울하기도, 분하기도 했다. 그래서 대체 우리 시대에 한국사회에서 목사로 살아간다는 것이 무엇인지에 대해 일련의 글을 써보기로 했다. 무슨 거창한 글을 쓰겠다는 것이 아니라 그냥 상식적인 수준에서 목사에 대한 개념 정의를 내려보고 싶었다. 이 글들은 그렇게 세상에 첫 발을 내디뎠다.

상식이 통하는 목사

2. 2017년 8월은 힘겹고 고단한 날들의 연속이었다. 한 달 동안 무려 9권의 책을 교정봤다. 그중 한 권은 1150쪽, 또 한 권은 800쪽, 두 권은 650쪽, 그리고 나머지 다섯 권은 300-400쪽 내외의 책들이었다. 평범한 사람은 그냥 읽기도 어려운 책들을 한 달 사이에 무려 9권이나 꼼꼼히 교정을 봤다. 그 외에도 회사 경영자로서 온갖 업무와 관련한 일들을 체크해야 했고, 그 사이사이 나더러 목사랍시고 찾아오는 사람들을 만나 상담하고 기도하는 일도 빼놓을 수 없는 일과 중 하나였다. 물론 사적인 삶도 챙겨야 했다. 이 책에 실린 글들은 그 빼곡한 스케줄을 겨우 비집고 들어가 페이스북에 연재했던 것들이다. 내 삶에 개평처럼 주어진 시간들을 이용해 글을 썼기 때문에 당연히 거칠고 투박할 수밖에 없다. 핑계이기도 하고 진실이기도 하다.

3. 나는 교회와 목사의 기준을 가급적 높이 잡는 것이 옳다고 믿는 사람이다. 바꿔 말하면, 교회와 목사의 기준을 낮추는 것은 일종의 죄라고 생각하는 사람이다. 오랫동안 신약성서를 공부하면서 내린 결론이다. 교회와 목사는 거룩할수록 교회 답고 목사 답다. 그것이 주님의 뜻이다. 그렇지만 "목사"란 주제로 글을 쓰면서 그렇게 높은 기준을 적용할 수가 없었다. 기독교가 개독교로 불리는 기가 막힌 현실에서, 그 현실이 감당할 수 없는 관념적인 수준을 논하고 싶지 않아서다. 그래서 누구나 알아듣고 공감할 수 있는 수준에

서 목사 이야기를 해보자고 마음먹었다. 그리고 가급적 그런 글을 쓰려고 했다. 실제로 내 주변에는 교회 문턱에 몸을 간신히 걸치고 방황하는 개신교인들이 적지 않은데 그들 모두 이구동성으로 "그저 상식만이라도 통하면 그냥 교회에 남겠다"고 말하는 것을 어렵지 않게 듣곤 한다. 이 책의 제목을 『상식이 통하는 목사』로 잡은 이유다. 신약성서는 우리에게 영광스러운 교회를 꿈꾸라고 당부하는데 반해 우리의 진짜 현실은 교회가 다만 상식이라도 지켰으면 좋겠다고 하니, 이 골과 괴리가 오늘 한국 개신교회의 민낯인 셈이다.

4. 여기 있는 글들을 처음 페이스북에 연재할 때만 해도 그것을 모아 책으로 출판할 생각은 전혀 없었다. 연재가 거의 마무리되어가는 시점에서도 마찬가지였다. 솔직히, 그냥 버리자니 어딘가 아깝고, 책의 형태로 세상에 내놓자니 부끄러운 글이었다. 일종의 계륵인 셈이었다. 거칠고 성긴 글들을 책으로 낼 수 있었던 결정적 동기는 페이스북 친구들이 보내준 격려와 응원 덕분이었다. 글이 연재되는 동안 수많은 사람들이 관심을 갖고 호응을 해주었고, 글 쓰기를 다 마친 후에 어느 장로님(교수님)은 댓글로 "종교개혁 500주년을 맞아 수많은 이벤트와 프로그램이 진행되었지만 이 시리즈 글들이 가장 의미 깊었다"는 과분한 평가를 해주셨다. 물론 이 책의 글들이 그런 평가를 받기에는 턱없이 부족하다. 독자들께서 그 모든 평가를 그냥 덕담이라고 생각해주시면 고맙겠다. 아무튼 그런 칭찬

에 부끄러움을 무릅쓰고 용기를 내어 출판을 결정했다.

5. 아주 최소한의 교정을 한 것을 빼고는 페이스북에 연재했던 원래 글 그대로 책에 실었다. 마음 한 켠에 문장을 세련되게 다듬고 논리적인 보강을 하고 싶은 욕심이 꿈틀거렸던 것이 사실이지만, 온라인 공간에서 사람들과 함께 읽고 반응했던 그 호흡 그대로 글의 생명력을 살리기로 했다. 이 책이 새물결플러스와 새물결아카데미 사역에 꾸준하고 지대한 사랑을 베풀어주시는 분들께 작은 감사의 표현이 될 수 있기를 소망한다. 님들께서 없으셨다면, 우리도 존재할 수 없음을 고백한다. 끝으로 방방곡곡에서 묵묵히 하나님 나라를 섬기고 있는 수많은 목사님들께 존경과 애정을 담아 이 책을 바친다. 부디 나의 주제 넘음을 혜량해주시길 바라며.

제1부

목사와 학문

복음의 대사

목사란 누구이며 어떤 일을 하는 사람인가? 그는 복음을 위해서 부름을 받았고, 그리하여 복음을 증언하며 복음을 삶으로 담아내는 사람이다.

그렇다면 복음이란 무엇인가? 한국 개신교 안에서 소비되는 통속적인 복음 이해는 대략 다음과 같다. "예수 믿고, 죄 용서 받고, 교회 출석 열심히 하고, 세상에서 복 받고, 죽은 다음에 천당 가는 것."

이런 식의 이해에 따르면 복음은 지극히 개인적이고 심리적이며, 기복적이고 현세적이며, 탈역사적이고 내세지향적인 것이 된다. 한국 개신교 일반이 보여주는 신앙 행태가 딱 그렇지 않은가? 복음에 대한 이해와 신앙 양상은 싱크로율 100퍼센트일 수밖에 없다. 복음이 신자를 만들고 교회를 형성하기 때문이다. 따라서 교회의 변혁과 갱신은 복음에 대한 이해를 새롭게 하는 데서 출발한다.

복음이란 "기쁜 소식" 혹은 "좋은 소식"을 뜻한다. 고대 그리스-로마 세계에서 복음은 주로 전쟁에서의 승리를 가리키는 군사적 용어로 사용되었다. 더 나아가 새로운 황제의 탄생이나 등극을 알리는 전문 용어였다. 따라서 복음은 우선적으로 정치적 용어다. 그것은 세계의 주권에 관한 이야기다. 누가 우리 삶의 진정한 주인이냐, 이것이 복음이 다루고자 하는 주제다.

구약성서적 맥락에서 복음 곧 기쁜 소식은 바빌론 포로 생활을 청산하고 약속의 땅으로 돌아와 메시아의 통치를 받는 것을 의미한다. 메시아가 제2의 출애굽을 통해 광야에 길을 내고 물을 갈라 당신의 백성을 약속의 땅으로 돌이킬 것이다. 그때에 모든 사람과 동물이 함께 조화롭게 살아가는 평화의 세계가 활짝 열릴 것이다. 이것이 복음의 내용이고 비전이다(특히 예언자 이사야에게서).

이런 예언적 소망과 비전이 바로 신약성서에서 말하는 복음이다. 복음은 일차적으로 구약의 메시아적 소망을 성취할뿐더러, 또한 로마 황제의 제국을 대치하고 능가하는, 신적 질서에 의해 세워지는 전혀 다른 왕국의 출현을 의미한다. 그래서 복음은 달리 말하면 하나님 나라 혹은 하나님 나라의 복음이다. 이 하나님 나라가 예수에 의해 출범했기 때문에 복음서 저자들은 하나님 나라의 복음을 가리켜 예수의 복음이라고 바꿔 말하기도 한다.

아무튼 성서적 맥락에서 말하는 복음은 한국 개신교의 이해와는 크게 다르다. 한국 개신교의 복음 이해가 개인적·구복적·내세지향적이라면, 성서가 말하는 복음은 공동체적·역사적·종말론적이다. 여기서 종말론적이라 함은 복음이 주는 효력 혹은 복음이 지시하는 목표가 우리로 하여금 죽은 다음에 저 세상으로 데려가기 위함이 아니라, 역사의 종말에 하나님의 창조세계 전체가 완전히 새롭게 변혁된다는 의미다. 복음은 우주 전체의 최종적 변혁을 대상으로 한다.

하나님 나라의 복음은 바로 그 믿음을 지금 이 땅에서 실현해가는 것이다. 하나님이 온 우주의 유일한 주권자로서, 지금 여기서 정의와 평화로 다스리고 계신다, 이것을 믿고 살아내는 것이 바로 복음적 삶이다.

신약성서는 이 복음 개념을 다양한 그림 언어(메타포)와 상징을 통해 다차원적으로 표현한다. 마태는 복음을 하나님의 임재(함께하심) 개념으로 묘사한다. 이천 년 전에 인류 구원을 위해 이 땅에 오신 임마누엘 하나님은 세상 끝날까지 우리와 함께하실 것이다. 마가는 십자가라는 생명나무에서 죽기까지 순종한, 고난 받은 예수를 통해 우리에게 영원한 생명이 주어졌음을 통해 복음을 설명한다. 누가는 사회적 약자들에 대한 편애에 가까운 하나님의 관심과 돌보심으로 복음을 말한다. 요한은 예수가 새로운 성전을 건축하고 하나님의 메시아적 잔치를 베푸는 것을 통해 복음을 이야기한다. 그리고 바울은 이 모든 것이 예수의 십자가의 죽음과 부활을 통해 가능케 되었다는 의미로, 복음을 철저히 십자가 사건과 연결시킨다. 따라서 예수가 선포한 하나님 나라 복음은 바울에게서 십자가의 복음으로 창조적으로 변형된다. 예수와 바울 사이에는 어떤 분리나 단절도 없다.

목사는 바로 이 복음을 받고, 증언하며, 살아내는 사람이다. 따라서 목사는 무엇보다 복음에 대해 올바로 알아야 한다. 복음이 새로운 공동체를 어떻게 만들어내는지, 그것이 역사 속에서 하나님의 왕권을 어떻게 드러내는지, 그리고 종말에 우주 전체를 어떻게 새롭게 변혁시키는지, 이 사실을 분명히 아는 것이 목사의 가장 중요한 책무다. 또한 이 복음이 자신이 발을 딛고 살아가는 특정 시대와 사회 안에서, 특별히 자신이 섬기는 교회 공동체의 특수성 안에서 어떻게 창조적으로 응용되고 실천되어야 하는지에 대한 신학적-목회적 상상력을 발휘하는 것이 목사의 임무다.

한국교회 일반의 복음 이해에 따르면, 현재의 수준으로는, 목사는 그저 이 땅에서 개인의 정서적·심리적 안정과 필요를 충족시키는 상담사, 자본주의적 성공과 욕망을 중개하는 종교주술사, 천국행 티켓을 판매하는 내세 보험설계사 역할을 못 벗어난다. 그리고 바로 여기에 거의 모든 한국교회의 타락과 병듦의 원인이 있다.

하지만 진짜 복음은 그런 것이 아니다. 복음은 공동체적이고, 역사변혁적이고, 우주 전체의 갱신과 재창조를 목표로 하는 종말론적인 하나님의 약속이며 능력이다. 목사는 이 복음을 받아, 공동체와 역사 앞에서 신실하게 증언하고 실천하며, 그 과정에서 무수한 난관과 방해가 있을지라도 그러나 최후의 신원과 승리를 믿고 전진하는 종말론적인 대사로 살아가는 자여야 한다.

교회-하나님 나라의 대사관

목사는 교회를 섬기는 자다. 그는 교회를 지배하고 경영하는 자가 아니라, 섬기는 자다. 아주 특수한 경우가 아닌 다음에야 목사의 정체성은 교회, 그중에서도 지역교회와 불가분리의 관계에 있다. 따라서 대부분의 목사는 지역교회를 섬기는 자로 살아간다. 이것이 목사에 대해 논할 때 교회의 본질이 무엇인가가 빠질 수 없는 이유다.

교회란 무엇인가? 신학적 정의에 따르면 교회는 하나님의 백성의 모임이다. 여기서 "모임"의 성격 규정이 중요하다. "모임"에 대한 의미 규정에 실패한다면 교회가 종교클럽이나 동호회로 변질되기 십상이다. 클럽이나 동호회는 개인들의 이해관계 혹은 특수활동을 위해 결성되기도 하고 흩어지기도 한다. 이런 유의 그룹에서 가장 중요한 것은 구성원들의 공통 관심사나 친소관계다. 마찬가지로 교회가 종교클럽이나 동호회가 될 때, 그것은 소위 신도들이라고 불리는 사람들의 친소관계나 흥미 유발에 최우선적인 목표를 두게 된다. 그리고 유감스럽게도 우리 주변에는 이런 유의 교회가 비일비재하다. 비록 교회 간판을 내걸고 그 안에서 각종 종교행위를 유지하지만 내막을 자세히 들여다보면 종교 영업이나 종교 취미활동에 머무는 수준의 교회 말이다. 정기 모임이 있고, 회비가 있고, 직책이 있으며, 왕성한 활동이 유지되지만 그 내막을 자세히 들여다보면 모임의 궁극적 목표가 구성원들 자신의 복리와 이해관계에 집중된 교회는 종교클럽에 불과하다. 대개의 경우, 목사는 이런 종교클럽을 관리하는 독립 점장(혹은 규모에 따라 종교 대기업의 CEO)으로 인식된다.

교회란 무엇인가? 이 질문에 대한 답은 다양하다. 이 글에서는 간단히 "하나님 나라"의 관점에서 교회의 정의를 살펴보고자 한다. 교회는 한마디로 하나님 나라의 대사관 혹은 에이전트다.

예수께서 이천 년 전 갈릴리에서 예루살렘까지 팔레스타인 땅을 누비면서 선포한 핵심 사역은 "하나님 나라"의 출범이었다. 하나님 나라란 하나님이 왕으로서 통치하신다는 개념이다. 당시 세계의 주인이었던 로마 황제가 우주와 역사의 주권을 가진 존재가 아니라, 창조주 하나님이 왕으로서 다스리신다는 개념이 하나님 나라의 본뜻이다. 예수는 하나님 나라가 자신과 함께 출현했다는 것을 명시적으로 보여주기 위해 특별히 3가지 사역에 집중한다. 곧 말씀의 선포, 병자 치유, 귀신 축출이 그것이다.

예수의 공생애는 이 3가지 사역으로 가득 채워진다. 그는 하나님이 왕으로서 다스리신다는 것을 가르쳤고, 하나님 나라 곧 하나님의 왕적 통치가 임했을 때 병든 자들이 고침 받고 가난한 자들이 해방되며, 귀신이 축출됨을 시현했다. 그는 이 사실을 상징적으로 보여주기 위해 일부러 안식일을 골라 치유 사역을 행한다. 이는 사탄의 앞잡이이자 대행자인 로마 황제가 다스리는 세상에서는 안식이 없지만, 하나님이 다스리시는 세상은 안식일의 원래 의미가 온전히 회복된다는 것을 보여주기 위해서다.

그 후 예수는 십자가에서 죽으시고 3일 만에 부활하셔서 하나님 보좌 우편에 승귀하신 다음 당신의 지상 공동체에게 성령을 보내주셨다. 성령은 본시 하나님의 영이었으나 부활하신 예수에 의해 파송을 받기에 (사도행전 이후로는) 주의 영 혹은 예수의 영으로 불린다. 왜 성령이 오셨는가? 성령이 오신 가장 큰 이유는, 예수께서 지상에서 사람의 몸으로 계실 때 행하셨던 하나님 나라의 선포 사역을 교회가 계승하도록 하기 위함이다. 그리스도의 몸으로서 교회는 교회의 머리인 예수의 감독과 지시를 받아, 성령의 인도와 능력을 통해, 예수의 하나님 나라 선포 사역을 계승한다. 이로써 교회는 하나님 나라의 대사관 혹은 에이전트로 자리매김한다.

하나님 나라의 대행기관으로서 교회는 먼저, 예수가 지상에 계실 때 하셨던 하나님 나라 사역을 지금 여기서 재현하고 반복한다. 교회의 주 임무는 하나님 나라를 선포하고, 하나님 나라의 능력으로 병든 자를 치유하며 귀신을 축출하는 것이다. 동시에 교회는 지금 천상에서 온 우주를 통치하시는 주 예수의 명령을 받아, 성령의 능력 안에서 그 명령을 지상의 시간과 공간 위에 펼친다. 예수는 교회를 통해 당신의 하나님 나라 비전을 계속 실행하고 계신다. 구체적으로 주 예수께서는 성령의 현존 안에서 교회를 통해 생명과 정의와 평화로 가득한 세상을 만들기 위해 쉬지 않고 일하시며 중보기도하신다. 이것이 교회가 존재하는 결정적 근거이자 이유다. 교회는 하나님 나라 자체는 아니지만 하나님 나라를 가져오는 중개자요, 선도자다.

따라서 목사의 주 임무는 자신이 섬기는 혹은 몸담고 있는 교회가 하나님 나라의 대행기관이 되도록 최선을 다하는 것이다. 거듭 말하거니와 목사의 사명은 기독교의 이름으로 모이는 종교클럽이나 동호회를 운영하는 것이 아니라, 자신이 섬기는 교회가 하나님 나라의 증표 및 징조로서 드러나도록 하는 것이다. 그는 자신이 섬기는 교회를 통해 이천 년 전에 출범한 하나님 나라의 모습이 지금 여기서 재현되며, 천상에서 통치하시는 주 예수의 뜻이 역사 안에서 실행되도록 해야 한다. 이것이 목사의 가장 큰 책무다.

매우 유감스럽게도 예수는 교회를 통해 하나님 나라를 세워가시길 의도했는데, 그 일을 위해 부름을 받은 목사들은 예수를 빙자해 공공연히 자신의 왕국을 건설하고 있다. 실제로 우리 주변에 거대한 성을 쌓아놓고 그 안에서 봉건왕조의 절대자를 자처하는 타락한 목사들이 얼마나 많은가? 이런 목사 및 그들에게 영혼을 노략질당해 미혹된 신도들이 모여 있는 교회는, 그것이 제아무리 크고 화려하다 해도 실상은 사탄의 회요, 군대 귀신의 무리에 불과하다. 이런 자들은 하늘에서 불과 유황이 쏟아지기 전에 속히 회개하고 돌이켜야 한다. 큰 성 바빌론이 무너지는 것은 삽시간이기 때문이다.

교회는 스스로 하나님 나라가 되려고 해서는 안 된다. 또한 스스로를 하나님 나라로 변장하거나 위장해서도 안 된다. 교회는 그저 하나님 나라의 심부름꾼이요 전령일 뿐이다. 그리고 목사는 바로 그 일에 겸손하고 성실하게 복무하도록 부름 받은 소자일 뿐이다.

그대의 이름은 인간이어라

목사는 신이 아니다. 그는 창조주가 아니라 피조물이다. 한마디로 그는 인간이다. 당연한 말이지만 이 당연한 사실을 망각하는 이들이 있어 문제다. 목사는 스스로 인간인 동시에 동료 인간과 관계를 맺는다. 그가 상대하는 대상은 신도 악마도 아닌 인간이다. 따라서 그는 인간에 대해 바른 관점과 지식을 갖고 있어야 한다.

많은 목사들이 오해하는 것 중 하나가 인간에 대해서다. 상당수 목사가 인간을 영혼과 육체로 구성된 이원론적 존재로 이해한다. 혹은 인간이란 영, 혼, 육으로 구성된 존재라고 믿는다. 여기서 영혼 혹은 정신과 육체 사이의 우열관계가 규정된다. 영혼은 우월한 반면, 육체는 열등하다. 이런 인간관에서 두 가지 큰 오류가 발생한다.

첫째, 소위 영적인 것 곧 예배, 기도, 성서 공부 등은 거룩한 것인 반면, 육적인 것 곧 세상에서의 삶은 속화된 것이다.

둘째, 죽음 이후 영혼은 구원을 받지만 육체는 썩어 없어질 것이다.

육체를 멸시하는 이런 사상은 필연적으로 각종 차별과 혐오로 이어진다. 즉 여성, (소위) 유색인종, 소수민족, 자연에 대한 억압과 착취가 정당화된다.

인간이란 누구이며 무엇인가? 인간을 한마디로 정의하면 "영혼으로 살아가는 몸적 존재"라고 할 수 있다. 인간은 몸으로 대표되는 영혼이다. 따라서 인간의 영혼과 몸은 결코 나뉘거나 분열되지 않는다. 몸이 없다면 인간의 영혼은 공허하며, 영혼이 없다면 인간의 몸은 시체일 뿐이다. 영혼과 몸은 통일된 실체로서 서로를 규정하고 보완한다.

그렇다면 인간의 영혼이 먼저일까, 몸이 먼저일까? 창세기의 인간 창조 기사를 보면 태초에 하나님께서 사람을 만드실 때 인간의 몸을 먼저 만드시고 그 뒤 피조된 몸에 생명을 불어넣으셨다. 따라서 인간의 몸이 먼저 출현했다.

(물론 창세기의 인간 창조기사에서, 하나님이 인간을 만드실 때 흙으로 사람의 모양을 빚으시고 코에 생기를 불어넣으셨다는 표현은, 인간을 하나님이 만드신 우주 성전을 관리하고 다스리는 제사장적 존재로 지으셨다는 이야기를 의미한다. 고대 이집트 신화에서 신들은 석상을 만들어 신전에 안치하여 신전을 수호하도록 임무를 부여한다. 또한 메소포타미아 문명에서는 강기슭의 작업장에서 석상을 조각하여 코에 생기를 불어넣은 다음 신전에 안치하는 예식을 거행하는 풍습이 흔했다. 창세기 저자는 고대 근동의 이런 문화를 채용하여 하나님이 인간을 우주 성전을 관리하는 제사장적 존재

로 특별하게 지으셨다는 사실을 강조한다. 실제로 아담의 임무는 에덴 성전을 "지키는 것[샤마르]"이었다.)

인간이 몸적 존재라는 것은 무슨 의미를 내포할까?

첫째, 인간이 깨어지기 쉬운 존재임을 말한다. 흙으로 만든 인간은 연약하고 부서지기 쉬운 존재다. 이것이 인간의 본질이다. 따라서 목사는 동료 인간의 연약함을 알아야 하며, 그 연약함에서 비롯되는 유혹과 실패와 좌절에 대해서 연민의 정을 가져야 한다.

둘째, 인간이 유한한 존재임을 의미한다. 인간은 영원한 존재가 아니라, 끝이 있는 존재다. 모든 인간은 언젠가 죽는다. 죽음은 인간의 모든 것을 무효화하거나 상대화한다. 따라서 인간의 모든 성취와 업적과 자랑은 언젠가 끝이 있다. 목사는 본인 스스로가 이 사실을 잘 알고 있어야 하며, 또한 다른 인간의 성취와 업적에 대해서도 그 점을 주지시켜야 한다. 왜냐하면 모든 것은 다 끝이 있기 때문이다.

셋째, 몸적 존재로서 인간의 가치와 경험은 결코 획일화될 수 없고 또 그래서도 안 된다. 여성의 몸, 장애인의 몸, 성소수자의 몸, 아시아인의 몸의 경험은 각기 다 다르다. 목사는 그 사실을 존중해야 한다. 그는 서구 중산층 남성의 몸의 경험에서 비롯되는 신학적 잣대를 가지고 세계를 획일화하려는 유혹에 굴복해서는 안 된다. 그의 신학적 기준이 어떠하든지 간에, 더욱 중요한 것은 동료 인간에 대한 이해와 연민과 긍휼의 마음이다.

넷째, 몸적 존재로서 인간은 그 자체로 궁극적 구원의 대상이다. 예수 그리스도의 부활하신 몸은, 종말에 인간의 몸이 부활할 것을 예시하고 약속한다. 인간의 몸은 새로운 실체가 될 것이다. 이것이 기독교적 희망의 핵심 중 하나다. 따라서 목사는 현실에서 인간의 몸이 겪는 수많은 고통과 절망 속에서도 끝까지 포기하지 않고 희망을 노래하고 이야기하는 자가 되어야 한다.

한편, 인간의 몸은 하나님의 성령이 거하시는 성전이다. 바울은 인간의 몸으로 하나님께 예배를 드리라고 가르친다. 몸으로 예배를 드리라는 말은, 삶으로 예배를 드리라는 뜻이다. 왜냐하면 우리의 삶은 바로 우리 몸의 활동의 결과이자 과정이기 때문이다.

우리는 몸으로 살아간다. 우리가 하는 모든 일은 몸의 활동이다. 우리의 직업적 소명과 시민적 삶은 몸이 없으면 불가능하다. 그러므로 몸으로 예배를 드리라는 말은, 우리의 직업적 소명과 시민적 삶 모두를 예배처럼 행하라는 뜻이다.

끝으로 인간의 몸은 안식을 필요로 한다. 몸적 존재인 인간은 무한정 작동하는 기계가 아니다. 그는 생산의 수단이 아니다. 그는 정기적으로 쉬어야 하며 재충전되어야 하는 존재다. 그는 안식의 시간을 통해 신적 리듬 안에서 생기를 회복해야 하는 존재다. 특별히 우리 주변에는, 현대사회의 특성상 더욱 안식이 필요한 동료 인간 곧 사회적 약자들이 존재한다.

목사는 자신이 섬기는 교회 공동체 안에서 이 사실을 계속 주지시키고 권면하는 자다. 무엇보다 그 스스로가 바로 그런 인간이다. 그는 자신의 인간성 앞에서 겸손히 행하는 자다.

세상을 포월함

통상 목사들은 세상을 부정적으로 보는 경향이 강하다. 세상은 가급적 멀리해야 하는 위험한 것이다. 혹은 세상은 복음으로 정복해야 할 객체화된 타자다. 또는 세상은 종말에 심판의 불로 태워져 엎어질 덧없는 것이다. 이런 식의 사고가 목사들의 뇌리를 지배한다. 그래서 목사의 인식 구조 안에서는 교회 대 세상 구도가 확연하게 나뉠 때가 많다. 쉽게 말해 교회는 선, 세상은 악이라는 구도가 그들의 의식구조 전반을 지배한다.

그런데 참으로 아이러니한 것은, 이런 식으로 세상을 깔보고 혐오하는 목사들 상당수가 실제로는 그 세상을 탐하고 즐기며 흠모한다는 사실이다. 오늘날 한국 개신교에 몸담고 있는 상당수 목사들의 가장 큰 문제가 무엇인가? 바로 세상을 너무나 닮았다는 것이다. 입으로는 세상을 비판하고 정죄하면서도 실제로는 세상의 방식 그대로, 아니 그보다 한술 더 뜨는 것이 목사들의, 그리고 그 목사들로 인한 교회의 비극이다.

솔직히 나는 설교단에서 세상에 대해 너무 쉽게(그리고 가볍게)

말하는 목사들의 말을 들을 때마다 적이 다음과 같은 의문이 든다.

"저 사람은 정말 세상을 알까? 저 사람은 본인이 세상에서 직장 생활을 하고 사업을 하면 과연 신도들보다 더 잘할 수 있을까? 저 사람은 본인이 세상을 바꿀 수 있는 위치에 있다면 과연 제대로 된 개혁을 할 수 있을까?"

이 질문에 대해 나는 부정적이다. 대부분의 목사들이 세상살이가 얼마나 고단하고 힘겨운지 잘 모르면서도 너무 쉽게 세상에서 경건하게 사는 데 대해 말한다. 또한 세상의 힘이 얼마나 단단하고 질긴지, 그리고 교활하고 야비한지 잘 모르면서도 그 세상에 대해 너무 순진하게 말한다. 한편으로 세상에 여전히 희망과 노래와 시가 존재한다는 사실을 망각하고 너무 쉽게 정죄하고 비관한다.

이렇듯 세상은 목사들에게 영원한 수수께끼이자 고민거리다.

신약성서는 세상을 3가지 차원에서 말한다. 첫째, 세상은 악한 것이다. 그것은 하나님께 등을 돌리고 하나님과 맞서는 총체적 힘이자 체계다. 따라서 그리스도인은 세상을 사랑해서는 안 된다. 둘째, 세상은 하나님께서 당신의 아들을 내어주실 만큼 사랑하시는 구원의 대상이다. 따라서 그리스도인은 세상에 적극 참여해야 한다. 셋째, 세상은 종말에 궁극적으로 새롭게 창조될 우주적 성전이다. 그러므로 그리스도인은 만물의 회복에 대한 비전과 신념을 포기해서는 안 된다.

이처럼 그리스도교 신자에게 세상은 부정적인 동시에 긍정적이며, 긍정적인 동시에 부정적인 그 무엇이다. 목사는 이 긴장을 정직하게 인정하며, 그 긴장이 가져다주는 복잡미묘함을 분별할 수 있는 깨끗한 양심과 식견을 갖춰야 한다. 그리고 그 세상 안에서 마치 외줄 위에 걸쳐 있듯이 아슬아슬하게 살아가는 신도들의 실존에 대한 연민과 존경심을 가져야 한다.

한편으로 목사는 자신이 혹은 자신이 몸담고 있는 (지역)교회가 세상과 주체와 객체의 관계로, 마치 칼로 두부를 자르듯이 날카롭게 나눠질 수 없음을 알아야 한다. 어떤 목사가 세상에 존재하기도 전에, 또 그 목사가 몸담고 있는 교회가 세상에 존재하기도 전에, 이미 세상은 본래적으로 존재했었다. 세상은 목사와 교회에 앞서 선재하는 것이다. 목사와 교회는 그 세상에 단지 기투되었을 뿐이다. 따라서 그는 세계 밖 혹은 세계 위의 존재가 아니라 세계 내적 존재다. 세계-내-존재로서 그는 전지적 시선으로 세상을 판단하고 규정하려는 유혹을 극도로 조심해야 한다.

목사의 몸을 구성하고 있는 살과 피는 모두 세상의 흙과 물과 햇살로부터 온 것이다. 그의 의식과 습성을 형성하고 있는 모든 것들도 마찬가지다. 세상은 목사와 교회의 모태와 같은 것이다. 따라서 그는 함부로 자신의 고향을 정죄하거나 부정해서는 안 된다. 오히려 세상이 그를 품었듯이, 그도 세상을 품을 수 있어야 한다. 동시에 그는 세상과 구별된 존재로 살아가야 할 소명을 받은 자다. 따라서 목사는 세상에 대해 "포월"하는 존재다. 그는 세상에 있되, 그러나 세상에 속하지 않는다.

무엇보다 세상은 궁극적인 구원의 대상이다. 하나님은 종말에 우주삼라만상 전체를 본래의 좋았던 상태로 회복하실 것이다. 하나님은 죽은 그리스도인의 몸에서 영혼을 분리시켜 우주 공간을 가로질러 저 멀리 어딘가에 있는 천당으로 데려가는 것이 아니라, 그가 지금 살아가고 있는 눈에 보이는 세계 전체를 구속하여 새롭게 하실 것이다. 그 최종적인 세상에서는 사자와 어린양이 함께 뛰놀고 어린아이가 독사굴에 손 넣고 장난쳐도 아무 해를 입지 않을 것이다. 거기는 다시 바다가 없으며 아픈 것이나 슬픈 것이나 죽는 것이 없을 것이다. 이것이 그리스도교에게 맡겨진 약속이며, 그리스도교는 이 약속을 세상 앞에서 증언하고 시연할 책무가 있다. 목사는 그 종말의 비전을 지금 여기서 앞당겨 실천하기 위해, 먼저는 그리스도교 신자와 교회를, 더 나아가 세상을 섬기는 자로 존재한다.

동종교배를 조심하라

1980년대 말 모 일간지에서 "한국 대학의 문제점"이란 주제를 갖고 특집 기사를 연재한 적이 있었다. 그때 나왔던 문제 하나가 한국 대학의 동종교배 현상이었다.

대학의 동종교배 현상이란 유달리 모교 출신을 선호하는 국내 대학의 교수 채용 현상을 꼬집는 표현이다. 어느 대학이든 교수진 대부분이 모교 출신, 즉 동문으로 구성되어 있다 보니 교수들 사이에서 선후배 간 서열이 분명할뿐더러 소위 학문의 근친상간 현상이 심화되어 결국 창의적이고 비판적인 학풍이 형성될 수 없다는 것이다. 학문의 동종교배 현상은 스승 혹은 선배의 지식을 기계적으로 답습하거나 모방하는 것에 그칠 뿐이다. 이것이 한국 대학의 발전을 가로막는 중요한 원인 중 하나라는 것이 당시 그 언론의 진단이었다.

동종교배가 심화될수록 열성인자가 활성화된다는 것은 생물학에서는 기본 중에 기본이다. 다양한 인자가 창조적으로 통합될수록 우성인자가 출현할 가능성이 높아진다. 반대로 비슷한 종자끼리

교배를 거듭하면 치명적인 약점이나 장애를 지닌 인자가 출현할 가능성이 부쩍 높아진다. 그리고 이런 현상은 비단 생물계에만 국한되는 것이 아니라 사회 전반에 걸쳐 동일하게 적용될 수 있다.

나는 목사가 목사들끼리만 어울리면 동일한 문제에 직면할 수밖에 없다고 믿는다. 단순히 추정하는 것이 아니라 실제로 이런 예를 수없이 목도했기에 나름 자신 있게 말하는 것이다.

우선, 목사가 목사들끼리만 어울려 대화하고 친교하다 보면 신도들이 어떻게 살아가는지를 제대로 알 수가 없다. 교회에 갈등이 생겼거나 이해관계를 다투는 예민한 문제가 발생했을 때도 이를 갖고 목사들끼리만 의논하면 결국 목사들의 시각과 입장에서 문제에 접근할 수밖에 없다. 목사 입장에서야 그것이 정당하고 또 교회를 위한 것 같아 보이겠지만, 그러나 목사를 제외한 다른 사람들이 볼 때는 상당수 경우에 목사 집단의 이기주의의 발현에 지나지 않을 때가 많다(실제로 시찰회나 노회, 지방회에서 목사들끼리 모여 내리는 결정 중에 이런 부분이 얼마나 많던가!). 더 나아가 목사들끼리 보내는 시간이 많아질수록 교회 밖에서 일어나는 일들에 대해 그것을 시대정신과 흐름에 맞춰 균형 있게 성찰하는 것이 아니라 철저히 내부자의 시선에서 한쪽으로 치우쳐 바라볼 수밖에 없다. 그 결과 교회와 사회의 괴리와 간격이 점점 더 벌어지게 되며 따라서 교회가 게토 집단으로 전락할 가능성이 더욱 높아진다. 목사들이 동종교배를 할수록 목사 개개인뿐 아니라 집단적 차원에서도 열성 존재가 되는 것이다. 하물며 같은 신학교 출신, 같은 교단 소속 목사들끼리만 어울림으로써 초래되는 퇴행 현상은 말할 것도 없다.

따라서 목사들이 이 문제의 위험 가능성으로부터 벗어나려면 인간관계의 폭을 대폭 늘릴 필요가 있다. 같은 업계(?) 종사자인 동료 목사뿐 아니라 신자들과의 만남과 대화의 시간을 확보하고, 나아가 비신자, 심지어 타종교의 성직자나 무신론적 신념을 가진 사람들과의 만남과 대화를 통해 교회 안에서 세상을 보는 방식이 아니라 교회 밖의 시선과 기준으로 교회를 들여다보는 연습을 병행해야 한다. 그리고 이런 과정에서 동일한 사물과 사건을 둘러싼 다양한 해석과 입장에 대해 듣고 배울 수 있으며 또 그것과 기독교의 전통적 교리와의 변증법적인 접합점을 찾아내는 지적 사유의 훈련 필요성을 느낄 수 있을 것이다. 당연히 이런 필요와 문제 의식이 커질수록 목사 자신이 성장할뿐더러, 그가 섬기는 교회가 문화 속의 고립된 섬으로 존재하는 것이 아니라 오히려 문화의 한복판에서 열린 광장으로 존재하게 될 가능성이 높아지리라.

성서를 사랑하는 사람

초기 한국 개신교인들은 성서를 사랑하는 사람들이었다. 그들은 제본이 잘된, 번역이 좋은, 가독성이 뛰어난, 휴대하기에 편리한 성서가 없었지만 그럼에도 성서를 읽고 배우고 그 말씀대로 살고자 하는 열심이 가득했던 사람들이었다. 이에 반해 오늘 우리는 그야말로 각종 번역본에, 형형색색으로 된 휴대용 성서의 홍수 속에 살고 있으나 과연 얼마나 성서를 사랑하고 가까이 하는지 의심스럽다.

오래전 실제로 있었던 어느 목사님의 일화다. 이 목사님은 성서를 읽는 재미에 푹 빠져 지내셨다. 하루는 성서를 열심히 읽고 있는데 사모님이 밥상을 가져와서 "저녁 드시고 성서를 읽으시라"는 것이었다. 그래서 잠시 성서를 옆으로 밀쳐두고 저녁을 먹은 다음 다시 책을 펼쳐들었다. 그렇게 아주 잠깐 읽었는데 또다시 사모님이 밥상을 차려와서 하는 말이 "밥 드시고 읽으세요"라는 것이었다. 그러자 목사님은 은근히 부아가 치밀었다. 성서를 못 읽게 하려고 자기 부인이 일부러 방해를 한다는 생각이 들었기 때문이다. 그래서 정색을 하고 말했다. "아니, 밥을 먹은 지가 얼마나 되었다고 또 밥상을 가져왔소? 제발 내가 성서 좀 읽게 그냥 내버려두면 안 되오?"
그 말이 끝나기 무섭게 사모님이 이렇게 답했다고 한다. "여보, 아까
먹은 밥은 어제 저녁이구요, 이 밥상은 오늘 아침이잖아요." 이 목사
님은 성서 읽는 재미가 어찌나 좋았는지 밤새 읽으면서도 시간 가
는 줄 몰랐던 것이다. 성서 읽는 즐거움에 빠져 하룻밤이 꼬박 흘렀
는데도 단지 한두 시간 흐른 줄로 착각한 것이다.

개인적으로 나는 목회하는 동안 한 가지 지론이 있었다. 바로 자
기 나이 숫자만큼 성서를 읽고 천국 가자는 것이었다. 그래서 목회
하는 동안 신도들에게 성서를 열심히 읽자는 캠페인을 강하게 폈
다. 솔직히 말하면 1년에 성서를 5독 이하로 읽는 신도들은 나한테
거의 매주일 잔소리를 들어야 했다. 그런 분위기 탓인지 매년 성서
를 가장 많이 읽는 신도들의 경우 최대 28독을 한 적도 있었다. 그
밖에도 꽤 많은 신도들이 1년에 15독 이상을 했다. 거짓말이 아니
다. 물론 그 사람들이 삶을 전폐하고 오로지 성서만 읽었던 것은 결
코 아니다. 일상의 삶을 성실히 영위하면서도 쓸데없이 낭비되는
시간을 아끼고 줄여서 그렇게 성서를 읽었다.

그런데 아무리 잔소리를 해도 매년 2독도 못하는 부류가 있었
다. 바로 부목사, 전도사, 장로들이었다. 어찌된 영문인지 일반 신도
들은 일년에 최소 5독 이상 성서를 읽는 데 반해, 위에 언급한 사람
들은 죽었다 깨나도 성서를 2독 이상 못하는 것이었다. 참 희한한

제1부 목사와 학문

일이었다. 아무튼 성서를 가장 안 읽는 사람들이 교회의 신령한 질서의 맨 선봉에 서 있었으니 이 얼마나 아이러니한 일인가?

누가 뭐라고 해도 나는 목사는 성서를 사랑하는 사람이어야 한다고 믿는다. 그는 성서를 사랑하여 늘 가까이 두고 열심히 읽고 묵상하는 사람이어야 한다. 그는 매일 시간을 따로 구별하여 일정 시간에 걸쳐 성서를 읽고 또 읽는 사람이어야 한다. 이는 아주 당연한 일이다. 법조인이 법전을 두루 꿰고 있는 것이 당연하듯이, 학자가 전공서적을 통달하고 있어야 하듯이, 작가가 국어사전을 외우고 또 외우듯이, 목사 역시 성서를 항상 가까이하는 사람이어야 함은 당연한 이치다.

여기서 성서를 사랑하고 가까이한다 함은, 어떤 학문적·비평적 방법으로 성서를 분해하고 연구하는 것을 의미하지 않는다. 물론 목사는 성서의 원래 의미를 더 분명히 찾아내기 위해 각종 비평적 방법을 동원하여 성서의 숨겨진 의미를 낱낱이 해부하고 수색할 수 있으며, 또 그렇게 해야 한다. 하지만 적어도 그가 성서를 읽는 시간 만큼은, 그러한 각종 신학적 전제와 해석의 안경으로부터 해방되어 말씀을 있는 그대로 정직하게 대면하면서 읽어야 한다.

그는 성서를 읽으면서 모종의 설교 아이디어를 찾아내기 위해서가 아니라, 성령께서 말씀을 통해 자기 자신에게 하시는 말씀을 듣고 배우기 위해서, 그리고 말씀의 바다에 자신의 몸을 푹 담그기 위해서, 나아가 말씀의 위력이 자신을 변혁시키도록 자아와 신념이 무장해제되기 위해서 매일 성서를 읽는 장소에 자신을 위치시켜야 한다.

그것은 마치 유진 피터슨이 자신의 책에서 썼듯이, 집에서 키우는 개가 뼈다귀를 하나 물어 들고 낱낱이 발라먹고 빨아먹는 것과 같은 행위다. 구약성서의 시인은 이런 성서의 맛을 가리켜 "주님의 말씀이 덩어리 꿀보다 더 달다"고 고백했다. 목사는 이런 성서 읽기의 즐거움을 아는 사람이어야 한다.

내가 작심하고 성서를 처음으로 일독한 때는 대학교 1학년 겨울방학 때였다. 그해 겨울에 무슨 마음이 들었는지 일주일 동안 성서를 일독하기로 작심하고 방에 틀어박혀 밥 먹고 잠자는 시간 말고는 하루 종일 성서를 읽고 또 읽었다. 다양한 색깔의 형광펜과 색연필을 준비하여 성서를 읽으며 감동이 되는 구절마다 줄자를 대고 밑줄을 그어가면서 성서를 읽던 중, 신약성서 요한1서까지 도달했다. 그때 희한한 일이 일어났다. "하나님은 사랑이시다"는 구절을 읽는 순간 종이에 빼곡히 박혀 있던 활자들이 꿈틀거리면서 이리저리 움직이더니 일제히 내 눈과 심장을 향해 화살처럼 날아오는 것이었다. 도저히 그냥 더 이상 성서를 읽을 수가 없었다. 하나님의 은혜가 너무 강렬하고 감격스러워서 어떻게 해볼 도리가 없었다. 철썩 바닥에 주저앉아 몇 시간이고 한없이 울고 또 울었다. 말 그대로 전율 그 자체였다. 그 후로 나는 일상적으로 성서를 읽는 시간 외에도, 해마다 꼭 일주일은 다른 일을 제쳐두고 신구약성서를 일독하는 것을 실천하려고 노력했다.

성서의 권위가 교회 안에서조차 땅바닥에 떨어진 시대다. 성서가 종교 악세사리로 변한 지 오래다. 성서가 신학자와 목회자의 호구지책으로 돌변한 지도 오래다. 바리새주의자들에 의해 귀에 걸면 귀걸이, 코에 걸면 코걸이가 된 지도 오래다. 상황이 이러니 갈수록 더욱 성서가 교회에서 무시당한다. 하지만 교회가 이래서는 안 된다. 목사라면 이런 상황을 심각하게 받아들이고, 이 상황을 역전시키기 위해 무언가를 시작해야 한다. 바로 성서를 가까이 두고 성서를 진지하게 읽는 것부터 다시 시작해야 한다. 누가 뭐래도 목사는 성서를 사랑하는 사람이어야 하기 때문이다. 이를 두고 근본주의라고 해도 할 수 없다. 성서를 부단히 읽고 또 읽는 것 때문에 근본주의자라는 소리를 들어야 한다면 차라리 나는 그 길을 선택하겠다.

근심하며 절망하는 말씀의 확성기

목사에게 설교란 일종의 종합예술이다. 혹은 종합 영성이다. 설교에는 그 설교를 하는 사람의 인격, 삶, 기도 생활, 신학적 안목과 전망, 성서 이해, 인문 정신이 전부 녹아 있기 때문이다.

목사가 한 편의 설교를 준비하는 과정은 해산의 수고에 비견된다. 물론 이는 은유적인 표현이다. 그는 먼저 설교 본문을 선택한 다음 그 성서 본문을 완전히 암기할 때까지 반복해서 읽고 또 읽는다. 그리고 원어 성서와 각종 번역본을 비교하며 성서 본문의 문장 구조를 살피는 동시에 많은 주석을 참조하여 본문의 원의를 찾아낸다. 또한 기성 학자들의 성서 해석과 자신의 묵상을 통합하여 최선의 해설을 도출한다. 설교의 뼈대를 구축한 후에는 그 뼈대에 적당한 살을 붙여 모양새를 내기 위해 필요한 자료를 수집하거나 평소의 독서 정보를 동원하여 논리의 흐름을 조율한다. 나아가 설교가 단순히 정보의 전달이나 나열에 그치지 않고 청중의 실제 영성과 삶에 접촉되게 하기 위해 신자들의 형편과 실존을 고려하며 텍스트와 인간이 서로 조우할 수 있도록 혼신의 힘을 쏟는다. 물론 이

40

모든 과정에서 부단한 기도가 뒤따른다. 그 기도의 갈피마다 성령의 은혜를 통해 평소에 전혀 생각도 못했던 어떤 번뜩이는 영감과 통찰력이 부어지기도 한다. 이것이 우리가 교과서적으로 알고 있는 설교의 준비 과정이다.

목사는 자신이 준비한 설교를 갖고 강단에 올라 그 한 편의 설교에 자신의 모든 것을 건 채 진액을 쏟아붓는다. 그는 설교문 전체를 완벽하게 암기하되 그러나 문자의 포로가 되지 않기 위해, 그리고 성령의 자유하심을 보장하기 위해 자신의 인격에 일정한 공간과 여유를 부여하며, 경박하거나 경직되지 않도록 자신의 몸가짐에 조심하면서 말씀을 전한다. 그는 때로 포효하는 사자처럼 용맹스럽게 하나님의 말씀을 외치며, 때로 9회말 투아웃 주자 만루에 볼카운트가 꽉 찬 상황에서 마지막 공을 던지는 투수의 심정으로 절박하게 말씀을 증거하며, 때로 죽어가는 꽃을 살리기 위해 애절하게 잎사귀를 만지는 정원사의 손길처럼 따뜻하고 간곡하게 권면한다. 그에게 설교는 인간의 화려한 만담이나 강연이 아니라, 오로지 하나님의 말씀이 현현하는 신적 계기의 순간이다. 그는 설교의 영광을 믿으며 또한 거기에 순종한다.

설교가 끝나고 강단을 내려온 목사에게는 이제 무거운 짐을 막 내려놓았다는 안도감이 시퍼런 파도처럼 거품을 내며 밀려온다. 그의 영혼은 잠시 동안 자유를 얻는다. 그러나 그게 다가 아니다. 곧이어 이루 다 말로 표현할 수 없는 허탈감과 자책감이 마치 지진에

땅이 갈라지듯이 영혼의 균열을 일으키며 융기와 침강을 반복하기 시작한다.

그는 설교를 준비하기 전에는 설교의 영광에 대한 극심한 중압감에 시달린다면, 설교가 끝난 후에는 늦가을 첫서리처럼 싸늘하게 찾아오는 설교의 실패에 대한 자책과 후회에 몸서리친다. 자신의 설교가 얼마나 창백하고 비겁했는지, 얼마나 무능하고 무지했는지를 자책하는 것은 비단 설교에 대한 누군가의 살벌하고 야비한 평가 때문만은 아니다. 오히려 그 스스로 자신의 설교를 판단할 때 고비고비에서 아직도 너무 부족하고 모자란 부분을 스스로 성찰하기 때문이다. 잘못된 해석, 잘못된 적용, 하나님의 말씀에 인간의 자랑과 혈기와 판단을 끼워넣은 것에 대한 절망감, 때로 잠시 동안 다른 사람들의 후한 평가에 눈이 멀어 어깨를 으쓱거렸던 것에 대한 부끄러움이 복합되어 그의 영혼은 어깨가 축 늘어진다. 설교가 끝난 후 어김없이 목사는 영혼의 깊은 밤을 경험한다.

설교자는 설교 전에는 두려움에 떨며, 설교 후에는 부끄러움에 어쩔 줄 몰라한다. 그는 매주일, 한평생 이 영혼의 그네타기를 반복하는 자다. 이 외로운 싸움은 아무도 대신해줄 수 없는, 오로지 그만이 감당해야 하는 고독한 투쟁이다. 이것이 목사의 소명이자 숙명이다.

그는 이 과정에서 사탄의 참소에 넘어져 좌절하며 포기하지 않고, 오직 성령께서 자신의 영혼의 그네를 흔들어 앞으로 나아갈 수

있도록 도와주시기를 구하는 가운데 아주 조금씩 성화되어가는
자다.

설교 표절의 덫

목사의 직무 중 가장 중요한 것은 설교다. 물론 목사에게는 그 외에도 다른 중요한 직무들이 많이 있다. 그러나 현실 교회에서 목사의 자질과 능력의 상당 부분이 설교 능력과 직결되어 평가되기 때문에 절대다수의 목사들은 설교에 가장 큰 신경을 쓸 수밖에 없고 또 그에 비례하여 중압감을 느끼는 것이 사실이다.

설교를 잘하는 것은 모든 목사들의 소망이자 로망이다. 목사라면 누구나 설교를 잘할 수만 있다면 어떤 대가나 희생이라도 치를 마음이 있을 것이다. 그러나 설교를 잘하기에는 목회 현실이 녹록치 않다. 일단 한국 개신교회는 설교 횟수가 지나치게 많다. 만일 새벽 기도회 설교까지 본인이 다 감당한다고 치면 담임목사 한 사람이 일주일에 수행해야 할 설교가 10회 이상이다. 여기에 과도한 행정, 심방, 상담, 인사 관리 업무가 목사의 스케줄을 옥조인다. 이런 상황에서 주옥같은 설교 본문을 작성한다는 것은 거의 불가능에 가깝다. 아니, 불가능하다.

좋은 설교 본문 한 편을 제대로 만들기 위해서는 상당한 에너지와 시간이 필요하다. 우선, 전달하려고 하는 성서 본문에 대한 깊은 주석적·신학적 이해가 있어야 한다. 또한 그 설교를 듣게 될 청중에 대한 사려 깊은 이해와 따뜻한 연민이 있어야 한다. 그리고 그 둘을 적절하게 연결할 수 있는 인문학적 소양과 기법이 있어야 한다. 나아가 설교가 단순히 종교적 지혜나 통찰력의 전달이 아니라 살아 있는 하나님의 말씀으로 역사하기 위해서는 설교자의 영성이 뒷받침되어야 한다. 여기에 설교자의 인격과 삶이 뒤따라야 하는 것은 당연지사다. 이런 의미에서 설교는 가히 종합예술이라 할 수 있다. 따라서 상당 수준 이상의 설교문을 작성하기 위해서는 매일 몇 시간씩 투자한다고 해도 일주일에 1편 이상의 설교문을 만들기가 쉽지 않을 것이다.

현실이 이렇다 보니 많은 목사들이 설교 표절의 덫에 빠진다. 실제로 목사들 사이에서는 매월 약간의 돈을 주면 이미 작성된 설교문을 인터넷으로 대량 공급받을 수 있는 루트(?)가 존재한다는 것은 공공연한 비밀이다. 사실 이 정도면 단지 설교 표절 정도가 아니라 아예 설교를 구매해서 신도들에게 재판매하는 것이다. 이 경우, 해당 목사는 설교자가 아니라 설교 중간상일 뿐이다. 이 정도까지 심각하지는 않을지라도, 절대다수의 목사들이 유명 목사의 설교집에서 아이디어나 논지, 예화를 베껴서 자기 설교에 사용하고 있는 것이 사실이다.

목사들 세계에 설교 표절이 만연한 까닭이 무엇일까? 크게 세

가지 이유를 꼽아볼 수 있겠다.

첫째, 꽤 많은 목사들이 자기 힘으로 설교문을 작성할 능력이 없기 때문이다. 이는 신학교 시절부터 제대로 된 공부를 해본 경험이 많지 않은 데다 목사 안수를 받고 현실 목회를 하면서부터는 더더욱 공부와 담을 쌓았기 때문이다.

둘째, 설교를 일종의 지식이나 정보의 전달로 생각하기 때문이다. 쉽게 말해, 그저 신앙적으로 좋은 이야기 혹은 유익하고 신선한 종교적 정보를 적당히 가공해서 구수한 입담과 함께 잘 풀어내면 그것으로 설교자의 임무를 완수했다는 비뚤어진 의식을 갖고 있기 때문이다.

셋째, 설교를 잘하고 싶어서다. 바꿔 말하면, 설교 못한다는 말을 듣고 싶지 않아서다. 설교를 잘하고 싶은 것은 모든 목사의 공통된 마음이다. 그리고 이런 마음이 잘못된 것은 아니다. 설교를 잘하려면, 설교를 잘하고 싶은 마음이 있어야 하는 것은 당연하다. 문제는, 남의 설교를 도둑질하면서까지 설교를 잘하려는 것이다. 이런 식의 사고방식은 목적만 괜찮다면 어떤 수단을 사용하든지 문제가 없다는 비뚤어진 의식의 발로일 뿐이다.

앞서도 말했듯이 설교란 일종의 종합예술이다. 설교에는 목사의 지식뿐 아니라 영성, 인격, 삶 전부가 녹아 있다. 따라서 설교는 무엇보다 정직해야 한다. 가면을 쓰고 설교할 수는 없는 노릇이다. 설교는, 그 설교를 수행하는 목사의 민낯이 정직하게 반영될 때 진짜다. 따라서 남의 영성과 인격과 지식이 담겨 있는 설교를 마치 내 것처럼 위장해서 전달하는 것은 설교의 ABC조차 안 된 것이다.

불쾌하게 들릴 수 있겠지만, 나는 자신의 힘으로 설교문을 만들 수 있는 능력이 없는 사람은 애초부터 목사가 되어서는 안 된다고 생각한다. 물론 목사들 중에도 특정 기관이나 단체에서 행정 업무를 주된 사역으로 삼는 사람들도 있으므로 일괄적으로 적용하기는 어렵겠지만, 그러나 지역교회에서 일주일에 몇 차례씩 회중 앞에 서서 설교를 해야 하는 목사의 경우엔 위의 조건이 적용되어야 한다고 생각한다. 분명 복음에 대한 특별한 열정이 있지만 설교를 작성하고 전달하는 능력이나 은사가 없는 사람은, 설교자가 아닌 다른 사역을 통해 하나님 나라를 위한 열정을 펼치는 것이 더 바람직하다.

그렇지 않고 독자적으로 설교문을 작성할 수 있는 능력이 있음에도 불구하고 교회 현실이 그것을 방해하기 때문에 부득이 설익은 설교문을 만들 수밖에 없거나, 혹은 남의 설교문을 베낄 수밖에 없다면, 교회 현실(또는 목회 현장)을 바꾸는 한이 있더라도 이 문제를 정면으로 해결하는 것이 더 옳다.

예컨대 설교 횟수가 너무 많다면 설교 횟수를 적절히 조절하거나 다른 목사들과 분담을 하는 방법을 찾을 수 있을 것이다. 단독 목회를 하는 목사의 경우에는 설교를 분담할 수 있는 동역자가 없으므로 결국 횟수를 조절하든지, 아니면 주일 공예배 외의 다른 예배들의 형식을 창의적으로 재구성하는 방식을 찾아야 할지 모른다.

결국, 목사에게 가장 중요한 덕목은 "정직함"이다. 다른 사람의 설교를 표절하지 않고 자신의 노력과 힘으로 설교문을 작성하는 것은 물론이거니와, 회중 앞에서 자기의 분수와 능력을 벗어나는 양질의 설교를 하려는 욕심과 유혹을 내려놓고 "나는 아무리 노력해도 이 정도 이상의 설교를 할 수가 없으니 너그럽게 이해해주십시오"라는 무언의 호소와 고백이 담긴 소박하고 진실한 설교를 행할 때, 그 진정성이 마침내 교인들에게도 전달되어 오히려 더 큰 은혜의 역사가 일어날 줄로 믿는다.

오늘날 한국 개신교회가 유식하고 화려한 설교가 없어서 이 모양 이 꼴이 된 것이 아니라, 정직하고 진실한 설교가 부족해서 휘청거리고 있다는 점을 명심하고 목사들 세계에서 지금 당장 설교를 표절하는 일부터 중지하기를 간곡히 부탁드린다.

설교 마케팅

이 글의 제목을 어떻게 잡을까 고민했다. "설교 판매", "설교 장사", "설교 상업주의" 등을 생각해봤으나 그냥 설교 마케팅으로 결정했다. 제목이 무엇이든 이 글에서 다루려는 내용은 설교를 이용해 일종의 영업을 하는 것을 총칭한다.

먼저, 유명 목사들의 설교집 문제를 생각해보자. 기독교 서점에 가보면 이름이 꽤 알려진 목사들의 설교집이 곧잘 눈에 띈다. 과거 소위 잘나가는 목사들의 설교집이 적게는 수만 권에서 많게는 수십만 권씩 팔리던 시절에 비하면 그 기세와 위세가 크게 누그러들기는 했으나 그래도 여전히 유명 목사들의 설교집은 적잖은 독자층을 확보하고 있는 매력적인 아이콘이다. 여기서 문제는, 과연 유명 목사들의 설교집에 담긴 설교 내용들이 한국교회사를 빛낼 만한, 그리고 활자로 남겨 오랫동안 기억하고 기념할 만한 가치가 있는 주옥같은 명설교냐 하는 것이다. 또 하나의 문제는 그 설교문이 온전히 유명 목사 자신의 연구와 통찰과 경험의 우물에서 길어낸 것이냐는 것이다. 내가 보기에는 유감스럽게도 그렇지 못하다. 일단 유명 목사들의 설교집 중에서 우리 시대의 영성을 대표하고 상징할 만한 내용을 담은 수준의 설교는 눈을 씻고 찾아봐도 쉽지 않다. 또한 유명 목사들의 설교 상당수는 해당 교회의 설교 준비 전담팀에서 부목사들과 간사들이 총동원되어 설교 자료를 찾아주거나 심지어 대필한 것이며, 또 이런 원고들이 출판사 편집팀에 넘어와 전문가들의 손에서 정교하게 다듬어진 것이다. 그런데 이런 설교집들이 개신교 출판계의 전체적인 불황에도 불구하고 여전히 각광을 받는다. 왜일까? 답은 간단하다. 장사가 되기 때문이다. 일단 목사 자신의 유명세가 뒷받침되는 데다, 해당 설교자가 시무하는 교회에 출석하는 신도들의 머릿수만 따져도 본전은 충분히 빠지는 상품이기 때문이다.

그다음으로, 기독교 방송사들이 경쟁적으로 내보내는 목사들의 설교 방송을 생각해보자. 이쪽 동네의 메커니즘과 생리를 잘 모르는 순박한 개신교인들은 유명 기독교 방송사들이 하루에도 몇 십편씩 내보내는 설교 방송들이, 사실은 해당 목사가 방송사 측에 일정 액수의 돈을 지불하고 설교 시간을 구매해서 자신의 설교를 송출하는 것이라는 점을 잘 모른다. 그래서 방송사에 설교 영상이 나오는 목사들일수록 뭔가 훌륭한 구석이 있다고 믿는 경향이 있다. 하지만 전혀 그렇지 않다. 기술한 대로, 기독교 방송사가 틀어주는 설교 영상들은, 한마디로 돈 있는 교회의 목사들이 (교회 재정으로) 구매한 것을 내보내는 것이다. 물론 모든 설교의 구매 액수가 동일하지는 않다. 이 바닥에도 소위 황금시간대라는 것이 있어, 요일과 시간대에 따라 설교 방송 액수의 편차가 크다.

기독교 방송사들이 방영하는 설교 영상이 대부분 이런 구조 속에서 생산 및 소비되는 것들이기 때문에, 결국 그 설교의 질을 장담할 수 없는 지경이다. 실제로 방송 설교를 시청해보면 신학도, 인문학적 통찰력도, 역사 의식도, 품위도, 인간에 대한 존중심도 없는 만담과 개그로 일관하는 설교가 얼마나 많은가? 혹은 기복주의와 율법주의에 찌든 구태 설교가 얼마나 많은가? 하지만 상관없다. 돈만 있으면, 어지간하면 방송 설교를 기꺼이 사고팔 수 있으니 말이다.

이 두 가지 사례의 공통 분모는 무엇일까? 바로 "장삿속"이다. 출판사나 방송사 입장에서는 유명 목사들의 설교집 출판이나 설교 영상 송출 판매가 돈이 되기 때문에 여기에 공을 들이는 것이다. 반면, 목사들이 설교집을 출판하거나 설교 방송을 내보내는 것은, 이를 통해 자신의 이름을 널리 알릴 수 있고 또 그렇게 해서 교회를 성장시킬 수 있다고 믿기 때문이다. 따라서 수준 이하의 설교집과 설교 방송이 사라지지 않는 이유는, 이해 당사자들의 욕망이 서로 합치하기 때문이다. 마치 악어새와 악어의 관계처럼, 이 불온한 공생 관계가 유명 목사들의 설교 시장을 형성하는 데 긴밀히 협력하고 있는 셈이다.

나는 목사들이 설교집을 출판해서는 안 된다는 말을 하는 것이 아니다. 또 목사들의 설교 방송을 중단해야 된다는 말을 하는 것도 아니다. 오히려 반대다. 나는 정말 좋은 설교집들이 나와야 한다고 믿는다. 그리고 동일하게 정말 좋은 설교 방송이 제공되어야 한다고 믿는다. 성서의 정신에 깊이 천착하여 그 의미와 뜻을 오늘의 삶의 정황에 투영할 수 있는, 기왕이면 우리 시대를 넘어 오는 세대에 이르기까지 영감을 선사할 수 있는 그런 설교가 시행되고 발굴되어 활자와 영상의 형태로 기억된다면 얼마나 좋은 일인가? 문제는 앞서도 지적했듯이, 현재의 구조 속에서 유통되는 설교 대부분은 그렇지 못하다는 데 있다.

소비자들의 흥미를 유발하는 설교를 판매해서 기관은 생존을 이어가고, 개인(설교자)은 유명해지고, 그 뒷돈을 댄 교회는 성장한다면, 이것은 예수의 정신인가, 아니면 자본주의의 생리인가? 나는 후자라고 생각한다. 따라서 당연히 그 개선책을 찾아야 할 것이다.

더욱이 시중에 유통되는 설교집이나 설교 방송 내용 중에, 만일 엄밀한 신학적 잣대를 들이대면 이단성 시비에 휘말릴 수도 있는 내용이 다수 포함되어 있다는 점을 고려할 때, 교회를 썩게 하고 신도들의 영혼을 병들게 하는 것은 비단 교회 밖에 있는 이단들의 준동에만 국한되는 것이 아니라, 실제로는 더 교묘한 방식으로 작동하고 있는 소위 유명하다는 사람들의 설교에 한 가지 원인이 있다는 점을 갈파한다면 이 문제는 언제까지 모른 척하고 슬쩍 넘길 수 있는 사안이 아니다.

오늘날 한국 개신교 설교의 타락은, 설교 내용의 문제뿐 아니라

그 설교가 유통되는 메커니즘 자체가 극히 자본주의적이고 따라서
인간의 불순한 욕망에 굴복했다는 데 있음을 명심하자.

설교 시 주의할 예화들

이 글에서는 목사가 설교 시 구사하는 예화 사용에 있어 조심해야
할 점 몇 가지를 생각해보려고 한다. 목사라면 누구나 잘 알고 있겠
지만, 설교에서 좋은 예화는 마치 약방의 감초 같은 역할을 수행한
다. 그러나 그릇되고 과도한 예화는 전혀 사용하지 않느니만도 못
한 결과를 초래한다. 따라서 설교에 사용되는 예화 선정에 있어 상
당한 주의와 관심이 요청된다고 하겠다. 그럼 목사가 조심해야 할
예화 사용에는 어떤 것이 있는가?

첫째, 역사적·학문적 근거가 부족하거나 모호한 예화는 피해야
마땅하다. 이 당연한 이야기를 먼저 꺼내는 이유는, 실제로 한국교
회 강단 현실에서 너무나 잘못된 예화가 홍수처럼 범람하고 있기
때문이다. 전혀 사실무근인 가십거리, 지어낸 이야기, 거두절미하고
흥밋거리만 취사선택한 이야기, 실제보다 과장된 이야기, 허위 사
실, 정반대로 알려진 사실 등이 마치 진실인 것처럼 버젓이 강단에
서 하나님의 말씀을 빙자해 언급된다. 이런 일들이 아무렇지도 않
게 벌어지는 이유는 크게 두 가지다. 하나는 사실인지 아닌지와 상

관없이 그저 신도들에게 은혜를 끼칠 수만 있다면 무엇이든 가능하다는 비뚤어진 의식 때문이다. 이른바 수단이 목적을 집어삼키는 경우인 것이다. 다른 하나는 목사들이 자신이 사용하는 예화의 뿌리와 맥락에 대해 정확한 지식이 부족해서 발생한다. 이런 경우는 일종의 미필적고의라고 할 수 있겠으나, 그럼에도 어쨌든 오직 참과 진실만을 말해야 할 설교 시간에 거짓을 전파한 셈이니 역시 그 모든 일에 대한 책임은 오롯이 목사가 져야 할 것이다. 더욱이 목사 개인이 마이크 권력의 절대다수를 독점하고 있는 교회 현실을 고려할 때, 그리고 대다수 순진한 신도들은 목사의 말을 금과옥조처럼 믿을 수밖에 없다는 사실을 고려한다면 목사의 잘못된 예증이나 설명 하나가 미치는 악영향이 얼마나 심각한 결과를 초래할 수 있는지에 대해 진지하게 생각해야 한다.

둘째, 신자들과의 상담이나 가정 방문에서 취득한 은밀한 이야기들을 설교 예화로 사용하는 것은 덕스럽지 못할뿐더러 일종의 범죄행위다. 목사가 사적으로 얻은 정보를 설교 시간에 발설하는 것은 신의의 의무, 비밀엄수의 의무를 저버리는 것이다. 만일 상담분야에 종사하는 사람들이 이런 유의 행동을 하게 되면 당장 자격을 정지당하거나 심할 경우 박탈당하게 된다. 그 정도로 사적인 상담이나 대화에서 취득한 개인의 프라이버시와 관련한 이야기가 갖는 무게감이 남다른 것이다. 그것은 그냥 이야기 혹은 정보 덩어리가 아니라 어떤 의미에서 한 개인의 인격권에 해당한다. 따라서 목사는 이런 점을 명심하고 설교 시에 함부로 남의 이야기를 예화로 사용해서는 안 된다. 지금까지는 한국교회 신도들이 대체로 착하고 순진해서 이런 부분을 묵과해준 측면이 강하지만 앞으로는 그렇지 않을 가능성이 매우 높다고 본다. 그러므로 목사가 이 점을 제대로 인지하고 유념해야 할 것이다.

셋째, 설교 시간에 자식 자랑을 하는 것을 조심해야 한다. 사람이 겪는 일 중에 소위 자식 농사가 가장 힘든 법이다. 반면, 자식이 잘되어서 부모의 마음을 기쁘게 해주면 그것처럼 흐뭇하고 보람있는 일도 없다. 목사뿐 아니라 누구나 다 마찬가지다. 목사 자녀 중에도 분명 사고뭉치(?)들이 있다. 이럴 때는 부모로서 목사 부부 역시 교회 앞에서 쥐구멍에라도 숨고 싶은 마음일 것이다. 그러나 부모가 특별히 뒷바라지 해준 일도 없는데 자녀가 알아서 제 길을 척척 개척해가면 이 얼마나 자랑스럽고 감격스러운 일인가. 그래서 자기도 모르게 강단에서 자식 자랑을 늘어놓을 수 있다. 물론 인간의 재능과 노력을 자랑한다기보다는, 하나님이 주신 은혜를 간증하는 차원에서, 즉 선한 의도로 그렇게 하는 경우가 더 많다. 그러나 좋은 의도로 하는 것조차도 목사는 강단에서 자기 자식 자랑을 발설하는 것을 절제하는 것이 지혜롭고 덕스럽다. 왜냐하면 목사가 늘어놓은 자식 자랑 때문에 상처 받고 시험에 드는 신자들이 꼭 몇 명은 있기 때문이다. 정녕 그렇지 않은가? 신도들 가운데는 자식 농사가 힘겨워서 마음 고생이 이만저만이 아닌 사람들이 제법 있는데 그 사람들을 앞에 두고 목사 혼자 자기 은혜에 도취되어 간증을 풀어놓으면, 겉으로는 마지못해 고개를 끄덕일지 모르지만 마음으로는 불편할 수밖에 없는 것이 사람의 본성이다. 그러니 목사는 자녀 문제와 관련하여 자신도 미처 다 알지 못하는 신도들의 고민과 갈등이 있다는 점을 염두에 두고 자식 자랑을 함부로 입밖에 내는 것을 조심해야 한다.

넷째, 어쨌거나 목사는 자기 가족 이야기를 설교 시간에는 일절 언급하지 않는 것이 좋다. 이번 항목은 신도들을 위해서가 아니라 목사의 가족을 위해서다. 내 경험을 잠깐 이야기해보려고 한다. 우리 아버지는 목사였다. 나는 독립하기 전까지 아버지의 설교를 26년이나 들으며 살았다. 아버지의 설교를 들으며 내가 가장 싫어했던 것은, 바로 설교 시간에 내 이야기를 예화 삼아 발설하는 것이었다. 청소년기를 지나면서 나는 아버지가 설교 시간에 내 이야기—그것이 아무리 좋은 이야기라도—를 내 동의나 양해 없이 공중 앞에서 토해낼 때마다 속으로 얼마나 분노했는지 모른다. 그런 이야기를 들을 때마다 마치 내 몸이 벌거벗겨져서 광장에 내걸리는 것 같은 모멸감을 느낄 때도 있었다. 아마 나뿐만이 아니었을 것이다. 내 어머니나 내 형제들도 자신과 관련한 이야기가 설교 시간에 툭 튀어나오면 정도는 다를지언정 본질에서는 큰 차이가 없는 당혹스러움을 맛보았을 것으로 사료된다.

목사의 가족으로 산다는 것은, 당사자가 아닌 다음에는 다 이해하기 어려운 아픔과 분노를 느끼며 산다는 것과 같은 이야기를 그 안에 내포하고 있다. 목사 자신이야 스스로 결단하고 헌신하여 목회의 길을 걷는 것이지만, 그 자녀는 자기 의지와 전혀 상관없이 목사의 자식으로 태어났다는 이유만으로 사람들로부터 과도한 기대를 받기도 하고, 과도한 관심의 대상이 되기도 하고, 때로 과도한 기준에 의해서 질책과 평가를 받기도 한다. 많은 목사의 자녀가 성장 과정에 부합하는 심리적 발달 단계를 생략하거나 건너뛰고, 속에는 분노를 머금은 채, 애어른처럼 행동하다가 결국 망가지는 이유가 여기 있다. 목사가 아버지로서 자식의 이런 고충을 조금이라도 이해한다면 설교 시간에 가족의 프라이버시를 침해하는 예화를 함부로 발설하지 않을 것이다.

결론적으로 목사는 설교 준비에 최선을 다해야 한다. 많은 독서 및 연구와 자료의 추적 및 확인 작업이 선행하고, 또한 설교 원고를 직접 꼼꼼히 작성한 후에 이를 완전히 숙지한 다음, 미리 잘 준비된 설교 원고에 기초하여 설교를 하게 되면 위에서 언급한 문제들을 충분히 예방할 수 있을 것이다. 반대로 설교 준비가 부실하면 할수록 엉터리 예화를 동원하거나, 자신도 모르는 사이에 머릿속에서 찰나처럼 스쳐 지나가는 상담 사례 및 가족 이야기가 불쑥 튀어나올 수밖에 없다. 그리고 모든 말이 다 그렇듯이, 한번 토해놓은 말은 무슨 수를 써도 다시 주워담을 수 없다는 평범한 사실은 이때도 진리다. 결국 평소 성실하게 잘 준비한 설교만이 설교의 위험성을 최소화할 수 있는 유일한 방책이다.

말씀뽑기의 폐해

티벳 불교인 몽골의 라마불교 사원을 방문하면 마당에 "마니차"라는 긴 원통이 설치되어 있는 것을 볼 수 있다. 마니차는 측면에는 만트라가 새겨져 있고, 그 안쪽에는 불교 경전을 담아놓은 원통형 기구다. 라마불교에서는 신도들이 마니차를 한 바퀴 돌릴 때마다 이생에서의 죄업을 용서받고, 내부에 있는 경전을 일독했다고 믿는다. 각 종교마다 서로 교리와 신념이 다르기 때문에 일방적으로 뭐라 할 수는 없지만, 그럼에도 이런 라마불교의 풍습은 개신교 입장에서는 납득하기 어려운 것이 사실이다. 만일 개신교인이 성경책을 한 번 뒤집었다 제자리에 돌려놓는 것만으로 성서를 일독한 것으로 간주하자고 한다면 과연 이런 주장을 곧이곧대로 받아들일 사람이 있을까?

왜 여기서 마니차 이야기를 꺼냈는가 하면, 이와 유사한 풍습이 한국 개신교 안에 똬리를 튼 지 오래이기 때문이다. 내가 이 글에서 말하려고 하는 이슈는 매년 연말 혹은 송구영신 예배 시간에 아무런 문제의식 없이 행해지는 이른바 "말씀뽑기"의 폐해를 지적하기 위함이다. 주지하듯이 말씀뽑기란 성서의 한 구절을 뽑아 그 말씀이 한 해 동안 하나님이 자신에게 주신 약속의 말씀이라고 믿자는 이벤트 행사를 가리킨다. 나는 이런 말씀뽑기 행사가 마치 라마불교에서 마니차를 한 번 돌리는 것으로 경전을 일독한 것으로 간주하는 것과 비슷한 행위라고 간주한다. 즉 고작 성서 한 구절을 받아 가지고 그 말씀이 일 년 동안 하나님이 자신에게 주신 말씀이라고 확신하는 것은, 말씀 한 구절로 나머지 전체 성서 말씀을 대치(대신)하자는 심보라고 생각하기 때문이다. 더욱이 이런 풍습은 세속 사회에서 행해지는 올해의 운세 혹은 오늘의 운세와 같은 성격도 내포하고 있다고 보기 때문에 매우 위험한 행위라고 판단하는 바이다.

물론 나도 송구영신 예배에서 뽑은 성구가 희한할 정도로 이듬해에 자신의 삶의 내력과 잘 맞아떨어졌다는 식의 간증(?)들을 익히 들어 잘 알고 있다. 그럼에도 나는 이런 신기한 일치가, 말씀뽑기 행위 자체가 옳아서가 아니라, 오히려 인간 행위의 불완전함과 악함에도 불구하고 당신의 백성을 긍휼히 여기셔서 인간의 못난 수준에까지 내려와 당신의 백성을 선대하시는 하나님의 은혜로운 행위라고 믿는다. 따라서 이런 유의 간증을 등판시켜 말씀뽑기 행위 자체를 강변하는 것에 대해 단호히 반대한다.

그 외에도 말씀뽑기는 두 가지 결정적인 문제를 안고 있다고 생각하는데, 첫째는 말씀카드가 대체로 축복 일변도의 말씀으로 편성되어 있다는 것이다. 만일 어떤 그리스도인이 정말로 하나님의 복을 받을 자격이 있다면 그런 종류의 내용을 담은 말씀을 뽑아 위로와 소망을 얻는 것이 크게 문제될 것이 없으나, 반대로 그가 불경건하고 악하여 하나님의 진노와 심판이 임박한 사람임에도 불구하고 축복의 말씀을 약속으로 받는다면 이 얼마나 아이러니한 상황이란 말인가. 둘째는 송구영신 예배에서 나눠주는 말씀카드는 성령께서 각 신자의 형편에 맞게끔 나눠주시는 것이 아니라, 실은 말씀카드를 판매하여 돈을 벌려는 카드제작회사가 나눠주는 것에 불과하다는 점이다. 그래서 나는 이모저모로 생각해봐도 말씀뽑기 행사를 받아들이기가 어렵다.

모든 그리스도인은 성서가 영감 받은 하나님의 말씀이라는 믿음을 공유한다. 그리고 하나님께서 성서에 기록된 말씀을 통해 당신의 백성을 지도, 인도하신다고 믿는다. 그런데 우리가 성서를 통해 하나님의 뜻을 올바로 알기 위해서는 그냥 무작정 성서를 읽는다고 다 해결되는 것이 아니라 성서해석학의 원칙을 잘 준수해야 한다. 곧 성서 말씀의 참뜻을 올바로 알기 위해서는 그 말씀이 기록된 역사적·문화적·사회적 정황에 대한 깊은 이해가 선행되어야 한다. 또한 성서 말씀의 언어적·문법적 특징을 잘 알아야 한다. 나아가 성서 각 권 전체의 문학적·정경적 구조 안에서 특정 성서 구절의 위치와 기능을 해석해야 한다. 그리고 더 나아가 성서 66권 전체의 일관된 흐름 안에서, 즉 구속사적 맥락 안에서 특정 구절의 의미를 해석 및 적용해야 한다. 따라서 성서의 어떤 특정한 구절은, 망망대해 위에 고개를 내밀고 있는 고립된 섬처럼 존재하는 것이 아니라 수많은 네트워크로 연결된 세포 조직처럼 존재하며 기능한다. 우리는 이러한 성서의 특성을 잘 이해하는 가운데, 하나님이 그 말씀을 통해서 우리에게 베푸시는 뜻을 깨우치고 순종해야 한다. 그럼에도 불구하고 성서해석학의 기본 원리를 무시한 채, 또 성서의 문맥을 도외시한 채, 그냥 어느 날 갑자기 카드회사에서 제공한 성구 하나를 받아들고 그것이 이듬해 일 년 동안 자신에게 주시는 하나님의 말씀이라고 철석같이 강변하는 태도란 얼마나 미숙하고 억지스러운 태도란 말인가.

다시 말하지만 하나님께서는 당연히 그리고 얼마든지 성서 말씀을 통해 당신의 백성에게 말씀을 걸어오신다. 때로는 특정한 구절을 통해 그렇게 말씀하신다는 사실을 나 역시도 믿는다. 그러나 더 엄밀하게 말하자면, 내가 믿기로는 하나님은 성서 66권 전체를 통해 당신의 백성에게 말씀을 건네신다고 믿는다. 그래서 우리가 해마다 뽑아야 할 말씀은 카드회사가 제작해서 공급하는 축복 일변도의 성구가 아니라, 성서 66권 전체여야 한다. 신구약성서 66권 전체가 "교훈과 책망과 바르게 함과 의로 교육하기에 유익하기 때문에" 우리에게 주어진 것이다. 따라서 우리는 늘 성서를 상고하면서 때로는 위로를, 때로는 책망을 받기도 하고, 또한 때로는 헌신과 결단을, 때로는 자기부인에 대한 요청을 받으며 그때그때 상황에 맞

제1부 목사와 학문

게 거기에 순종해야 한다. 이렇듯 성서 전체가 모든 그리스도인이 일 년 내내 명심하고 준수해야 할 거룩한 말씀인 것이다. 목사는 자신이 섬기는 교회 공동체 구성원들에게 이런 점을 끊임없이 주지시켜야 한다. 그리고 이를 위해서 평소 건전한 성서해석학의 원리에 근거하여 성서 전체를 통전적으로 해석하여 자신의 삶에 적용하는 연습을 모든 신도들에게 부지런히 시켜야 한다.

이렇게까지 말했음에도 불구하고 여전히 어떤 사람들은 말씀뽑기에 대한 미련을 완전히 내려놓기가 어려울 수 있다. 그런 사람일수록 현행 말씀뽑기 이벤트가 갖고 있는 유효성을 고집하는 경향이 있다. 즉 앞에서 말했던 것처럼 누구누구가 송구영신예배에서 받은 성구와 이듬해 삶이 기가 막히게 잘 맞아떨어져서 은혜를 많이 받았다는 식의 사례를 동원하는 것이다. 하지만 이 글의 서두에서 지적했듯이 그것은 인간의 행위가 옳아서가 아니라, 인간의 행위가 부족하고 불의함에도 불구하고 그런 인간조차 궁휼히 여기시어 인간의 수준과 눈높이까지 내려오셔서 일하시는 하나님의 은총 때문이라는 사실을 결코 간과해서는 안 될 것이다. 그렇지만 여전히 말씀뽑기에 대한 미련을 완전히 놓지 못하는 분들을 위해서 타협책(?)을 한 가지 제시한다면, 굳이 연말에 말씀뽑기 행사를 가질 요량이면 대략 9월 무렵부터 전 교회적으로 성서 읽기 운동을 대대적으로 펼쳐서 모든 신도들로 하여금 성서를 최소 일독 이상 하는 가운데 성령께서 마음을 뜨겁게 움직이시는(혹 그 밖의 특이한 방법으로 다가

오는) 말씀을 신자 개개인이 직접 선정하여 그 말씀을 다음 한 해 동안 자신에게 주시는 말씀으로 받도록 하면 훨씬 더 건전하고 건강한 방편이 될 것이다. 그렇지만 나 개인은 여전히 하나님께서 성서 66권의 모든 말씀을 해마다 내 자신에게 주신다고 믿고 싶다.

평생 학습

한국 개신교 목사들의 치명적 약점이 무엇일까? 아마 공부를 안 하는 것이 아닐까? 공부를 안 하는 것인지, 못 하는 것인지는 정확히 모르겠으나 어쨌든 상당수 목사들이 공부와 담을 쌓고 지낸다는 것은 부인할 수 없는 사실이리라. 물론 극소수 목사의 경우 열심히 공부를 하겠으나 전체적으로는 그렇다는 이야기다. 내가 평소에 쓰는 표현을 빌려 말하자면, 한국 개신교의 비극은 반에서 20등 하는 학생이 1-3등 하는 학생들 앞에서 설교하고 가르치고 있는 형국이 아닐까. 그만큼 목사들의 지성과 언설에 정밀함과 치열함이 모자라는 것이 현실이다. 이게 다 공부의 부족에서 비롯된다. 이 말이 기분 나빠도 할 수 없다. 사실이니까.

목사에게 공부가 부족하면 어떤 현상이 벌어지는가? 첫째, 성서의 내용에 대한 치밀한 분석과 해설 없이 기성 종교의 전통에 일방적으로 호소한다. 하나님의 말씀 대신 전통이 계시가 되고 법이 된다. 둘째, 성직자의 권위를 앞세우거나 혹은 본인이 신적인 대리인임을 내세워 독재를 시도한다. 셋째, 건강한 토론과 대화가 실종된다. 넷째, 교회 안에서 질문과 의심이 억압당한다. 다섯째, 설교가 추상적인 개념과 이야기로 일관한다. 쉽게 말해 늘 뻔한 종교적 이야기만 무성하다. 여섯째, 설교 시 튀어나오는 사회적 현상에 대한 분석과 통찰이 밥상머리 대화 수준 이상을 못 벗어난다.

잘 생각해보라. 어디서 많이 본 모습 아닌가?

목사는 평생 공부하는 사람이어야 한다. 그가 맡고 있는 설교와 가르침의 직무를 생각할 때 공부를 안 한다는 것은 어불성설이다. 비단 강단에 섰을 때가 아니더라도, 신도들과의 일상적인 대화 속에서 지적 통찰과 교양이 잘 어우러진 태도와 품위를 유지하기 위해서라도 그는 늘 공부하는 사람이어야 한다.

공부에 대한 정의는 사람마다 다를 것이다. 어떤 이는 인격수양을 공부의 요체와 목표로 이해한다. 또 어떤 이는 세계 변혁을 위한 실천력을 갖추는 것을 공부의 핵심으로 파악한다. 그러나 이 글에서 말하는 공부는 말 그대로 지식(혹은 정보)의 습득 행위에 국한할 것이다. 달리 말해, 책상 앞에 앉아 책을 펼쳐놓고 치열하게 읽고 또 읽는 행위를 가리킨다. 이런 의미에서 목사는 평생 학습자가 되어야 한다. 목사는 설교자와 교사 이전에 부지런한 학생이어야 한다.

목사가 평생 학습자로서 살아가기 위한 몇 가지 지침을 서술하면 다음과 같다.

첫째, 매일 일정한 시간을 빠짐 없이 공부해야 한다. 좀 더 구체적으로 말하자면 매일 이른 아침 혹은 오전 시간만큼은 열 일을 제쳐두고 공부하는 데 몰두해야 한다. 이 시간에 쓸데없이 빈둥거리거나, (새벽 기도 후) 잠을 보충하거나, 긴급을 다투지 않는 교회 행정에 시간을 빼앗기지 않고 꾸준히 공부를 한다면 시간이 갈수록 큰 성과를 얻을 것이 분명하다. 예컨대 매일 오전 3시간 정도를 독서에 할애한다면 일주일에 2권 정도의 책을 읽을 수 있을 것이며 이를 연간으로 합산하면 80-100권 가량의 책을 독파할 수 있을 것이다. 사실 이 정도면 결코 적잖은 분량의 학습이다.

둘째, 개인적으로 나는 공부란 자기 스스로 하는 것이 가장 좋다고 생각하는 사람이다. 그러나 혼자 공부하는 것이 힘들게 느껴지거나 부담스러운 사람도 있는 것이 사실이다. 그럴 경우 여러 사람이 약속을 정해서 함께 공부를 한다면 동기 부여도 되고, 비록 반강제적이긴 하지만 꾸준함도 담보할 수 있으니 이 또한 나쁘지 않은 방법이다.

이 경우 담임목사의 의지와 지도력이 뒷받침된다면 같은 교회 안에서 동역하는 목사들끼리 스터디 그룹을 만들어 함께 공부하면 좋을 것이다. 통상 한국 개신교는 사람을 키우는 데는 인색하고, 반대로 사람을 사용하다 (필요와 수명이 다하면) 버리는 데는 능숙하다. 이런 정서와 인식 탓에, 신학교를 졸업하고 현장에 나와 목회를 시작한 절대다수의 목사들이 그저 사역 기계처럼 일만 하다가 황금 같은 젊음을 다 허비한다. 이런 구조 안에서는 목사 개인만 손해를 보는 것이 아니라 한국 개신교 전체가 다 피해를 입는다. 거칠게 말해 무식한 목사들만 계속 배출되면 결국 그 손해는 우리 모두에게 고스란히 돌아오지 않겠는가. 따라서 이제부터라도 담임목사는 부목사와 전도사들을 배려하여 공부할 수 있는 환경과 여건을 만들어 주고 또 실제로 매일 일정 시간 동안 공부할 수 있도록 독려해야 할 것이다. 이런 담임목사와 교회가 많아질수록 분명 앞으로 좋은 목사들이 배출되리라.

또한 같은 지역 내에 있는 목사들끼리 의기투합하여 공부 모임을 만들어서 정기적으로 친교와 학습 활동을 병행하면 좋을 것이다. 기계적으로 예단할 수는 없겠지만 아마 전국적으로 이런 유의 목사들의 공부 모임이 200개 이상 정도 되면 한국 개신교의 미래가 결코 어둡지 않을 것이다.

셋째, 군인이 전투에서 승리하기 위해서는 총을 잘 정비해야 하듯이, 목사가 공부에서 승리하기 위해서는 책을 잘 선정해서 읽어야 한다. 좋은 책을 선정해서 읽기 위한 방법은 뻔하다. 소위 고전이라 불리는 책, 혹은 훌륭한 독서가들이 추천하는 양서를 위주로 읽는 것이다. 물론 좋은 책이라고 해서 아무렇게나 내키는 대로 덥석 집어서 읽을 수는 없는 노릇이고, 관심 있는 분야를 순서대로 정해 해당 분야 안에서 적절한 커리큘럼을 구성하여 체계적으로 학습하는 것이 중요하다. 따라서 좋은 선생이나 인도자와 함께 공부할 수 있다면 크게 유리한 것이 사실이다.

책과 관련하여 한 가지 첨언한다면 좋은 책을 구매하는 요령이다. 내 경우, 일단 절판 가능성이 있는 전문서적의 경우 지금 당장 꼭 읽지는 않는다 할지라도 우선 구매대상으로 선정하는 편이다. 그리고 구매한 전문 도서의 경우는 먼저 목차와 서문만이라도 빼놓지 않고 읽고 내용을 숙지해놓는 편인데 이렇게 해놓으면 나중에 설교 준비나 어떤 주제를 놓고 글을 쓸 때 어렴풋하게나마 관련 내용이 생각이 나서 참조를 할 수 있기 때문이다. 물론 주제별로 책을 잘 분류하여 평소 책장에 같은 주제와 성격의 책끼리 잘 모아놓는 것은 기본이다.

넷째, 책을 열심히 읽고 공부해도 그 결과를 잘 정리해서 암기하지 않으면 결코 내 것이 되었다고 말하기가 어렵다. 책을 읽고 공부한 다음에는 그 내용을 잘 요약해서 정리하는 것이 필수다. 과거 아날로그 시대에는 메모장이나 독서 카드 등을 사용해서 이 작업을 수행했지만 작금의 디지털 시대에는 에버노트 등과 같은 각종 도구들을 사용해서 훨씬 더 수월하게 요약·정리 작업을 할 수 있으므로 자신에게 맞는 방법을 찾으면 된다.

공부는 마치 인생과 같다. 흔히 인생을 단거리 경주가 아닌 마라톤에 비유하듯이 공부도 마라톤과 같다. 쉽게 말해 공부의 왕도는 없다는 말이다. 그저 성실하게, 꾸준히, 일평생 지속하는 것이 가장 좋은 공부법이다.

어느 한 분야를 전문적으로 공부하고 연구하는 학자들과 달리, 목사는 폭넓게 공부하는 것이 훨씬 더 중요하다. 회중(청중)의 직업과 전공이 다양하고, 결국 목사가 설교를 통해 마주하는 인생의 모습과 색채가 다양하기 때문이다. 따라서 지역교회를 섬기는 목사의 경우 다양한 분야의 책을 꾸준히, 치열하게 공부하는 것이 필요하다.

앞서도 이야기했지만 목사가 공부가 부족하면 이성 대신 감정에 호소한다든지, 진리 대신 전통을 들먹인다든지, 대화와 토론 대신 명령과 통제를 선택한다든지, 사실과 논리에 기반을 둔 설득과 감화 대신 협박과 윽박으로 일관할 가능성이 농후하다. 일단 공부가 부족하면 목사 자신이 내적으로 자신감이 떨어질 수밖에 없기 때문에 외적으로 더 강하고 세게 반응할 수밖에 없는 것이다. 과거에는 이런 리더십이 먹혀들 때도 있었지만 지금은 절대 아니다. 목사가 자신이 섬기는 공동체 안에서 목사로서 존경과 인정을 받고 싶다면 진리와 사실, 계시와 이성이 잘 조화를 이룬 설득력 있는 말과 행동을 보여야 한다. 이를 가능케 하기 위해서도 공부를 해야 함은 불문가지다.

누구나 다 아는 이야기지만, 공부도 일종의 연습이요 훈련이다. 그래서 공부를 잘하려면 성실한 자세와 함께 인내심이 절대적으로 필요하다. 세상에 공부를 좋아하는 사람이 과연 몇이나 되겠는가? 목사도 마찬가지다. 공부는 종종 지겹고 고달픈 행위다. 그래도 할 수 없다. 목사의 길을 선택한 이상 이 지겹고 지루한 행위를 평생 반복할 수밖에 없음을 어쩌겠는가!

그래도 혹 모르는 일이다. 옛 성현들처럼 자기와의 싸움을 계속하며 꾸준히 공부하다 보면, 어느 순간 공부 중에 큰 희락을 맛보게 될지도. 부디 우리 모두 그렇게 될 수 있기를 소망할 뿐이다.

신학 공부

목사는 신학을 전공한 사람이다. 따라서 목사는 신학에 대해 일정 수준 이상의 전문가여야 한다. 대개의 경우 목사가 되려면 신학대학원 3년 과정을 이수하는 것이 정상이다. 내가 신학교에서 공부할 당시는 3년 동안 약 120학점 가량을 이수해야 했는데 요즘은 학과목이 약간 줄어들었다고 들었다. 짧은 기간에 너무 많은 수업을 들어야 하니 대학원 과정임에도 불구하고 실제로는 마치 고등학교 수업 시간처럼 느껴지는 폐해 때문이리라. 이처럼 신학대학원에서 배우는 신학 공부는 과목 숫자는 많지만 그에 비해 학문성이란 것은 그야말로 초보적 수준에 지나지 않는다. 그래서 신학대학원 과정을 이수한 후에도 정작 신학의 깊은 세계에 대해서는 무지한 사람들이 부지기수다. 이런 사람들이 졸업 후 현장에 나와 교회 사역에 바쁘게 휘둘리다 보면 그나마 신학교 시절에 배웠던 얄팍한 수준의 신학 지식마저 다 잊어버리는 경우가 비일비재하다. 그러다 보니 실제 목회 현장에서는 신학은 온데간데없고, 신학 외의 다른 원리와 지식이 목회 현장을 지배하는 현상이 벌어질 수밖에 없다.

종종 어떤 이들은 목회와 신학은 별개라고 주장한다. 또 비슷한 논리로, 신학 지식이 많은 사람치고 목회를 잘하는 사람이 없다고 강변하기도 한다. 실제로 지금까지 한국의 소위 부흥한 혹은 성공한 교회의 상당수가 이런 패러다임에 근거하여 교회 성장을 이루었다. 그러다 보니 신학과 목회는 별개의 것이라는 말이 매우 그럴싸하게 들리기도 한다.

하지만 이런 생각은 잘못된 것이다. 목회에는 신학적 전망과 통찰이 꼭 필요하다. 목회를 사람 몸의 살과 피라고 한다면, 신학은 뼈와 척추 같은 역할을 한다. 따라서 신학이 튼실하게 바로 서 있을 때 목회 현장이 건강하고 활력이 넘칠 수 있다. 그런데 이렇게 중요한 신학적 식견을 신학교에서 다 가르쳐주지 못하기에, 목사는 평생 스스로 공부하면서 신학의 깊고 넓은 세계를 탐구해야 한다.

내가 생각하기에 목사는 최소한 다음과 같은 신학의 영역을 공부해야 한다.

첫째, 성서 66권의 특성과 구조, 신학적 강조점 등을 골고루 꿰뚫고 있을 만큼 성서신학 공부를 해야 한다. 달리 말하면, 성서 66권 각 권의 신학적 특성을 두루 이해하고 있어야 한다. 이를 위해서는 각종 비평 방법을 사용하여 성서 각 권의 문학적 구성 방식 및 메시지의 특성 등을 탐구해야 한다.

둘째, 창세기에서 시작하여 요한계시록까지 성서 전체의 통일된 흐름을 꿰뚫고 있어야 한다. 어떤 이는 하나님 나라 관점에서, 어떤 이는 언약과 구속사적 관점에서, 어떤 이는 성전신학적 관점에서, 그 외 다른 관점으로 이런 작업을 진행할 것이다. 어쨌든 중요한 것은 특정 주제와 이슈를 중심으로 성서 전체를 통전적으로 볼 수 있는 안목을 갖추는 것이다.

셋째, 조직신학(혹은 교의학)에 대한 공부를 철저히 해야 한다. 이를 위해서 조직신학 서론에서부터 신론, 인간론, 그리스도론, 구원론, 성령론, 교회론, 종말론 전반에 걸쳐 주요 주제에 대한 합의된 이론과 경향성 등을 파악하고 있어야 한다. 조직신학 공부를 하는 이유는, 그것이 성서신학과 인간의 삶의 현실을 연결하고 통합하는 역할을 수행하는 동시에 기독교 신앙 및 신학이 넘어가서는 안 되는 일종의 금지선을 설정하는 기능을 행사하기 때문이다. 즉 기독교란 정체성을 이해하고 그 안에 머물기 위해서는 조직신학적 지식과 안목이 필수다.

넷째, 역사신학 공부 역시 소홀히 할 수 없는 분야다. 지난 이천 년 동안의 교회사를 공부하면서 교회사의 주요 고비마다 등장했던 각종 논쟁과 신학적 대결 및 사건을 학습하다 보면 오늘 우리가 이 시대에 겪는 수많은 신학적 이슈들의 상당수가 이미 교회사에서 다뤄졌던 문제라는 것을 알게 되고, 또 이를 통해 신앙의 선배들이 어떤 방식으로 그 문제를 해결하기 위해 노력했는지, 그 과정에서 배울 것과 버릴 것은 무엇인지를 알게 된다. 오늘을 살아가는 우리가 어느 날 갑자기 하늘에서 뚝 떨어진 비역사적인 존재가 아니라, 실상은 거인들의 어깨 위에 서 있는 난쟁이라는 것을 알 수 있는 가장 좋은 방법은 역사신학을 공부하는 것이다.

그리고 여기에 욕심을 좀 더 부려 (기독교) 윤리학이나 공공신학 및 정치신학과 관련된 공부도 할 수 있다면 금상첨화일 것이다.

이런 신학 공부는 신학교 시절의 공부만으로는 일정 수준 이상 습득하기가 불가능하다. 신학교 재학 중일 때는 수업에 참여하고 과제물을 정상적으로 제출하는 것만으로도 늘 벅차기 때문이다. 따라서 신학교를 졸업한 후에도 합리적인 계획을 짜서 평생 공부하겠다는 각오와 실천이 없다면 결국 어떤 목사도 신학교 시절에 배운 것 이상의 신학적 안목과 지력을 갖출 수 없다. 아니, 앞에서도 말했듯이 오히려 시간이 지날수록 그 목사의 신학 지식은 퇴보할 뿐이다.

목사가 평생 동안 열심히 신학 공부에 매진해야 하는 이유는 무엇보다 올바른 설교를 하기 위함이다. 또한 성서 공부나 강의 등에서 성서를 깊이 있게 가르치기 위함이다. 다른 한편으로, 교회의 조직 및 운영에 있어서도 성서적 가치와 원칙을 견지하기 위함이다. 그리고 교회 안팎에서 대두되는 다양한 공적·윤리적 이슈에 대해 기독교적 정체성과 전통의 틀 안에서 합리적으로 대응하고 참여하기 위해서다. 이렇게 신학은 교회와 목회를 건강하게 구성하는 필수 요소다.

목사가 신학을 열심히 공부해서 교회를 (양적으로) 성장시킨다는 보장은 없을지 모른다. 그러나 목사가 올바른 신학적 식견과 통찰력을 갖추고 있을수록 그가 섬기는 교회가 더욱 성숙해질 가능성은 높아진다. 그리고 어쩌면 앞으로는 성숙한 교회가 더 성장할지도 모른다. 부디 한국 개신교 안에 신학적으로 잘 훈련된 목사들이 더 많이 등장하길 소망할 뿐이다.

인문-사회학 공부

목사에게 인문학 공부가 필요하고 중요하다는 사실은 비단 요즘 들어 생긴 현상이 아니다. 이미 오래전부터 목사가 되려면 소위 "문사철" 공부가 필수라는 점이 강조되었다. 그래서 신학대학원에 진학하여 본격적으로 신학을 공부하기 이전 대학 4년 과정 동안 문학, 철학, 역사 중 하나를 전공하는 것이 신학을 공부하는 데 유리하다는 점이 매우 강조되었다.

아주 거칠게 표현하자면, 문학은 인간을 이해하는 데 필수고, 철학은 생각하는 힘을 키우는 데 필수며, 역사는 세계의 형성 과정을 이해하는 것을 넘어서 올바른 역사의식을 갖추는 데 필수라는 생각이 지배적이었다. 더욱이 문학을 공부하면 성서신학에 큰 도움이 되고, 철학을 공부하면 조직신학에 도움이 되며, 역사를 공부하면 역사신학에 도움이 되니 신학 예비 과정으로서 문사철을 공부하는 것은 당연한 선택이었다.

하지만 비단 문학, 철학, 역사뿐 아니라 목사가 공부해야 할 인문-사회학 계열의 학문은 상당히 많다. 최근 들어서는 심리학이나 정신분석학 쪽 공부도 목사에게 매우 유용한 분야로 각광을 받고 있는 추세다. 정신분석학이나 심리학의 경우 인간에 대한 이해를 더 심화시킨다는 점에서, 결국 인간을 상대로 목회하는 목사에게는 꼭 필요한 공부 분야다. 목사는 이런 공부를 통해서 인간의 어린 시절이나 무의식의 세계를 더 체계적으로 이해할 수 있고 또 이를 바탕으로 첫째는 자기 자신에 대한 객관적 이해를 시도하며, 둘째는 자기가 상대하는 사람들에 대한 공감적 이해를 도모할 수 있다. 물론 심리학이나 정신분석학이 제공하는 인간 이해가 100퍼센트 다 옳은 것은 아니지만, 그 안에는 상당한 지혜와 진리의 파편들이 담겨 있기 때문에 이들 학문이 제기하는 이론을 잘 숙지하고 인간의 사고와 행동 안에 담긴 역동성을 이해한다면 필경 큰 도움을 받을 수 있다.

또한 수많은 인간들이 그물망처럼 얽혀 살아가는 현대사회의 복잡함과 미묘함을 올바로 파악하기 위해서는 사회학 계열의 공부가 불가피하다. 더욱이 지구상의 모든 사회가 천편일률적이지 않고, 한편으로 현대사회의 특징을 일정 부분 공유하면서도, 다른 한편으로 각 나라의 정황에 맞게 특수한 형태를 띤다는 점을 고려할 때 한국사회의 독특성에 대한 이해와 학습이 필수다. 왜냐하면 한국 개신교 목사들이 살아가고 있고 또 목회하는 공간이 바로 한국사회이기 때문이다. 흔히들 한국(개신)교회가 문제가 많다고 하는데, 이는 반은 맞고 반은 틀린 말이다. 한국교회가 문제가 많은 것은 따지고 보면 한국인에게 문제가 많기 때문이다. 무슨 말인가? 기실 한국 교회는 한국인들이 모여 있는 교회다. 그리고 그 한국인들은 한국 사회를 살아가는 사람들이다. 따라서 한국사회가 만들어내는 인간 상들이 한국교회 안에서도 여과 없이 투영되는 경우가 일반적이다. 그런데 오늘의 한국사회는 일종의 병리사회라 할 만큼 특수한 문제들을 야기하고 있다. 그런 병리사회에서 살아가는 한국인들 역시 일정 부분 정신적·사회적 병리 현상에 물들어 있을 수밖에 없고, 또 그런 한국인들이 모여 한국교회를 이루고 있기 때문에 교회 안에 많은 문제가 있을 수밖에 없다. 만일 한국 가톨릭이나 불교의 경우 아무런 문제가 없는 데 반해 유독 개신교에만 문제가 있다면, 이것은 개신교 자체가 문제라는 뜻이지만, 현실은 결코 그렇지 않다. 각 종교의 내부를 깊숙히 들여다보면 개신교나 가톨릭이나 불교나 공히 문제가 많다. 그리고 그 문제의 성격이 거의 비슷비슷한 것도 부인할 수 없다. 왜 그럴까? 다름 아닌 한국인이 모여 있는 가톨릭, 불교, 개신교회이기 때문이다. 물론 종교가 그런 병리사회가 양산하는 병든 인간들을 교정하고 치유할 수 있는 영적 힘과 도덕성이 있다면 금상첨화겠지만 현재의 한국 개신교는 그럴 역량이 부재한 상태다. 그럼에도 어쨌거나 한국 개신교 안팎의 문제의 성격을 더 깊이 이해하고 이를 바로잡기 위해서라도 한국사회에 대한 이해는 필수라는 점을 놓치지 말아야 한다.

그다음으로 정치 분야는 어떠한가? 따지고 보면 정치는 사회를 구성하고 추동하는 여러 분야 중 하나의 분과가 아니다. 정치는 사회 전체를 통합하고 인도하는 엔진 역할을 하는 중추적 영역이다. 어느 사회건 정치의 영향과 간섭 및 통제를 안 받는 영역은 단 한 군데도 없다. 종교도 마찬가지며, 특정 종교를 구성하는 신도들의 경우 더 말할 나위가 없다. 더욱이 정치가 제 역할을 수행할 때 사회 전체의 인권의식과 행복지수가 높아진다는 점을 고려한다면 정치야말로 사회적 진보와 성화를 담보할 수 있는 결정적 요소다. 따라서 이런 점을 갈파한다면 종교가 정치에 대해 관심을 갖고 정치적 메커니즘에 대한 공부를 하지 않을 수가 없을 것이다.

이렇듯 목사가 공부해야 할 인문-사회학 분야가 매우 넓다. 위에서 예로 들은 것은 그야말로 몇 가지 예시에 불과하다. 곰곰이 그리고 찬찬히 따져보면 목사가 공부해야 할 분야가 참으로 다양하다. 물론 목사가 모든 분야의 전문가가 될 수도 없고 또 그럴 필요도 없다. 내가 말하고자 하는 것은, 목사가 다양한 분야에 대한 개론 수준의 지식 정도는 갖출 수 있도록 노력해야 한다는 말이다. 흔히 목사를 가리켜 일방적으로 혼자 떠드는 사람이라는 이미지가 강하다. 이는 목사가 늘 회중의 중심에서 혼자 마이크를 독점한 데서 비롯된 폐해다. 하지만 앞으로는 목사가 혼자 많은 말을 하기보다는 오히려 다른 사람들의 말에 적극적으로 귀를 기울여야 할 것이다. 이때 목사에게 필요한 덕목이 수많은 직종에 종사하는 신도들의 이야기를 제대로 알아들을 수 있는, 다양한 분야에 대한 개론적 지식이다. 만일 신도들이 목사와 대화를 나누면서 허구헌날 신학과 신앙생활에 관한 소재에만 머무는 것이 아니라 목사가 자신의 전공과 직업에 대해 관심을 갖고 이야기를 들어주거나 맞장구를 쳐주면 대화가 훨씬 더 흥미롭고 생생하게 느껴질 것이다.

또한 목사가 다양한 분야에서 정설로 통용되는 지식 및 이론에 대한 학습을 해야 하는 이유는, 그럼으로써 설교나 강의 시간에 허튼 소리를 하지 않을 것이기 때문이다. 이 말은 매우 중요하다. 왜냐하면 실제로 현실에서 목사가 자기 전공 분야 외에는 까막눈이다 보니, 말도 안 되는 엉뚱한 소리를 늘어놓거나, 음모론을 전파하거나, 카더라 통신의 중계자 역할을 하는 경우가 왕왕 있기 때문이다. 이렇듯 목사가 자꾸 근거 없는 말을 남발하게 되면, 결국에는 그가 전하는 (하나님의 말씀으로 포장된) 설교 자체의 신뢰성이 위협을 받게 될 수밖에 없다.

요약하면, 목사는 신학 외에도 인간과 세계에 대한 다양한 공부를 해야 한다. 그것은 첫째, 따지고 보면 신학이란 학문 자체도 엄밀한 의미에서 인문-사회학 분야의 학문과 결코 무관하지 않기 때문이고, 둘째, 비록 목사가 초월의 세계에 계신 하나님에 대해 말하는 것 같지만 실제로는 초월하신 하나님이 내재의 세계에 위치한 인간 및 역사와 상관관계를 맺고 활동하신다는 사실 때문이다. 따라서 목사에게 신학 공부와 인문-사회학 공부는 마치 동전의 앞뒷면과 같은 것이다.

끝으로, 글을 쓰면서도 내내 불편한 감정이 드는 것을 숨길 수 없기에 한마디 더 첨언하고자 한다. 과연 한국 개신교에 미래가 있을까? 알 수 없는 노릇이다. 분명한 것은 한국 개신교가 미래를 담보할 수 있으려면 지금보다 훨씬 더 유능하고 경건하며 신실한 목사들이 배출되어야 한다는 것이다. 한국 개신교 안에서 일어나는 문제의 상당수가 목사들에게 원인이 있기 때문에 목사 개개인 및 그들이 몸담고 있는 생태계를 개혁하지 않고는 한국 개신교의 미래가 암울할 수밖에 없다. 그런데 바로 이 지점에서 나는 한국 개신교의 미래가 어둡다고 본다. 왜냐하면 지금 신학교에서 수학하고 있는 신학도들의 수준이 그다지 높지 않기 때문이다. 더욱이 요즘 대학가의 추세가 어떻게 해서라도 인문계열(특히 문학, 철학, 역사 계열)을 없애거나 축소하는 분위기가 강하다 보니 대학을 마치고 신학대학원에 진학하는 학생들이 갈수록 인문학적 지식과 소양이 부족하기만 하다. 인문학의 궤멸은, 한국사회의 다른 분야에 미치는 악영향이 큼은 물론이거니와, 개신교에게는 그야말로 재앙에 가까운 현상이다. 따라서 이런 현실에서 뜻이 있는 목사라면 기어이 혼자라도 어떻게 해서든지 인문-사회학 공부를 하는 수밖에 없다.

과학 공부

목사들에게 가장 이질적으로 느껴지는 학문 분야가 바로 과학이다. 절대다수의 목사들은 과학이 부담스럽고 낯설기만 하다. 왜일까?

첫째, 과학적 지식을 체계적으로 접할 기회가 많지 않기 때문이다. 목사에게 있어 과학은 말 그대로 이방인 혹은 외계인과 같은 존재다. 당연히 생소하고 낯설 수밖에 없다.

둘째, 과학=진화론이라고 오해하는 경향 때문이다. 하나님이 우주를 창조하셨다는 믿음을 절대적으로 견지하고 있는 목사들 입장에서 진화론은 다름 아닌 사탄의 또 다른 모습과 같이 느껴지기에, 진화론을 주장하고 설파하는 과학이야말로 가장 위험한 학문인 셈이다.

셋째, 비슷한 이유에서 최근 등장한 새로운 무신론자들의 상당수가 과학자라는 점에 비춰볼 때 과학은 우리 시대 대표적인 무신성의 상징과 같은 것이라는 오해와 편견 때문이다.

이런 이유로 절대다수의 목사들의 과학에 대한 이해력은 초급 학문 수준을 못 넘어간다. 아니, 어떤 목사들은 초등학교 5-6학년

생 수준의 과학적 지식도 못 갖춘 경우까지 있다. 그럼에도 참으로 아이러니한 것은 일상생활에서 목사들 모두 과학 지식의 혜택을 톡톡히 누리며 산다는 것이다(사실 어떤 현대인도 다 마찬가지다). 목사들이 과학에 대해 갖고 있는 부정적 선입견과, 실제 삶에서 과학의 혜택을 누리는 것 사이의 괴리를 가장 잘 보여주는 예를 한 가지 꼽으라면 운전할 때마다 사용하는 내비게이션 원리를 들 수 있을 것이다. 내가 어디로 자동차를 몰고 가든지 지도상의 위치와 방향을 실시간으로 정확히 알려주는 내비게이션의 원리는 우주의 역사가 138억 년이 되었을 것이란 과학적 발견과 원칙 하에 지구의 중력 및 운동속도를 계산하여 위성에서 내 자동차에 부착된 내비게이션과 정밀하게 연동하여 작동하는 것이다. 목사들 중 어느 누구도 자신의 내비게이션이 가르쳐주는 길 안내가 사기라고 생각하고 거부하는 사람은 없을 것이다. 그런데 일상생활에서 이런 식으로 과학의 발견과 원리의 도움을 받아 생활하는 목사들이 정작 우주와 지구의 나이가 6천 년 안팎이라 주장하는 젊은 지구론을 확고히 믿고 있는 것은 얼마나 아이러니한 일인가?* 아마 이런 예는 수없이 들 수 있을 것이다. 그만큼 목사들의 과학에 대한 태도가 전근대적 수준에 머물고 있는 경우가 허다하다.

이제라도 더 늦기 전에 목사들은 과학 공부를 해야 한다. 여러 이유가 있지만 여기서는 네 가지 이유를 설명하겠다.

첫째, 과학의 영역도 하나님이 다스리시는 영역 중 하나이기 때문이다. 창조주 하나님께서는 교회 안에서만 역사하시는 것이 아니라, 온 우주와 인간 삶과 역사 가운데서 활동하시는데 그중 한 영역이 바로 과학의 영역이다. 따라서 목사들이 과학의 영역에 대한 더 나은 이해를 추구하는 것은 창조주 하나님의 통치에 대한 폭넓은 이해를 도모하는 것과 같은 말이다.

둘째, 교회 안에 몸담고 있는 많은 크리스천 과학자들이 자신들의 삶의 영역에서 하나님이 맡겨주신 소명을 잘 감당하도록 격려하고 배려하기 위해서는 당연히 목사가 정상 과학에 대한 올바른 이해가 있어야 하기 때문이다.

셋째, 오늘날 우리가 살아가는 현대사회가 실상 과학기술문명 사회이기 때문이다. 오늘날 과학은 우리 사회를 구조화하고 움직이는 가장 강력한 동인이다. 따라서 현대사회를 이해하기 위해서는 과학의 위력과 가능성을 알아야 한다.

넷째, 전통적으로 철학과 신학이 주도했던 형이상학적 탐구의 기능을 오늘날 과학이 무서운 속도로 대치하고 있기 때문이다. 즉 신의 존재 유무, 우주의 기원과 전개 양상, 인간의 출현, 현상계 너머의 세계가 존재할 가능성, 인간과 지구의 궁극적 미래 등 과거 신학과 철학이 수행했던 질문과 해답을 지금은 과학이 내놓고 있기 때문이다. 이런 세상에서 과학과의 대화를 거부하는 것은 지적인 자살 행위에 다름 아니다. 목사의 가장 큰 임무 중 하나가 형이상학적 질문과 의문에 대한 대답을 제공하는 것임을 기억할 때 이제 과학과의 토론은 필수다.

이 문제와 관련하여 내가 24년 전에 방문했던 네덜란드 암스테르담의 자유대학교 본관 건물이 생각난다. 자유대학교는 소위 영역주권론자들로 유명한 네덜란드의 신칼뱅주의자들이 건립한 학교인데, 본관 건물은 영역주권에서 이야기하는 15개의 영역 원리에 따라 15층으로 세워졌다. 본관 건물의 저층에는 자연과학과 공학부가, 중상층부에는 사회과학부와 인문학부가, 그리고 14층에는 신학부와 15층에는 철학부가 들어섰다. 이는 신학과 철학이 모든 학문의 꽃이라는 19세기 신칼뱅주의자들의 인식에 근거한 것이었다. 그런데 현대에 이르러 본관 건물이 오래된 데다 엘리베이터가 비좁아 꼭대기 층에 위치한 신학 및 철학부 교수와 학생들이 14-15층까지 오르내리는 것이 불편해지자, 이제는 세상이 바뀌어 신학과 철학이 모든 학문의 기초가 되어야 한다고, 자연과학부와 서로 층을 맞바꾸자고 농담 반 진담 반 식으로 이야기하는 것을 들었던 적이 있다.

글쎄다. 과학이 모든 학문의 기초일까, 아니면 신학과 철학이 여전히 그 자리에 있어야 할까? 아니면 신학과 철학이 모든 학문의 여왕일까, 아니면 과학이 그 자리를 새롭게 점유하게 될까? 앞으로 이 문제는 계속해서 신학을 전공한 사람들을 괴롭힐 것이다.

솔직히 말하면 과학의 영역은 시간이 흐를수록 점점 더 커질 것이고 그에 반해 신학의 영역은 갈수록 더 위축될 것이다. 필경 21세기는 목사들에게 과학이 가장 버겁고 힘겨운 대화 파트너가 될 것이다. 이런 현실을 직시한다면 어떻게 목사들이 과학을 공부하지 않을 수 있단 말인가? 분명한 것은 목사들이 그저 과학의 말귀라도 알아들으려면 당장 기초과학 공부부터 시작해야 한다는 점이다.

- 아인슈타인이 발견한 일반 상대성 이론 중 하나인 장 방정식(Field Equation)은 에드윈 허블이 우주 팽창의 증거를 발견하기 훨씬 전에 이미 시공간의 팽창을 예견했다. 이 일반 상대성 이론의 장 방정식을 이용한 기기가 바로 내비게이션 시스템이다.
  내비게이션 시스템은 인공위성과의 교신을 통해 현재 위치를 파악하고 목적지를 알려준다. 그런데 인공위성과 지구와의 중력 차이 및 빠르게 움직이고 있는 인공위성의 운동에 의해 시간과 공간은 미세하게 왜곡되어 있다. 즉 GPS 인공위성의 고도는 약 20,100km 상공에 위치함으로, 이 위치에서는 지구 표면의 중력보다 약한 중력이 작용하는 까닭에 시간이 빠르게 흐른다. 구체적으로 하루에 약 100만 분의 45초 정도 시간이 빠르게 흐른다. 반면, 빠른 속도로 운동하는 물체는 시간이 늦게 흐르는데, 시간당 14,000km, 즉 초당 3.8km로 이동하고 있는 GPS 인공위성에서의 시간 지연 효과는 하루에 약 100만 분의 7초 정도에 달한다. 따라서 GPS 인공위성에서는 하루에 100만 분의 45초의 시간 선행 효과와 100만 분의 7초 정도의 시간 지연 효과가 동시에 일어나고 있는 것이다. 그 결과 인공위성에서의 시간은 내비게이션을 이용하는 지구 표면보다 매일 100만 분의 38초만큼 빠르게 흐른다. 그리고 이 시간 선행 효과를 지표면 상의 거리로 환산할 경우 그 거리 오차는 무려 11km가 넘는다. 당연히 매일 11km 이상의 누적 거리 오차를 발생시키는 내비게이션은 무용지물의 애물단지에 불과하다.
  우리가 사용하는 내비게이션 시스템은 이 오차를 항상 보정해줘야 하는데, 그 보정작업은 바로 상대성 이론의 장 방정식에 의해 이루어지는 것이다. 따라서 우주의 나이가 138억 년이 되었다는 빅뱅 이론을 부정하는 것은 단순히 종교적 신념에 국한된 문제가 아니라, 우리가 일상에서 요긴하게 사용하고 있는 문명의 이기의 기초가 되고 있는 무수히 많은 과학이론들을 부정하게 되는 것이다. 참조. 임택규, 『아론의 송아지』, 새물결플러스, 158-159쪽.

기초의학 지식

우리 집안은 조부모님 당시 기독교 신앙을 받아들인 이후 오순절적인 체험이 일상화된 그런 분위기 속에서 신앙생활을 해왔다. 어린시절 나는 소위 예언, 방언, 통변, 환상, 신유, 축사 등을 그냥 숨쉬는데 필요한 공기처럼 느끼며 성장했고, 어느 순간 내 자신이 그런 체험을 강하게 하면서 그 세계에 대한 이해가 더 깊어졌다고 할 수 있다. 내게는 무슨 문제가 있으면 기도부터 하는 것이 일종의 습관처럼 몸에 뱄고, 또 실제로 기도의 응답으로 신도들의 불치병이 치료된 사례도 적지 않다.

그런 내가 기초의학 지식에 관심을 갖게 된 결정적인 계기가 있었다. 1990년대 중반 이후 육군에서 군목으로 종군사역을 하면서 많은 병사들의 상담을 도맡게 되었고, 그때 젊은 병사들의 정신적·육체적 병환을 지속적으로 접하면서 병사들이 겪는 고충에 대한 정확한 진단과 도움을 제공하기 위해서는 반드시 의학적 지식이 필요하겠다는 판단을 내리게 되었다. 그래서 즉각 부대 군의관을 찾아가 내 생각을 말하고 기초의학 지식을 다루는 책자를 소개받아 틈

틈이 정독을 하면서 다양한 질병의 증환과 응급처치에 대해 공부한 일이 있었다. 그리고 그때 습득한 선무당 식의 공부가 이후 목회 여정에서 적잖게 도움이 되었다고 분명히 말할 수 있다.

목회할 때 있었던 한 실례다. 한번은 예순이 넘은 권사님께서 남편 (안수)집사님이 종종 가슴에 통증을 크게 느껴 자리에 주저앉아 고통을 호소하면 본인이 가슴에 손을 대고 기도해주시곤 하는데 그때마다 효과가 있어 잠시 후 정상으로 돌아온다고 말씀하시는 것을 들었다. 그 말을 듣자마자 나는 그 집사님의 자녀에게 전화를 걸어, 당장 아버지 모시고 심혈관 전문 병원에 가서 심장 주변 체크를 하고 시술을 받으라고 야단(?)을 쳤다. 아니나 다를까, 모 유명 심장 전문 병원을 찾아서 검사를 해보니 그 집사님의 심장 주변 혈관이 거의 다 막혀서 큰일이 벌어지기 일보 직전이던 상태였다. 만일 내가 그때 안수기도로 문제를 해결한답시고 종교적인 해결책을 강구했다면 자칫 돌이킬 수 없는 사고가 날 수도 있었을 것이다. 다행히 내가 갖고 있던 설익은 의학 지식이 그 순간에 도움이 되었고, 당연히 시술이 잘되어 그 집사님은 10년이 넘은 지금까지도 건강하게 잘 지내신다. 아마 이런 예를 들자면 하룻밤 수다거리로는 시간이 부족할 것이다.

목사는 기본적으로 신학을 전공하여 건실한 신학적 전망과 틀 안에서 성서의 말씀을 해석하고 선포하는 자로 소명을 받았다. 하지만 그렇다고 해서 목사가 신학적 소양만 갖춰서는 안 된다는 것은 두말하면 잔소리다. 목사는 신학 외에도 다양한 분야의 공부를 적어도 개론 수준에서는 갖추는 것이 마땅하며, 그 가운데는 의학 분야에 대한 공부도 꼭 필요하다고 생각한다. 왜냐하면 목회의 대상이 전적으로 인간 자신이며, 그 인간은 살아가면서 수많은 질병과 사고에 노출되는 연약한 몸을 갖고 있는 존재이기 때문이다.

특히나 요즘같이 정신적·심리적 문제로 고통을 겪는 사람들이 많은 시절에는 목사는 정신병리 현상에 대해서도 상당한 수준의 이해와 통찰을 계발해야 한다. 그렇지 않을 경우 장기간에 걸쳐 상담과 약물을 병행하여 치료해야 할 사례들을 단순히 기도를 앞세워 단번에 해결한답시고 엉뚱하게 접근하여 오히려 사태를 크게 악화시키는 일들이 얼마나 많은가! 이런 무식한 소치는 명백하게 인간에 대한 학대 행위이며 더 나아가 살인행위에 준하는 중범죄가 될 수도 있다는 것을 알아야 한다.

내 경우 물론 기도를 통해서도 우울증이나 공황장애 현상이 크게 개선되는 일들도 꽤 있었던바, 그러나 이때에도 정신적·심리적 고통에 대해서 갖고 있는 사전 이해와 지식이 당사자와의 인격적 관계 형성에 큰 도움이 된 것이 사실이다.

제아무리 인간의 이성과 합리성이 주도하는 세상이라 할지라도 기도의 독특한 영역을 부정하는 것은 옳지 않다. 하지만 모든 것을 기도에 맡기고 인간의 이성과 합리성을 억압하거나 제한하는 것은 위험하다. 목사가 기도를 소중하게 여길지라도, 동시에 인간의 몸에 대한 이해, 인간 정신의 구조와 작동 방식에 대한 이해를 수반한다면 그 기도의 가치가 더욱 빛날 것이다.

목사는 하나님께서 목사 본인 외에도 의사와 약품을 통해서도 얼마든지 일하실 수 있다는 사실, 아니 인간의 생명과 몸을 다루는 영역에서는 오히려 그것이 더욱 하나님이 일하시는 전문 무대임을 겸손히 인식할 필요가 있다.

기실 목사 자신은 아프면 당장에 병원부터 달려가면서, 신도들이 아프다고 하면 일단 손부터 얹으려고 하는 것은 얼마나 아이러니한 일인가!

글쓰기 훈련

이런 말이 있다. 천국에 갔더니 한쪽에는 입만 잔뜩 모여 있더란다. 자세히 살펴보니 한국교회 목사들 입이었단다. 그리고 다른 한쪽에는 귀만 잔뜩 모여 있더란다. 알고 보니 한국교회 신도들의 귀였다. 즉 한국교회 목사들의 입과 신도들의 귀만 달랑 구원을 받아 천국에 왔다는 이야기다. 이 웃픈 말은 삶과 신앙이, 인격과 믿음이 괴리된 한국 개신교의 현실을 꼬집는 이야기다.

그런데 이 이야기에서 또 다른 점을 생각해볼 수 있지 않을까? 왜 하필 한국교회 목사들의 입만 구원을 받아 천국에 왔을까? 물론 목사들이 말을 많이 하기도 해서이지만, 말만 잘한다는 것을 비꼬는 측면도 있을 것이다. 그렇다. 한국교회 목사 치고 말 못하는 사람은 거의 없다. 적어도 내가 알기로는 그렇다. 다들 얼마나 청산유수인지 모른다. 그런데 참으로 아이러니한 것은 목사들 중에 글을 잘 쓰는 사람은 눈을 씻고 찾아봐도 많지 않다는 점이다. 말은 아주 잘하는 데 반해 이상하리만큼 글은 못 쓴다.

한국교회 목사들 중에 자기 교회 주보에 매주 정기적으로 칼럼을 직접 작성할 수 있는 사람이 몇 명이나 될까? 어떤 담임목사는 부목사를 시켜 칼럼을 쓰게 한 후 정작 자기 이름으로 주보에 기재하면서도 아무런 양심의 가책을 못 느낀다. 어떤 목사는 직접 칼럼을 쓰기는 하지만 내용을 살펴보면 문제가 많다. 대부분의 목사는 부담스러워서 아예 칼럼을 쓸 엄두조차 못 낸다. 대화를 나누거나 설교를 할 때면 유창하게 말을 쏟아내는 사람들이 똑같은 내용을 글로 표현하려고 하면 어려움을 겪는 것이다.

현장 사역을 하는 목사들과 달리 신학자들은 아무래도 공부를 많이 하고 상시적으로 논문을 쓰는 사람들이니 사정이 훨씬 더 나을까? 결코 그렇지 않다. 한국의 신학자 역시 글을 못 쓰기는 매한가지다. 세칭 하는 말로 도낀개낀이다. 일부 글을 제법 잘 쓰는 신학자 몇 사람을 제외하고는 대다수 신학자의 글 역시 곳곳에서 병목현상이 발생하거나 먹통이 되기 일쑤다. 유학을 다녀온 신학자들이 구사하는 문장의 경우 잘 안 되는 영어 문법과 이치에 안 맞는 한국어 문법이 적당히 섞여 더욱 엉망일 때가 많다.

기실, 한국교회 목사들의 작문 실력이 떨어지는 이유가 오롯이 그들만의 책임은 아니다. 이 문제는 대한민국 공교육의 문제와 맞닿아 있다. 즉 한국의 교육체계가 어려서부터 책 읽고 글 쓰는 연습을 전혀 시키지 않다 보니 벌어지는 문제다. 우리 국민들이 세계에서 평균 학력이 가장 높은 축에 속하면서도 정작 문해력이나 독해력이 떨어지는 이유도 마찬가지다. 형식적으로는 글을 잘 읽고 쓰지만 실질적으로는 문맹에 가까운 것이다.

원인과 이유가 어디에 있든 간에, 어쨌거나 목사들은 글을 잘 쓸 수 있도록 부단히 노력할 필요가 있다. 크게 두 가지 이유 때문이다. 첫째, 기독교는 예로부터 소위 "책의 종교"란 별칭으로 불려왔다는 점을 꼽고 싶다. 성서 자체가 책이기도 하거니와, 성서에서 파생된 수많은 신학도서, 그리고 성서로부터 영향을 받은 엄청난 양의 문학 및 역사 서적들이 기독교 문명의 한 축을 이뤄왔던 것은 부인할 수 없는 사실이다. 기독교는 태생부터 글을 쓰고 읽는 것과 불가분리의 관계 속에 있었던 것이다. 따라서 모름지기 기독교인이라면 일정 수준에서 글을 쓰고 읽는 것이 자연스럽게 몸에 밸 수 있을 정도로 훈련이 되어 있어야 하지 않을까. 그리고 목사는 더더욱 말할 것도 없을 것이다.

둘째, 목사의 주임무 중 하나는 수많은 청중 앞에서 제한된 시간 동안 깊은 의미를 담은 설교를 전달하는 것이다. 이것은 자연스레 논리적인 사유와 함께 설득력 있는 언어구사를 전제한다. 설교나 강연, 성서 공부 등이 중구난방으로 흐르지 않기 위해서는(성서의 표현으로 중언부언하지 않기 위해서는) 평소에 정밀한 사유 연습과 함께 적확한 표현을 다듬는 훈련을 쌓아야 한다. 이를 위해서 글 쓰는 연습을 하는 것이다. 혹자는 목사가 굳이 글 같은 것은 잘 쓰지 못해도 목회하는 데 아무런 문제가 없다고 강변할지 모르지만, 그리고 그 말이 어느 정도 일리가 있을 수도 있겠지만, 그럼에도 목사가 글을 못 쓰는 것보다는 잘 쓰는 것이 여러모로 장점이 많은 것은 부인할 수 없을 것이다.

글을 잘 쓰기 위해서는 먼저 관련 책자를 구해 글 쓰는 원칙과 요령을 배우거나, 혹은 글쓰기 세미나 등을 찾아가 전문가에게 배워 익히는 것이 가장 쉬운 방법이다.

더 좋은 방법은 내용이 좋고 문장이 유려한 책들을 꾸준히 읽는 것이다. 글을 쓰는 데 있어 좋은 책만큼 훌륭한 스승은 없다. 나는 담임목회를 하는 동안 부목사들이나 전도사들에게 잔소리처럼 늘 하던 말이 있었는데, 바로 "좋은 단편소설이나 에세이집을 일주일에 한 권 정도는 꼭 읽으라"는 것이었다. 구성이 치밀하고 흥미진진한 단편소설은 분량으로 볼 때 설교 한 편보다 약간 길다. 그런데 이 짧은 글 안에 등장인물의 갈등, 심리 묘사, 상황의 반전, 사건의 긴박한 전개 등이 밀도 높게 담겨 있다. 따라서 좋은 단편 소설을 반복해서 읽는 행위는 목사가 자신의 설교문을 탄탄하게 구성하는 일에 좋은 안내자가 될 수 있다. 좋은 에세이집도 마찬가지다. 에세이집을 자주 읽다 보면 아름다운 표현을 많이 배울 수 있을 뿐 아니라 평범한 일상을 관조하고 성찰하는 재치와 영감을 느낄 수 있어 좋다.

가장 좋은 방법은 실제로 글을 꾸준히 쓰는 것이다. 일주일에 한 편, 혹은 삼일에 한 편씩 작은 분량이라도 꾸준히 글을 쓰면서, 자신의 글을 수정하고 보강하는 연습을 계속하다 보면 조금씩 작문 실력이 늘게 되어 있다. 프로야구 선수들의 경우 스트라이크 하나를 더 던지기 위해 매일 수백 개의 공을 뿌리기도 하고, 안타 하나를 더 치기 위해 자정이 넘어서까지 많게는 일천 번의 배트를 휘두른 다고 하는데, 목사가 자신의 말과 글을 정밀하고 적확하게 다듬기 위해 일주일에 한두 편의 짧은 글을 쓰며 연습하는 것은 과도하게 부담스러운 요구가 아니라고 본다.

신약성서에 나오는 고린도 교회는 사도 바울을 향해 "말이 어눌하고 설득력이 많이 떨어진다"고 비난했으며 그에 대해 바울도 자신이 능숙한 연설가가 아님을 인정했다(고후 10:10; 11:6). 하지만 만일 바울이 달변가였음에도 불구하고 글을 못 쓰는 사람이었다면 기독교는 현재의 모습을 갖추지 못했을 것이다. 말은 발화된 직후에 연기처럼 공중으로 사라지지만, 글은 오랫동안 살아남아 계속 사명을 감당한다.

굳이 출판을 목적으로 하지 않아도 좋다. 지역교회를 섬기는 목사들이, 자신의 일생을 향해서 또한 자신이 분신처럼 사랑하는 공동체를 향해서 베푸신 그분의 은혜에 대해 소박하고 진솔한 기록을 남김으로, 곳곳에서 그분의 생명의 증거가 계속 이어지길 바란다.

제 2 부

목사와 영성

목회 성공의 기준

목사 세계에서 흔히 회자되는 말 하나가 "목회 성공"이란 표현이다. 아무개 목사는 목회 성공했어, 저 사람은 성공한 목사야, 나도 목회 성공해야 할 텐데 등의 표현이 별 고민이나 여과 없이 다반사로 통용된다. 한편, 목회 성공이란 말이 있다는 것은 바꿔 말하면 목회 실패란 말도 있다는 뜻이다. 성공한 목사의 반대말은 실패한 목사다. 그렇다면 목회 성공이란 무엇이고 또한 성공한 목사란 어떤 사람인가?

유감스럽게도 현실 세계에서 목회에 성공했다는 말은 대형교회를 일구었다는 말의 완곡한 표현일 뿐이다. 수천 수만 명이 모이는 교회를 일구고, 그 안에서 무소불위의 권한을 행사하며, 어떤 견제나 통제를 받지 않고 재정을 사용하며, 일 년에 수차례 이상 해외를 오가며, 호텔에서 밥을 먹으며, 기사가 딸린 최고급 자가용을 타고 다니는 것 등이 목회 성공의 지표로 인식될 때가 많다. 한마디로 목사가 자기 왕국을 건설해놓고 그 왕국 안에서 황제로 군림하는 경우를 가리켜 성공한 목사라고 칭송하는 것이다.

성공한 목사가 꼭 수천 수만 명의 교세를 확보한 사람에게만 국한되는 것은 아니다. 수백 명의 신도가 모이는 교회를 형성하기만 해도 나름 성공한 목사가 될 수 있다. 그러니 거대한 왕국을 창설하고 그 안에서 황제로 군림하는 목사뿐 아니라, 그와 유사한 생태계 안에서 도처에 중간 사이즈의 성을 확보하고 주인 노릇하는 수많은 종교 영주들 역시 성공한 무리에 포함될 수 있다.

그래서일까? 목사를 대상으로 하는 인기 높은 세미나 혹은 강좌의 단골 메뉴는 역시 이런 성공한 목사를 강사로 초청해 목회 성공의 비결을 배우는 것이다. 주요 교단이나 총회 차원에서 주최하는 세미나도 마찬가지다. 목회 성공의 비법을 전수해줄 것같이 호들갑을 떠는 강좌일수록, 수십만 원의 돈을 내고서라도 그 비법을 찾는 성공병에 걸린 목사들로 만원을 이룬다. 성공의 사다리를 타고 위로 올라가 마침내 입신양명의 꿈을 이루고 싶은 욕망의 대잔치가 벌어지는 것이다.

앞서 언급했듯이 성공한 목사가 있다는 말은 뒤집어 말하면 실패한 목사도 있다는 뜻이다. 누가 실패한 목사인가? 답은 간단하다. 교회를 키우지 못한 목사는 무조건 실패한 목사다. 수십 년을 목회했어도 교회 사이즈가 기십 명밖에 안 모이는 목사, 매달 최소한의 생활비 걱정에 안절부절하기를 반복해야 하는 목사, 낡아빠진 승합차를 자가용 겸 교회 사무용으로 타고 다니는 목사, 시찰회나 노회에 가면 교회 사이즈가 작다는 것 때문에 구석에 앉아서 하릴없이 시간만 때우다 돌아오는 목사, 이런 목사들은 죄다 실패한 사람 취급받는다. 외부의 평가나 시선만 그런 것이 아니라 무엇보다 본인 자신이 그렇게 생각하기에, 그 좌절감의 골이 상상 이상으로 깊고 날카로운 때가 많다.

하지만 글을 읽으면서 이미 눈치챘겠지만 이런 성공의 기준이란 것이 얼마나 타락한 기준이란 말인가? 세속화되어버린 기준에서야, 대형교회를 일구는 것이 목회 성공의 첩경처럼 느껴질지 모르지만, 영원한 하나님 나라의 기준에서 본다면 그런 식으로 자기 왕국을 이룩하고 그 안에서 황제 노릇하는 것이야말로 가장 사탄적인 현상에 불과하다.

진실을 말한다면, 목회에는 성공도 실패도 없다. 아니, 외형적인 기준으로 도저히 성공과 실패를 판단할 수 없는 것이 목사의 삶이고 목회의 길이다. 굳이 말한다면 목회에는 성공 대신 "성화"만이 존재할 뿐이다. 왜 목사로서 살아가는가? 왜 목회를 하는가? 성공하기 위해서가 아니라 거룩해지기 위해서다. 따라서 성공한 목사와 실패한 목사라는 프레임이 있는 것이 아니라, 거룩한 목사와 타락한 목사가 존재할 뿐이다. 우리 주변에는 초대형교회를 일구었어도 실상은 타락한 목사가 있는가 하면, 아무도 알아주지 않는 볼품 없는 교회를 섬겨도 하늘의 시선으로 볼 때는 거룩한 목사가 존재할 수 있다.

물론 이런 기준대로 사는 것이 말처럼 쉬운 일은 아니다. 제아무리 인품과 신앙이 성화된 목사라고 해도 시시때때로 찾아오는 가난과 외로움과 모멸감을 마냥 감내하기에는 그 고통이 너무 가혹할 때가 많다. 그러나 목사가 성화되고자 한다면 그것까지도 기꺼이 받아들여 체화해야 한다. 그 괴로움과 외로움이야말로 자신의 몸 안에 새겨진 예수의 흔적이라고 흔쾌히 생각하지 않는다면, 그 어떤 목사도 결코 성화될 수 없다. 목사든 신도든, 성화는 안락한 서재에서 만들어지는 것이 아니라 뜨거운 쇳물이 넘실거리는 용광로에 몸을 담금으로써 형성되는 것이기 때문이다.

하나님의 영광을 드러내는 길

개신교인들 입에서 가장 쉽게 듣는 표현이 "하나님의 영광"이란 말이다. 하나님께 영광을 돌린다, 하나님께 영광을 돌리자, 하나님의 영광을 가린다 등등 말이다. 그럼 언제 주로 이런 표현을 쓸까? 예컨대 사업에 성공했다든지, 자식이 원하는 대학이나 기업에 합격했다든지, 어떤 일을 뜻하는 대로 잘 해결했다든지, 소원을 성취했다든지 할 때 이런 표현을 쓴다. 쉽게 말해 세속적 성공이나 입신양명을 달성할 때 비로소 하나님께 영광이 되고, 하나님의 영광이 나타난다고 생각하는 것이다. 물론 이런 고백이 아주 틀린 말은 아니다. 실제로 신적인 도움과 은총을 받아 인간의 한계상황을 넘어서는 좋은 결과를 얻는 경우 그것에 대해 감사한 마음을 표현하는 것이 잘못된 것은 아니기 때문이다. 하지만 반대로 이런 식의 사고는 인간의 고난이나 실패, 좌절이나 고통이 전부 하나님의 영광과 무관한 혹은 하나님의 영광을 가리우는 것이라는 생각을 유발한다. 과연 그럴까?

성서적 의미에서 하나님의 영광이란 말은 우리가 교회에서 통상적으로 사용하는 것과는 차이가 있다. "영광"이란 말은 일종의 무게감을 뜻한다(히브리어 "카보드"). 즉 하나님의 영광이란 말은 하나님이 무겁게 느껴진다는 뜻이다. 바꿔 말하면 하나님을 경홀히 혹은 경솔히 대하지 않는 것이 바로 하나님께 영광을 돌리는 첩경이다.

하나님을 무겁게 여긴다는 말은 무슨 의미인가? 일상에서 하나님의 뜻을 심각하게 받아들이고 그 뜻에 합당하게 사는 것이다. 하나님이 자신의 삶의 중심 자리를 점유하실 수 있도록 그분의 주권을 진지하게 고백하고 인정하는 것이다. 하나님의 명예가 손상되지 않도록 모든 행동거지를 조심하고 삼가는 것이다. 이것이 하나님을 무겁게 여기는 삶, 곧 하나님의 영광을 나타내는 것이다. 그런데 이런 유의 고백과 삶은 필연적으로 대가를 요구한다. 그리고 그 대가는 주로 고난과 손해로 나타난다. 그러니 하나님의 영광이란 말을 입버릇처럼 함부로 발설할 일이 아니다. 개신교인이 말하는 대중적 의미에서의 하나님의 영광이란 말이 깃털처럼 가볍다면, 실제 하나님의 영광이란 말은 삶 전체를 짓누르는 육중한 바위처럼 무거운 단어이기 때문이다.

더 나아가 하나님의 영광이란 하나님의 참본질이 드러나는 것을 뜻한다. 하나님의 참속성이 밖으로 입증되는 것, 이것이 곧 하나님의 영광이다. 흔히 하는 말로 하나님의 하나님 되심이 나타나는 것이 바로 하나님의 영광이다.

그럼 하나님의 본질은 무엇인가? 신학에서는(특히 조직신학에서는) 하나님의 속성의 다양한 측면을 논한다. 그런데 하나님의 속성의 핵심은 바로 사랑이다. 하나님은 사랑이시다. 하나님의 자비, 긍휼, 인내, 정의, 공평 등은 모두 신적인 사랑이 발현되는 양상이다. 한편 하나님이 삼위일체의 사회적 관계로 존재하시는 것도 그분이 사랑이시기 때문이다.

그런데 하나님의 사랑이 가장 극명하고 온전하게 계시된 사건이 바로 갈보리 십자가에서다. 하나님은 십자가에서 당신의 독생자를 희생시키심으로써 피조세계 전체를 향한 사랑을 아낌없이 보여주셨다. 그래서 하나님의 고난이 곧 사랑이다. (또한 예수께서 죽음을 이기시고 부활하시어 하늘보좌로 등극하셨기 때문에 십자가가 곧 영광이 된다.)

이와 같은 하나님의 영광이란 본뜻을 마음에 새기면 목사들이 하나님의 영광을 논할 때 그 인식과 실천에 큰 변화가 일어날 것이다. 아니, 당연히 그래야 마땅하다. 어느 목사가 대형교회를 일구었다고 해서, 그가 교단이나 교계의 이름난 감투자리를 차지했다고 해서, 그가 유명신학교에서 명예박사를 얻었다고 해서 그것이 곧 바로 하나님의 영광이 되는 것이 아니다. 오히려 그런 성취와 획득의 과정에서 인간의 욕망과 술수가 더 크게 작용했다면, 그것은 외적인 결과와 상관없이 실제로는 하나님의 영광을 크게 훼손하는 것이다.

목사가 하나님께 영광을 돌리는 길은 간단하다. 자신의 목회의 중심에 항상 하나님의 주권과 뜻이 견고하게 서도록 조심하고 또 조심하면 된다. 자신이 교회의 주인이 아니라 예수 그리스도가 교회의 머리가 되시도록 삼가고 또 삼가면 된다. 교회 공동체를 위해 자신의 인간적 혈기와 야망을 십자가에 못 박고 겸손히 사랑으로 행하면 된다. 그 과정에서 많은 어려움과 손해가 있을지라도 십자가에 달리신 예수를 바라보면서 인내하며 용서하는 것, 그것이 하나님의 영광을 인정하는 삶이다. 그리고 특별한 경우에는 타자의 유익을 위해 자신의 생명마저 내놓을 수 있는 사랑의 요구 앞에 순종할 때 하나님의 영광이 빛을 발한다.

하나님의 영광을 빙자해 실제로는 자신의 욕망을 극대화시키는 오늘의 세태 속에서 진정한 영광의 무게감이 회복되길 소망한다.

욕망 관리

인간은 욕망하는 존재다. 인간이 욕망하는 이유는 그가 몸적 존재이기 때문이다. 몸을 입고 사는 한, 인간은 욕망의 문제에서 결코 자유로울 수가 없다. 아니, 몸적 존재로서 욕망은 인간의 본질적 요소 같은 것이다.

종교의 가치와 기능은 인간의 욕망을 적절히 통제하는 데 있다. 종교(신앙) 자체가 욕망을 무화시키거나 무력화시킬 수는 없다. 욕망을 없애는 것은 종교가 아니라 오직 죽음의 권능만이 할 수 있는 일이다. 인간은 죽음의 문턱을 넘음으로써 비로소 모든 욕망에서 벗어날 수 있다. 바꿔 말하면, 인간이 자신의 몸과 더불어 존재하는 동안에는 욕망을 동반자 삼아 살아가는 것은 숙명과도 같다. 한편으로 인간은 욕망을 잘 다스리고 승화시켜 자아를 성취할 수도 있지만, 반대로 욕망의 노예가 되어 삶이 무너질 수도 있다. 이때 종교의 역할은 욕망에 적정한 경계선을 그어주는 것이다.

한 인간으로서 목사는 그 자신이 욕망하는 존재다. 종교인으로서 목사는 타인에게 욕망의 경계선을 그어주어야 할 책임이 있을

뿐 아니라, 더 직접적으로 자기 자신이 욕망을 가진 존재로 살아가야 하는 역설 혹은 모순 속에 서 있는 자다. 목사의 이중성 또는 위선이 여기서 발생한다. 그는 입으로는 끊임없이 욕망을 다스리고 절제할 것을 설파하지만, 실제 자신의 몸으로는 욕망을 탐하는 자로 살아갈 수밖에 없는 야누스의 얼굴을 가진 자다.

제아무리 성자 같은 목사라고 해서 모든 욕망을 완전히 극복할 수는 없다. 오히려 외부에서 보는 목사로서의 완성도(?)가 높을수록, 욕망으로 인해 그가 겪는 내면의 고통과 불행은 더욱 클 수밖에 없다. 사회적 평가 및 기대치와 그가 자신의 진짜 현실 속에서 겪는 괴리가 크기 때문이다. 하지만 이런 갈등과 고뇌야말로, 정도의 차이는 있겠지만, 모든 목사의 숙명이 아닐까. 따라서 모든 목사는 평생에 걸쳐 욕망과의 싸움을 통해 이상적 자아와 현실적 자아 사이의 간격을 좁혀가는 일에 부름을 받았다고 할 수 있다.

목사가 가장 조심해야 할 욕망은 무엇일까? 물욕, 성욕, 권력욕, 명예욕 등 모두가 조심할 것 투성이다. 사실 이것들은 서로 교묘하게 얽혀 있어 어느 하나를 따로 떼어내 독립된 항목으로 생각하기가 어렵다. 그럼에도 나는 목사가 가장 조심해야 할 욕망은 다름 아닌 명예욕이라고 생각한다. 여기서 명예욕은 유명해지고 싶은 욕구를 뜻한다. 자신의 이름을 널리 알리고 싶은 것이야말로 목사가 피해야 할 가장 위험한 욕망이 아닐까.

목사가 유명해지는 것에는 크게 두 가지 길이 있다.

첫째, 설교를 아주 잘해서 이름이 널리 알려져 이곳저곳에서 설교 요청이 쇄도하는 것이다. 많은 사람들이 그의 설교에 소위 감동과 은혜를 듬뿍 받으며, 그의 설교를 풀어쓴 설교집은 일약 베스트셀러로 자리잡는다. 하지만 이런 현상은 다분히 위험하다. 왜 그럴까? 설교가 많아질수록 목사는 다음과 같은 위험에 처한다. 우선, 말씀을 깊이 연구하고 묵상하는 시간에 비해 발설하는 일이 더 흔해지면서 둘 사이의 균형과 긴장이 깨어진다. 그 결과 그는 이곳저곳을 다니면서 자신이 가장 잘하는 설교만 골라 하게 되는 설교 편식증에 빠진다. 듣는 사람들 입장에서야 탁월한 설교를 맛보는 것같지만, 유명 설교자는 어느새 뻔한 레퍼토리를 외워서 반복하는 강단 위의 연기자 역할을 성실히 수행할 뿐이다. 그는 말씀의 수종자가 아니라 암기자일 뿐이다. 그런데 문제가 여기서 끝나지 않는다. 유명 설교자는 같은 말을 반복하면서 은연 중에 혹은 고의로 좀더 짜릿한 해설이나 감동적인 예화를 생산하기 위해 진실을 비틀고 재구성하는 일을 서슴지 않는다. 그 일이 반복되다 보면 그 설교자는 자신이 임의로 재창조해낸 유사 진실이 원래의 진실인 것처럼 스스로 착각하게 된다. 거짓이 하나님의 말씀의 이름으로 진실로 둔갑되는 것이다.

둘째, 교회 사이즈가 커지는 것이다. 일단 교회 규모가 커지면 그 뒤를 이어 목사의 이름도 덩달아 널리 알려지는 것은 시간 문제다. 사실 나는 유명 설교자가 되는 것보다, 교회가 커짐으로써 목사의 이름이 유명해지는 것이 더 위험하다고 생각한다. 왜냐하면 이른바 교회 성장이란 것은 아무런 대가 없이 거저 되는 것이 아니기 때문이다. 교회 규모가 커지기 위해서는 일단 목사 자신이 스스로를 착취하고 학대하지 않으면 거의 불가능하다. 그는 일중독자로 여겨질 만큼 스스로를 끝없이 소진해야만 남보다 더 나은 가시적 결과를 창조해낼 수 있다. 더 심각한 문제는, 목사가 교회 규모를 키우기 위해서는 자기 자신뿐 아니라 신도들을 착취하고 소진시키지 않으면 어렵기 때문이다. 교회 성장에 대한 목사 개인의 욕망을 달성하기 위해 신도들은 막대한 시간과 에너지, 그리고 물질을 바쳐야 한다.

여기서 매우 심각한 두 가지 왜곡이 발생한다.

하나는, (목사의 개인 야망을 위한 교회 성장을 위해) 신도들이 에너지와 시간, 물질의 상당 부분을 오직 교회에다가 바치는 것이 가장 이상적인 신앙생활의 전형이라는 오류가 발생한다. 그리하여 그런 유의 왜곡된 신앙의 늪에 빠진 신도들은 사적 삶과 시민생활을 소홀히 함으로써 역사 속에서 책임 있는 존재로 살아가는 일에 실패한다.

또 하나는, 그런 식으로 자신과 타인을 보다 효과적으로 착취함으로써 그에 대한 반대급부로 종교적 성취를 이룩한 목사가 마치 하나님의 특별한 은덕을 입은 사람처럼, 그리하여 그가 목사 세계에서 본받아야 하는 "큰 종" 대접을 받는 오류가 발생한다.

이처럼 목사에게는 모든 욕망이 다 위험하지만 그중에서도 명예욕이야말로 타인의 신앙을 왜곡할뿐더러 더 나아가 교회론 자체를 왜곡할 수 있다는 점에서 더욱 치명적이라 할 수 있다.

전술한 바와 같이 목사도 여느 인간과 마찬가지로 욕망의 문제에서 결코 자유로울 수 없다. 그럼에도 그는 성직이란 고유한 명분 안에 담긴 욕망을 절제하고 해소하는 것뿐 아니라, 다른 사람의 기대치, 그리고 사회적 윤리 기준을 충족시켜야 할 책임에 묶여 있다. 따라서 목사가 자신의 욕망을 상당 수준에서 통제해야 함은 자명하다.

어떻게 그것이 가능할까? (명예욕과 연관하여 말한다면) 너무 뻔한 말 같지만, 세간에 지나치게 노출되지 않도록 스스로 적절히 숨어 지내는 법을 훈련하는 것과, 자신이 감당할 수 있는 적정 규모 이상의 교회를 만들지 않도록 결단하는 것이 아닐까.

솔직히 나는 이 어려운 문제를 어떻게 풀어야 할지 잘 모르겠다. 그러나 목사의 욕망과 정직하게 마주하고 싶다. 당신은 어떤가?

삶에 밑줄 긋기

1980-90년대 입시 학원가를 주름잡던 국어 명강사 서한샘 선생은 "밑줄 쫙, 동그라미 땡"이라는 말을 널리 유행시킨 것으로도 유명하다. 그가 말하는 "밑줄 쫙"은 시험에 반드시 나올 만한 가장 중요한 내용을 적시한다. 아무렇게나 공부한다고 해서 좋은 성적을 얻는 것이 아니라 필히 숙지하고 있어야 할 부분을 집중적으로 공부해야 좋은 결과를 얻을 수 있다는 말이다.

그렇다면 목사는 어디에 밑줄을 그어야 할까?

시인 기형도의 "우리 동네 목사님"에서 그 실마리를 찾아볼 수 있겠다. 시의 중간에 이런 대목이 나온다.

일주일 전에
목사님은 폐렴으로 둘째 아이를 잃었다, 장마통에
교인들은 반으로 줄었다, 더구나 그는
큰 소리로 기도하거나 손뼉을 치며
찬송하는 법도 없어

교인들은 주일마다 쑤근거렸다, 학생회 소년들과

목사관 뒤터에 푸성귀를 심다가

저녁 예배에 늦은 적도 있었다

성경이 아니라 생활에 밑줄을 그어야 한다는

그의 말은 집사들 사이에서

맹렬한 분노를 자아냈다, 폐렴으로 아이를 잃자

마을 전체가 은밀한 눈빛을 주고받으며

고개를 끄덕였다, 다음 주에 그는 우리 마을을 떠나야 한다

목사가 평소 애용하는 성서에는 무수히 많은 밑줄이 쳐져 있어야 정상이리라. 그가 소장한 수많은 도서에는 빼곡한 밑줄과 동그라미가 그려져 있어야 바람직하리라. 하지만 목사가 정작 가장 심혈을 기울여 밑줄을 쳐야 하는 영역은 바로 삶이다.

강단 위가 아닌 아래의 삶, 주일이 아닌 월요일부터 토요일까지의 삶, 교회가 아닌 동네와 집에서의 삶, 신자들과의 모임이 아닌 비신자들과의 만남과 친교 속에서 노출되는 삶이야말로 목사가 가장 정성스럽게 공을 들여 밑줄을 그어야 할 목회지다. 그 삶이 부실하고 병든 종교적 외침들은 그야말로 허공에 메아리치는 꽹과리 소리에 불과하지 않겠는가.

그런 면에서 목회란 신화가 아닌 서사(내러티브)라 말할 수 있겠다. 많은 목사가 성공신화를 좇는다. 신화란 본시 관념이고 몽상이

제2부 목사와 영성

며 또한 욕망의 발현이다. 그것은 한순간의 찰나에도 만들어질 수 있다. 그것은 개인의 인품이나 영성과 상관없이 소위 운빨에 의해서도 가능하다. 그것은 적절한 테크닉에 의해 마케팅을 수단으로 하여 가공될 수 있다. 그것은 마치 올림푸스 산들의 신들처럼 지극히 세속적이면서도, 동시에 속세와 몸을 섞지 않고 별종으로 살아가는 희한한 것이다. 삶이 빠진 목사들의 설교와 기도가 이와 같다. 그리고 이것이 성공신화를 자랑하는 유명 목사들에게서 공통으로 발견할 수 있는 치명적 질병이기도 하다.

목회는 일종의 서사다. 그것은 목사의 삶 전체, 곧 그의 일평생이 고스란히 녹아 있는 땀과 눈물의 응집물이다. 또한 그것은 진리를 위해, 정의를 위해, 무엇보다 사랑을 위해 수고하고 애쓰는 투쟁의 산물이다. 자기를 죽여 남을 살리고, 자기를 쳐서 남을 세우는 자기 부인의 전쟁터다. 주일부터 토요일까지, 매년 1월 1일부터 12월 31일까지, 그리고 목사가 처음 되기로 결심했을 때부터 이 세상에서의 삶을 마감할 때까지 계속해서 정처없이 걸어야 하는 고단한 순례의 여정이다.

그는 그 여정에서 만나는 모든 것들, 곧 나뭇가지에 앉아 슬피 우는 새 한 마리, 들에 핀 꽃 한 송이, 길가에 쭈그리고 앉아 있는 걸인 한 사람, 새벽 불빛을 뒤로 하고 아파트 단지를 빠져나가는 환경미화원들의 청소차, 어디선가 들려오는 아름다운 피아노 소리, 재잘거리는 아이들의 웃음소리, 하늘에 어슬렁 걸려 있는 뭉게구름 몇 개, 그 모든 것에 정성을 다해 밑줄을 긋고 사는 사람이다.

십자가에 못 박힌 삶

여러 해 전 일이다. 한국교회 안에서 이름이 꽤 알려진 목사 여럿이 서울 대학로에 모여 고난 주간 퍼포먼스를 진행했던 적이 있다. 퍼포먼스의 내용은 십자가를 지고 대학로 이쪽 끝에서 저쪽 끝까지 이동하는 것이었다. 어처구니없었던 것은, 그 (대형교회) 목사들이 어깨에 걸치고 간 십자가 밑에 전부 바퀴가 달려 있었다는 것이다. 한마디로 바퀴 달린 십자가를 짊어지고 쇼를 한 것이다. 더 웃기는 건 그 행사에 참석한 목사들 전부 최고급 자동차를 타고 와 퍼포먼스의 출발 지점 앞에서 내린 다음, 십자가를 걸머지고서 목표점에 도착하자, 미리 앞서 그 자리로 옮겨온 세단 자동차들이 그들을 다시 태우고 유유히 사라졌다는 점이다. 그다음날 교계 신문에는 대형교회 목사들이 십자가를 지고 그리스도의 고난을 체현했다는 기사가 큼지막하게 실렸다. 바퀴 달린 십자가라? 혹시 이것이 오늘 한국교회 목사들의 진짜 현실이 아닌지 냉엄하게 성찰해볼 일이다.

많은 신학도들이 청운의 소명을 품고 신학교에 입학한다. 다들 복음을 위해, 교회를 위해, 한 영혼을 위해 십자가의 길을 마다하지 않겠다는 다부진 각오와 결심을 맘껏 내비친다. 하지만 정말 그런 이유 때문에 신학교에 몸을 담는 것일까? 정말 그런 목표와 이유로 소위 선지동산에서 3년의 세월을 보내는 것일까? 또 정말 그런 각오와 사명감을 잃지 않고 학교를 나와 목사가 되는 것일까? 목사가 된 다음에는 또 어떤가? 오늘 목사들의 신앙과 삶에 과연 십자가가 있는가? 없다면 그 까닭이 무엇인가? 있다면 정녕 어떤 십자가인가? 혹시 그들의 십자가는 기독교 신앙을 팔아 생계를 연명하기 위한 수단은 아닌가? 혹은 교회를 키워 자기 왕국을 건설하기 위한 재료가 아닌가? 오늘 우리에게 십자가는 무슨 의미를 지니고 있는가?

더 늦기 전에 우리 모두 솔직하게 질문하고 답해야 할 최우선적인 과제가 아닐 수 없다.

하나님이 하나님이실 수 있는 이유는 그분이 십자가에 달리셨기 때문이다. 조직신학에서는 전통적으로 하나님의 대표 속성을 전능성, 전지성, 무소부재성 등으로 설명한다. 한마디로 하나님은 온 우주에서 가장 똑똑하고 힘센 존재다. 그는 슈퍼파워 그 자체다. 하지만 성서는 하나님이 십자가에 달리신 연약하고 깨진 존재라고 밝힌다. 십자가가 없다면 하나님의 사랑은 공허하다. 십자가가 없다면 하나님은 세상을 구원할 수 없다. 십자가에 달리신 하나님만이 우리를 도우실 수 있다(루터). 따라서 제아무리 하나님이 138억 년 이전부터 구원받을 자들을 미리 알고 계셨다고 해도, 무한한 우주를 창조할 전능한 능력을 행사할 수 있다 해도, 삼라만상에 충만하게

제2부 목사와 영성

임재하실 수 있다 해도, 그러나 십자가가 없다면 결코 세상을 구원하실 수 없다. 이렇듯 기독교의 하나님은 십자가에 달리신 하나님이시다.

마찬가지로 목사가 정녕 목사일 수 있는 이유는, 그가 십자가에 달린 삶을 사는 자이기 때문이어야 한다. 예쁘장한 십자가 형태의 악세사리를 목에 걸고 다니는 것도 아니고, 잘 조각된 십자가를 예배당 정면에 걸어놓는 것도 아니고, 그 자신이 십자가에 덩그라니 달려 죽어야 한다. 그의 자존심과 욕망이, 혈기와 고집이, 성취와 허영이, 노력과 수고가 십자가에 못 박혀 죽어야 한다. 그래서 목사의 삶은 몹시 아플 수밖에 없다. 그의 삶에 신적 망치가 한 번씩 휘둘려질 때마다 비명소리가 난무하며 피가 철철 흐른다. 살려달라고 애원을 해보지만 아무도 눈길 하나 주지 않는다. 오히려 사람들은 그의 고난을 즐기기라도 하듯이 입을 삐죽거리며 눈을 흘기고 조롱한다. 그 괴로움과 외로움이 너무 처참해 때로는 "엘리 엘리 라마 사박다니, 아빠, 아빠, 왜 나를 버리십니까?"라는 분노에 찬 항의가 목구멍을 뚫고 새어나오기도 한다. 하지만 아무런 구조의 손길이 없기는 마찬가지다.

마침내 그에게는 두꺼운 먹구름이 찾아와 완전히 덮는다. 영혼의 깊은 밤이 시작되는 것이다. 그의 신앙과 소명에는 한 줄기의 빛마저 차단당한다. 결국 그는 차가운 무덤에 던져져 절망의 강을 건너 음부 입구에까지 다다른다. 이것이 목사가 겪는 십자가다.

이런 십자가(처형)의 절절한 체험이 없는 한, 어떤 목사도 구원이 인간의 힘이 아니라 전적으로 하나님의 은혜로 주어지는 것임을 뼈저리게 고백할 수 없다. 그런 십자가에 달린 목사만이, 예수와 함께 십자가에 달린 강도처럼 "당신의 나라가 임할 때에 나를 기억하소서"라고 애원할 수 있다. 이처럼 신학 지식과 교리로 갈파되는 십자가가 아니라 삶으로 담아내는 십자가가 진짜다. 그리고 그 십자가에서 온 땅을 시커멓게 덮은 죽음의 밤을 경험해본 목사만이, 동일한 종류의 어둠을 통과하며 헤매고 방황하는 동료 인간들에게 "상처 입은 치유자"로 살아갈 수 있다.

순종의 훈련

근대 프랑스가 낳은 가장 위대한 수도사였던 샤를 드 푸코에게 누군가가 물었다. "하나님을 믿는 사람에게 가장 힘든 일이 무엇입니까?" 그러자 푸코가 이렇게 답했다. "하나님을 믿는 사람에게 가장 힘든 일은 하나님을 믿는 것입니다."

이 말을 패러디 하여 목사에게 적용한다면 다음과 같지 않을까. "목사에게 가장 힘든 일이 무엇입니까?" "목사에게 가장 힘든 일은 하나님께 순종하는 일입니다." 목사는 하나님께 순종하는 사람이다. 그는 일평생 하나님께 순종하겠다는 고백과 결단 속에 목사의 길을 자청한 사람이다. 하지만 그런 목사에게 가장 힘든 일이 있다면 그것은 바로 하나님께 순종하는 것이다. 의외로 많은 목사들이 하나님이 자신에게 순종하기를 바라지, 자신이 하나님께 순종하는 데는 어려움을 겪는다. 이것이 목사들의 역설이고 딜레마다.

순종이란 무엇인가? 한 가지 예를 들어보겠다. 군대에서는 차량이 이동할 때 소위 선탑 제도를 운영한다. 여기서 선탑이란 선임탑승자의 줄임말이다. 군용 차량의 경우 운전병 혼자서 아무렇게나

차를 몰고 돌아다닐 수 있는 것이 아니다. 차량이 움직일 일이 생기면 운전병 옆에 반드시 간부가 동승한다. 그 간부를 가리켜 선임탑승자라고 부른다. 그리고 운전병은 자신 곁에 앉은 선임탑승자에게 차선이나 노선을 바꿀 때마다 일일이 허락을 받도록 되어 있다. 가령 차를 왼쪽으로 돌릴 경우 "좌회전하겠습니다"라고 말해야 한다. 멈춤의 경우에는 "정지하겠습니다"라고 해야 한다. 이때 차에 동석한 선임탑승자는 운전병의 보고 사항을 수용하거나 혹은 다른 지시를 내려서 차를 더 안전하고 신속하게 운행할 수 있도록 지휘감독할 책임이 있다.

목사의 삶 혹은 목회는 위에서 예를 들은 운전병의 경우와 같다. 그는 자신의 진로와 선택을 놓고 끊임없이 자신의 선임탑승자인 삼위일체 하나님께 허락을 구해야 한다. 그는 모든 경우의 수 앞에서 지속적으로 보고하며, 그리고 응답을 받고 움직여야 한다. 물론 이것은 여간 까다롭고 번거로운 일이 아니다. 그래서 목사에게 가장 힘든 일이 다름 아닌 하나님께 순종하는 것이다. 하지만 목사가 순종하지 않는다면, 그가 운전하는 교회는 안전을 장담할 수 없다.

혹자는 "순종"이란 단어를 들을 때 조건반사적으로 자유의지의 말살이나 억압을 떠올릴 수 있을지 모른다. 하지만 그렇지 않다. 순종과 노예의지가 반드시 동의어인 것은 아니다. 위에서 들은 예를 한 번 더 거론하자면, 운전병이 선임탑승자에게 매번 허락을 구한다고 해서 그에게 자유의지가 부재한 것은 아니다. 오히려 운전병은 자신이 다음날 운행을 나갈 목적지까지 가장 정확하고 신속하게 도착할 수 있는 길에 대해서 미리 숙지를 하고, 차량의 상태를 꼼꼼히 점검하며, 실제 운행에 돌입해서도 도로 상황을 파악하는 일을 게을리하지 않는다. 이 모든 것은 그가 주체적으로 행하는 것이다. 그는 자신이 주도적으로 행하는 모든 것을 종합하여 최선의 제안을 선임탑승자에게 보고하며 또 이를 허락받는다. 물론 중간중간 교정과 수정을 받기도 한다. 분명한 것은 운전병에게 고유한 자유의지가 활발히 기능한다는 사실이다. 따라서 운전병과 선임탑승자의 관계는 기계적인 순종과 허락의 관계가 아니라 일종의 협력의 관계다.

목사는 자신의 인생과 목회 활동 전반에 걸쳐 어떤 일에 관하여 주체적이고 자발적으로 선택하고 추진할 자유가 있다. 그는 그런 지식도, 능력도, 경험도 있다. 하지만 중요한 것은 그는 여전히 그리고 일평생 운전병 같은 존재를 벗어날 수 없다는 것이다. 그에게는 선임탑승자가 계신다. 따라서 그는 보고하고 허락을 받아야 한다. 이것이 그에게는 경건한 숙명이자 거룩한 천형과 같은 것이다. 그는 결코 자신이 선임탑승자가 되려 해서는 안 된다.

하나님께 순종하기 위해서는 신의 음성을 들을 수 있는 영적인 귀를 갖춰야 한다. 하나님은 말씀하시는 분이시다. 하나님은 혀가 잘린 벙어리가 아니다. 하나님은 기록된 성서를 통해 말씀하신다. 기도의 골방에서 세미하게 말을 건네오실 때도 있다. 공동체의 제안과 질문을 통해서도 말씀하신다. 때로는 역사의 광장에서 확성기를 들고 외치시기도 한다. 무신론자의 죽비소리에 신의 음성이 담길 때도 있다. 목사는 이 목소리에 담긴 하나님의 소환과 명령에 어느 때고 순종하는 자가 되어야 한다. 그러려면 하나님의 음성을 포착할 수 있는 다양한 채널을 가동하는 법을 훈련받아야 한다.

그래서 목사의 인생은 일평생 종합훈련장을 벗어날 수 없다. 그는 훈련을 받는 자이지, 훈련을 시키는 자가 아니다. 다시 말하지만 그 훈련과 순종은 목사에게는 경건한 숙명이자 거룩한 천형과 같다. 그의 삶이 고달프고 아슬아슬한 까닭이 여기 있다. 하지만 동시에 그러한 순종이야말로 목회 여정에서 가장 안전한 방편이기도 하다.

삶의 길을 걷는 자

솔직히 요즘은 어떤지 잘 모르겠다. 다만 내가 신학교를 다니던 시절만 해도 교회에서 전도사를 채용하는 공고가 나면 빠짐 없이 등장하는 문구가 있었다. "봉고 운전 가능해야 함"이 그것이었다. 요즘 젊은 세대를 위해 풀어쓰자면 승합차 운전이 가능해야 한다는 뜻이다. 교회가 전도사를 뽑으면서 필요로 하는 것은 인품이나 영성이나 삶의 태도가 아니라 기술, 그것도 자동차와 컴퓨터 혹은 기타를 잘 다루는 기술이었던 것이다.

하기야 교회가 목사에게도 인품이나 영성 대신 목회적 기교를 요구하는 세상에서, 전도사에게 성품과 영성을 기대한다는 것이 얼마나 우스운가! 아무튼 우리나라 목사들은 대체로 운전을 잘한다. 신학교 재학 시절부터 몸으로 다져진 구력이 있기 때문이다. 목사가 소위 목회에 성공했다는 징표조차도 자동차 사이즈로 매겨지는 경우가 허다하다. 고급 자동차를 타고 다닐수록 성공한 목사 소리를 듣는다. 반대로 목사가 목회를 접거나 목회 현장을 떠나 또 다른 생계의 방편을 찾아갈 때도 가장 손쉽게 접근할 수 있는 것이 영업

용 택시 운전이라고 한다. 목사의 인생에서 차가 이토록 밀접하게 연관되어 있다는 점이 놀랍고 슬프다.

목사들이 차를 즐겨 타고 다니다 보니 다들 하체 근력이 약하다. 인간이 인간인 까닭은 일자로 직립보행하기 때문인데, 걷기를 포기하고 차에 의존하여 살아가는 목사의 신체는 ㄴ자 형태로 굳어지고 있다. 물론 이는 목사에게만 나타나는 현상은 아니다. 도시에서 살아가는 대다수 현대인의 문제이기도 하다. 그러나 목사가 걷기를 포기하거나 등한시하는 것은 문제가 크다. 그것은 단순히 건강이나 체력 관리 차원의 문제가 아니다. 가장 큰 문제는 어쩌면 예수의 제자이기를 포기하는 것과 마찬가지기 때문이다.

공관복음서에 소개된 예수는 철저히 길 위의 존재다. 길 위의 예수는 하루도 빠짐 없이 걷고 또 걷는다. 그는 갈릴리에서 발걸음을 내딛기 시작해 사마리아를 통과해 예루살렘까지 쉬지 않고 걷는다. 이 여정의 어느 순간, 그는 제자들에게 묻는다. "너희는 나를 누구라 하느냐?" 그때 베드로가 답한다. "주님은 그리스도시요, 살아 계신 하나님의 아들입니다." 그러자 예수는 베드로와 그의 동료들에게 "자기 십자가를 지고 나를 따르라"고 응답하신다. 예수는 누구신가? 그는 하나님의 아들 메시아다. 더 구체적으로 그는 자신의 메시아 됨을 십자가의 죽음을 통해 성취할 것이다. 그리고 자신을 따르는 제자들에게도 그와 같이 십자가를 질 것을 요구한다. 십자가를 지지 않는 사람은 예수의 제자가 될 자격이 없다. 예수의 일행은 십자가의 사람들이다. 그리고 이 질문과 대답을 둘러싼 신학적 해설이 실상 공관복음서 전체를 아우르는 메시지를 구성한다.

곧 공관복음서(특별히 마가복음)의 전반부는 예수가 하나님의 아들이심을 드러내는 이야기로 시작되며, 후반부는 예수의 제자들이 그런 예수의 정체를 조금씩 알아가면서 제자로 만들어져 가는 이야기들로 채워진다. 예수가 누구인지, 그의 제자들이 어떤 과정을 거쳐 만들어져 가는지를 보여주기 위해, 예수의 일행은 갈릴리에서부터 예루살렘까지 쉬지 않고 계속 걷는다.

길 위의 예수는 길의 사람답게 그 길에서 수많은 사람들을 만난다. 장애인, 귀신 들린 자, 죽을 병에 걸린 자, 공동체에서 버림받은 자, 배고픈 자, 아이를 잃은 엄마, 비인간화된 여인, 로마 제국의 앞잡이, 종교 기득권 층 등 수많은 종류의 사람을 만난다. 그리고 그들에게 다가가, 그들의 손을 잡고 고쳐주고 위로하며 해방시킨다. 아주 드물게는 준엄하게 꾸짖기도 한다. 예수가 걷는 길 위에서, 예수의 몸과 사람들의 몸이 서로 만나 화해하고 치유된다. 예수의 구원은 전문 종교 시설이나 예전에서가 아니라 철저히 길에서 성취된다. 예수는 하루 종일 길을 걷기에 너무 피곤한 나머지 수면을 취할 때는 마치 죽은 듯이 잔다. 그의 생애의 마지막은 비아 돌로로사라는 길 위에서 마무리된다. 그는 살아생전 길 위에서 구원을 베풀었을 뿐 아니라, 십자가의 죽음을 통해 스스로 구원의 길이 된다. 그는 길이며, 그 길을 연 자였고, 그리고 그 길 위로 당신의 제자들을 초청하는 자다. 기독교의 "도"가 "길"인 까닭이 여기 있다(참조. 요 14:6).

예수의 제자로 부름을 받은 목사들은, 예수를 따라, 예수와 함께 길을 걷는 자가 되어야 한다. 자동차로 재빠르게 도시의 정면도로를 질주하는 자가 아니라, 차에서 내려 천천히 길을 걷는 자가 되어야 한다. 도시의 이면 골목에 들어가 음습한 풍경을 만나며, 그 어둑한 그늘에서 살아가는 사람들에게 다가가며, 그들의 이야기에 귀를 기울이며, 그들과 연대하며, 그들에게 하나님의 구원의 빛을 몸으로 증거하는 자가 되어야 한다. 오직 그 길을 통해서만이 목사는 예수의 제자가 되어 갈 수 있다. 그것이 예수께서 정해주신 유일한 제자 훈련 코스이기 때문이다.

목사들이 좁고 굴곡진 길 위에서 천천히 걷기를 포기하고 드넓은 대로를 현대 기계 문명의 총아인 자동차로 질주함으로써 잃어버린 것이 너무 많다. 가장 치명적인 상실은, 길 위의 예수를 잃어버렸다는 것이다. 길을 걷는 예수를 잃어버렸다는 것은, 예수가 길에서 만난 사람들에게 내민 구원을 잃어버렸다는 뜻이기도 하다. 그럼으로써 결국 목사들이 길이신 예수를 잃어버린 것은 아닐까? 우리 모두 두렵고 떨리는 마음으로 되새겨볼 지점이다.

제2부 목사와 영성

교회의 중심은 어디인가?

시인 박노해는 "아픈 곳이 곧 중심"이라고 말했다. 그는 자신의 시 "나 거기 서 있다"를 이렇게 시작한다.

> 몸의 중심은 심장이 아니다
> 몸이 아플 때 아픈 곳이 중심이 된다
>
> 가족의 중심은 아빠가 아니다
> 아픈 사람이 가족의 중심이 된다

그의 생각을 빌려서 표현한다면, 교회의 중심은 아픈 사람들이다. 신약성서는 교회를 가리켜 "그리스도의 몸"이라고 가르친다. 그리스도의 몸으로서 교회는 지상에서 그리스도의 천상 통치를 대리하고 중개한다. 또한 이천 년 전에 발생한 그리스도의 하나님 나라 운동을 계승하고 재현한다. 무엇보다 그리스도의 몸으로서 교회는 한 공동체다. 교회의 모든 신도들은 한 몸인 교회 안에서 각기 지체로 존재한다. 따라서 한 몸인 교회 안에서, 그 교회의 중심은 가장 아픈 지체일 수밖에 없다.

그러나 현실은 어떠한가? 우리 교회는 누가 중심에 있는가? 신학적으로야 그리스도가 교회의 머리이자 중심이라고 말하겠지만 그것은 공허하고 염치없는 탁상공론일 뿐이다. 실제로는 사람이 교회의 중심 자리를 점유하고 있는 경우가 허다하다. 사람 중에서도 힘세고, 돈 많고, 유명하고, 인기 있고, 잘나가는 자들이 그 중심을 독점 내지 과점하고 있다. 교회의 의사결정이 이들을 중심으로 내려지고, 교회의 친교가 이들의 구미에 맞춰 진행되며, 교회의 분위기가 이들에 의해서 주도된다. 목사는 이런 사람들을 하나라도 더 유치해보려고 안간힘을 쓰고, 종종 이런 사람들에 의해 휘둘리며, 그러다 결국 애석하게도 이런 사람들의 통제와 간섭을 받느라 아무것도 독자적으로 해볼 도리가 없는 비참한 상황에 처하기도 한다. 이 모든 게 타락한 교회의 전형이다. 요즘 기준으로야 교회에 힘세고 돈 많은 사람들이 중심부에 많이 포진해 있을수록 부러움의 대상이 되는 일이 비일비재하지만, 그러나 엄밀히 말하자면 그런 교회는 극도로 세속화된 교회일 뿐이다. 그런 교회는 그리스도의 몸이 아니라 큰 성 바빌론, 곧 음녀의 놀이터일 뿐이다.

교회의 중심은 그 교회 안에 몸을 걸치고 있는 가장 아픈 자들이다. 하지만 대개의 경우 교회 안의 아픈 자들은 중심부에 위치할 수 없다. 그들은 교회의 변방에, 마치 예수 시대에 신체에 흠결을 가진 자들이 마을 공동체로부터 격리되어 그들만의 소외된 공간에서 한 무리를 지어 살아갔듯이, 그 지점에서 아슬아슬하게 서성인다. 그들은 교회의 명색 유지를 위해 주기적인 관심과 돌봄이란 수혜의 대상이 되기는 하지만 그러나 중심에 포진하기에는 너무 부담스러운 존재다. 그래서 가급적 모습을 드러내지 않고, 그쪽이 아니라 이쪽에서 필요할 때만 호출하는 대상이어야 한다. 그것이 소위 교회의 질서유지와 평화를 위해 더 낫다고 보기 때문이다. 한마디로 그들은 숨겨진 혹은 숨겨야 하는 일종의 질병이다. 허나 분명히 말하지만 교회의 중심은 언제나 가장 아픈 자들이어야 한다.

교회 안에 아픈 지체들이 얼마나 많은가? 신체적인 고통을 겪는 사람들이 얼마나 많은가? 심리적이고 사회적인 아픔을 겪는 사람들은 또 얼마나 많은가? 교회에는, 서 있는 땅 언저리가 깊이 함몰되면서 저 밑으로 추락하는 놀람과 비명을 가진 사람들이 있다. 사방이 높은 담으로 막힌 것 같은 숨막히는 절망의 구덩이에 내던져진 사람들도 있다. 차가운 바람이 휘몰아치는 벌판에 실오라기 하나 걸치지 못하고 서 있는 수치스런 몸뚱아리만 남은 사람도 있다. 마음이 깨어지고, 가정이 깨어지고, 삶이 깨어진 사람들도 많다. 병든 한국사회를 힘겹게 살아가는 아프고 병든 한국인들이, 한국교회 안에는 참으로 많다. 다만 교회의 중심이 힘센 사람, 가진 사람에 초점을 맞추다 보니, 잘 안 보일 뿐이다. 그러나 인간의 눈에 잘 안 띈다고 해서, 예배당 바닥을 흐르는 눈물의 강이 저절로 사라지는 것은 아니다.

교회는 아픈 사람들을 중심에 놓고 대접해야 한다. 그들의 아픔에 공감하며 또 그들을 위해 기도해야 한다. 교회의 가장 큰 기도 제목은 아픈 자들의 치유와 회복을 위한 기도여야 한다. 이들의 구원이 곧 교회의 구원이며, 이들의 치유가 곧 세계의 회복이다.

아픈 사람들이 교회의 중심이라는 이야기는, 바꿔 말하면 교회의 "리듬"이 이들 아픈 자들을 중심으로 재구성되어야 한다는 의미다. 교회의 공간뿐 아니라 시간이 아픈 자들을 중심으로 재창조되는 것이 필요하다. 기실 우리의 교회는 너무 건강한 사람들, 아니 건강한 척하는 사람들을 기준으로 리듬이 편성되어 있다. 그 결과 우리의 교회는 너무 억세고 빠르다. 숨 쉴 겨를조차 없이 앞으로 내달리기 바쁘다. 아픈 사람을 무시하기 때문에, 아니 실상은 우리 모두 아픈데도 불구하고 그것이 드러나는 것이 불편하고 수치스럽다고 간주하며 애써 안 아픈 척 연기를 하고 있기에 빚어지는 참극이다.

우리네 교회는 지금보다 훨씬 더 천천히 가도 된다. 때로는 그냥 제자리에 서 있거나 아예 누워버려도 된다. 왜냐면? 우리가 아프기 때문이다. 교회가 아픈 사람들을 중심에 놓고 생각하기 시작할 때 정말 많은 것이 바뀔 수밖에 없다.

목사의 목회 기준과 시선이 바뀌면 교회가 쉼없이 돌아가는 종교 공장이 아니라 잔잔한 물이 흐르는 쉼터가 될 수 있다. 그리고 교회가 쉼터가 되어야, 그 안에서 아픈 자들이 숨을 쉴 수 있다.

고난이란 이름의 스승

상황과 자리 여하에 관계없이 훈계와 잔소리를 입에 달고 사는 사람을 가리켜 흔히 "꼰대"라고 부른다. 그런 면에서 목사는 가장 대표적인 꼰대라고 할 수 있다. 그는 늘 가르치려 든다. 또 대화를 일방적으로 주도하길 좋아한다. 종종 마치 자신이 이 세상의 모든 것을 다 아는 만물박사인 줄로 착각한다. 그러니 누가 좋아하겠는가? 목사 주변의 사람들이 사회적 체면과 관계 때문에 다들 쉬쉬할 뿐, 쉬지 않고 말하는 목사의 입담 덕에 속으로는 입이 한바탕 튀어나온 것을 목사 혼자만 모를 때가 수두룩하다.

신약성서는 목사의 조건 중 하나를 잘 가르치는 은사를 가졌는가에 둔다. 따라서 목사는 선생이 맞다. 목사는 말씀을 선포하는 설교자요, 말씀을 가르치는 교사다. 그러니 부득이 꼰대짓을 할 수밖에 없다.

하지만 잊지 말아야 할 것이 있다. 목사는 가르치는 자이기 전에, 먼저 배우는 자여야 한다는 것이다. 그는 선생 이전에 학생이다. 그가 좋은 목사 및 교사가 되길 원한다면 먼저 좋은 학생이 되어야 한다. 제대로 배워야 올바로 가르치지 않겠는가?

목사에게는 다양한 스승이 있다. 우선 교회사에 큰 족적을 남긴 신앙 선조들을 꼽을 수 있을 것이다. 또 현존하는 천재 신학자들의 책이나 강연도 좋은 선생 역할을 한다. 선후배 및 동료 목회자들의 삶과 말, 설교와 가르침도 적잖은 도움을 주는 스승의 하나다. 요즘 같이 소위 인문학적 지식과 교양이 중요시되는 세상에서는 또 그 방면의 대가들이 얼마나 많은가? 그러니 목사는 이런 모든 선생을 개인 교사 삼아 그들로부터 부지런히 배우고 또 배울 일이다. 하지만 조심할 일은, 이런 선생들에게서 열심히 배울수록 그에 비례하여 꼰대가 될 수 있는 확률 또한 증가한다는 점이다.

나는 목사의 가장 큰 스승은 다름 아닌 "고난"이라고 말하고 싶다. 정녕 목사에게는 다양한 분야에 걸쳐 깊이 있는 수많은 지식 및 정보의 습득이 필요하지만, 그러나 그가 가장 잘 배워야 하는 것, 아니 반드시 배워야 하는 것은 바로 고난이다.

황현산 선생은 30년 동안 쓴 글을 묶어 책을 내면서 제목을 『밤이 선생이다』로 지었다. 그에게 밤은 늘 선생이었다. 여기서 말하는 밤은 물리적인 어둠이 세상을 덮은 고요한 시각을 말한다. 그는 늘 밤에 글을 썼다. 밤은 그에게 성찰과 상상력과 창작의 시간이었기 때문이다.

목사에게 밤은 또 다른 의미에서 "선생"이다. 물론 이때의 밤은 물리적 시간이 아니라 영적·역사적·사회적 시간이다. 동시에 심리적·문학적 시간이기도 하다. 밤은 하나의 사건이며 은유다. 밤은 고통과 실패 그리고 좌절의 상징어다. 목사에게는 그 밤이야말로 가장 훌륭한 스승이다.

누가 뭐래도 목사 역시 사람이다. 그러니 인생의 밤, 곧 고통과 좌절을 좋아하는 목사는 없다. 절대다수의 목사들은 신학을 전공하여 목사 안수를 받고 목회를 하면서, 그 목회를 통해 자아 실현과 행복을 맛보길 원하지 반대의 경우를 꿈꾸거나 갈망하지 않는다. 나도, 당신도 예외가 아니다. 그렇지 않은가?

목사들이 고난을 기피하는 이유는 단지 그것이 사적으로 끔찍하기 때문만이 아니라, 목사가 고난을 당하면 필경 주변의 사람들이 입방아를 더 크게 찧기 때문이다. 무슨 말인가? 목사가 고난을 당하면 그걸 빌미로 빈정대거나 구시렁거리는 목소리가 더 많아진다는 뜻이다. 고난 자체도 버거운데 그런 비아냥까지 오롯이 감당할 만큼 배포가 큰 목사는, 생각보다 그리 많지 않다.

그렇다고 고난이 목사만 골라서 피해가던가? 천만의 말씀이다. 목사도 이 세상 모든 사람이 겪는 고난을 더하지도 빼지도 않고 있는 그대로 고스란히 다 당한다. 그에게도 모함과 협잡, 사기와 횡령, 추방과 망명, 우울과 불면, 병치레와 죽음이란 이름의 고통이 늘 주변을 기웃거리다 조그만한 틈이라도 날라 치면 득달같이 달려들어 그를 바닥에 패댕이친다.

물론 그 순간에 목사는 기도한다. 그냥 기도하는 것이 아니라,

누구보다 더 간절히 기도한다. 그러나 하나님은 대부분 침묵하신다. 이때가 목사가 보유한 신학적 지식과 실제 신 인식 사이에 거대한 심연이 형성되는 순간이다. 그 균열이야말로 목사가 경험하는 깊은 밤이 아니고 무엇이겠는가.

하지만 이런 깊은 밤이야말로 목사에게는 더할 나위 없이 훌륭한 스승이다. 그야말로 "밤이 선생이다." 왜 그런가? 첫째, 그 밤의 경험을 통해서 목사가 겸손을 배울 수 있기 때문이다. 만일 인생의 밤이 없다면 그는 좀처럼 겸손해지지 않을 것이다. 세상에 목사가 교만한 것보다 더 끔찍한 비극이 있을까!

둘째, 자신이 직접 배신과 실패와 추방을 맛봄으로써, 이 세상에 비슷한 일을 겪는 사람들이 정말로 많다는 것을 비로소 볼 수 있는 영적인 눈이 열리기 때문이다. 만일 그가 계속해서 황금길을 걷는다면 그의 눈에는 비단 옷을 입고 콧노래를 부르며 의기양양하게 살아가는 사람들만 들어오게 될 것이다. 그러나 고통과 좌절은 그의 시선을 돌려, 중환자실과 영안실과 노숙자 쉼터에 우글거리는 밤의 사람들을 볼 수 있게 만든다.

셋째, 고난의 풀무를 통과한 혹은 통과하고 있는 목사는, 자신을 찾아와 삶의 슬픔과 애환을 토로하는 사람들의 심정을 이해하고 보듬을 수 있는 긍휼한 심장을 갖게 되기 때문이다. 그는 자신 앞에서 죽음보다 못한 삶의 끔찍함을 토로하는 사람들에게 꼰대같이 정답을 말하고 싶어 안달이 나기보다는, 그저 사슴처럼 슬픈 눈망울을 고정한 채 그의 아픔을 경청하며 그 슬픔 속으로 한 걸음씩 애처롭게 들어간다.

이로써 그는 말하는 자가 아니라 듣는 자이며, 성서를 가르치는 자가 아니라 성서를 실천하는 자로 존재한다. 그래서 감히 말하건대, 나는 고난이야말로 목사에게 가장 훌륭한 선생이라고 믿는다.

누군가 이런 말을 해서 큰 돈을 벌었다고 한다. "아프니까 청춘이다." 나는 이 말을 이렇게 패러디 하고 싶다. "아프니까 목사다." 물론 목사가 아프다고 해서 돈벌이가 되는 것은 아니지만, 그럼에도 제대로 아파본 목사만이 자기도 구원하고 남도 구원할 수 있지 않을까.

비교 의식이란 이름의 독약

이케하라 마모루라는 일본인이 쓴 『맞아죽을 각오를 하고 쓴 한국, 한국인 비판』이란 책에는, 일본인과 비교하여 한국인의 못난 모습을 잔뜩 서술해놓았다. 그중 한 대목에서 한국인은 일본인에 비해 시기심이 많은 민족이라고 지적한다. 가령, 일본인의 경우 행정고시 동기들이 10여 년 정도 경쟁한 다음 동기들 간에 어느 정도 우열이 가려지면 2등부터 10등까지 힘을 합해 1등인 동료가 공직에서 크게 성공할 수 있도록 적극 지원하는 데 반해, 한국인들은 2등부터 10등까지가 힘을 합해 1등을 끌어내리고 그다음 3등부터 10등까지가 2등을 끌어내리는 민족성을 가지고 있다고 꼬집는다. 글쎄, 그의 말을 어디까지 액면 그대로 받아들여야 할지는 독자들의 몫일 것이다. 그러나 우리네 삶 가운데서는 아주 오래전부터 "사촌이 땅을 사면 배가 아프다"는 속담이 적극 회자될 정도였으니, 이런 지적이 아주 틀리지는 않을 것이다.

전 세계 어느 민족이든지 이 문제에서 완전히 자유롭지는 않겠지만, 한국인의 경우 유독 시기심이라고 할까, 경쟁심이라고 할까,

아무튼 이런 유의 감정이 더 발달된 것이 아닐까 싶을 때가 많다. 실제로 우리 주변에서 누가 잘되었다든지, 누가 성공했다든지 하면 그걸 함께 축하해주고 기뻐해주기보다는 어떻게든 트집을 잡아 폄하하려는 모습을 자주 목격하게 된다. 아주 나쁜 버릇이다. 우리네 심성과 정서 안에 이런 못된 구석이 있다는 것을 솔직히 인정하고 (그리스도인의 경우 성령의 도우심을 따라) 이를 개선하고 극복하려는 노력이 절실히 요청된다.

　신학적 공리에 따르면 그리스도인은 복음의 능력으로 성품과 존재가 새로워진 사람들이다. 따라서 무릇 그리스도인은 옛 자연인의 속성대로 사는 것이 아니라 성령 안에서 새로워진 속성을 따라 살아야 한다. 하지만 정말 이런 일들이 신자들의 삶에서 일어나고 있는가를 묻는다면, 그 답은 매우 회의적이다. 그렇다면 목사들은 어떠한가? 목사의 인격과 성품은 정말 성령의 능력으로 새로워졌는가? 목사의 성품과 삶에서 그리스도의 형상이 발견되는가? 가령 목사는 시기심이란 문제에서 완전히 자유한가? 이 질문에 대한 답 역시 부정적이다.

　의외로 목사 세계에는 상호 간에 시기심이 강하다. 그럼 목사는 어떤 때에 시기심을 느낄까? 예컨대, 주변의 교회가 우리 교회보다 더 좋은 소문이 나서 사람들이 몰리는 것 같으면 마음이 불편해진다. 신학교 동기 목사가 잘나가는 소식을 들을 때면 괜히 마음이 우울해지는 것도 사실이다. 아니, 멀리 갈 것도 없이 같은 울타리 안에서 사역하는 동료 목사가 교인들로부터 설교를 잘한다는 칭찬을 듣는 것을 보면 한없이 우울해진다. 솔직히 인정할 것은 인정하자. 우리 대부분의 마음이 이렇지 않은가.

이런 우리네 목사들의 어둡고 칙칙한 마음은, 어쩌면 영화 "아마데우스"에 나오는 비엔나 궁정음악가 살리에리의 심경과 비슷하다. 자신이 훨씬 더 경건하고 훨씬 더 치열하게 살고 있음에도 불구하고 아무리 노력해도 모차르트의 천재성을 따라갈 수 없음을 발견하고 좌절하는 살리에리의 마음 말이다. 분명 내가 이웃 교회 목사나 동기 목사에 비해서, 그리고 같은 교회를 섬기는 동료 목사에 비해서 못한 것이 없음에도 불구하고, 그는 흥하고 나는 쇠하는 모습에서 어느 누가 감정이 멀쩡할 수 있겠는가.

결국 이런 상황을 제대로 바로잡을 수 있는 가장 확실한 방법은, 나보다 잘나가는 것처럼 보이는 동료 목사를 열심히 깎아내리는 수밖에 없다. 아마 세상이 정의롭게 작동한다면 내가 다른 목사보다 더 나은 대우를 받아야 할 것이다. 그러나 세상이 비정상적으로 작동하기 때문에 나보다 못한 목사가 더 좋은 평가를 받고 있다. 그리고 하나님도 이런 상황을 타개할 의지나 능력이 없어 보인다. 부득이 내가 직접 나서서 불의한 현실을 바로잡는 것 외에는 다른 방법이 없다. 그러려면 세상이 아직 눈치채지 못한 진실을 알려야 한다. 그래서 어쩌면 우리는 그렇게도 열심히, 마치 일종의 사명감처럼 동료 목사들을 흉보고, 그들에 대한 뒷담화를 안주거리 삼아 말의 성찬을 벌이는지도 모른다.

목사에게 이런 식의 심리는 정말 최악이다. 상대의 부족하고 연약한 부분을 들춰내어 나의 정당함을 강변하려는 것은 목사의 영혼에 치명적인 독약이다. 그것은 상대의 어둠을 들춰내어 나의 밝음을 증명하는 것이 아니라, 상대의 어둠보다 더 진한 내 어둠을 스스로 폭로하는 것에 불과하기 때문이다. 더욱이 그 어둠은 정태적인 것이 아니라, 살아 움직이는 괴물과 같아 우리가 남의 허물을 들춰낼수록 실은 우리 자신이 더 깊은 죽음의 심연을 향해 떨어질 뿐이다. 이렇게 목사에게 시기심은 무서운 독약이다.

그럼 어떻게 해야 이런 지뢰밭에 무심코 발을 들여놓는 것을 피할 수 있을까?

지극히 뻔한 말 같지만, 목사가 자신의 영혼을 하나님의 말씀과 영으로 가득 채워가는 훈련을 끊임없이 하는 수밖에 없다. 인간은 본시 일종의 "허기감"을 느끼는 존재로 살아간다. 만일 우리의 위가 비어 있다면 우리는 필경 그 빈 구석을 채우기 위해 무언가를 찾아나설 것이다. 그리고 허기가 심할수록 그것을 채우려는 욕망의 힘도 비례하여 커진다. 만일 목사들이 자신의 목회뿐 아니라 삶 전반에서 하나님의 영이 주시는 기쁨과 평안으로 영혼의 위장이 채워지지 않는다면, 그는 그 빈자리를 동료 목사에 대한 경쟁심, 시기심, 비판의식, 우월감 등으로 스스로 메꿀 수밖에 없다.

그러나 목사들이 하나님의 영으로 채워지는 경험을 하게 될 때 그는 세속의 기준이 아니라 하나님의 기준으로 자기 자신을 평가하고 판단할 수 있는 거룩한 시선을 배우게 된다. 그 하나님의 시선이란, 교회의 규모, 신도의 숫자, 연봉, 설교를 얼마나 잘하느냐에 대한 평판, 교회 조직 안에서 그가 점유한 위치 등과 상관없이 하나님께서 당신의 종을 지극히 불쌍히 여기시는 연민의 마음으로 그를 대하시며, 그의 고달픔과 외로움과 좌절을 세세히 기억하시고 고마워하신다는 사실을 깨달으며 거기에 항복할 수밖에 없는 가치 평가의 기준을 말한다.

또 하나 반드시 명심해야 할 치유책은, 우리 목사들의 마음에 내면의 혁명이 일어나 목회 성공의 기준, 나아가 인생 성공의 기준이 근본적으로 바뀌어야 한다는 것이다. 그것은 우리가 세상에서 외형적으로 얼마나 대단한 성과를 이루어냈는가가 아닌, 우리가 얼마나 진실하고 신실하게 살았느냐가, 바로 종말에 하나님의 법정에서 우리 삶 전부를 평가하는 기준이라는 점을 스스로 늘 마음에 새기며 살아가는 것이다. 그래서 큰 교회를 담임하는 유명 목사가 되는 꿈이 아니라, 신실하게 설교하고, 신실하게 목양하고, 신실하게 기도하는 목사가 되는 것이 일생일대의 소망이 되는 마음가짐을 가져야 한다. 그런 면에서 나는 장 지오노가 쓴 소설 『나무를 심은 사람』에 나오는 늙은 양치기 할아버지의 삶의 자세가 오늘날 우리 목사들이 배워야 할 목회의 자세가 아닌가 생각한다. 누가 보는 것도 아니고, 누가 알아주는 것도 아니었지만, 평생에 걸쳐 정성스럽게 한 그루

한 그루의 나무를 심으면서, 마침내 프로방스의 황무지를 낙원으로 바꿨던 사람의 삶의 철학 말이다.

목사란 누구인가? 어쩌면 그는 하나님이 자신에게 허락하신 한 사람의 영혼이란 땅에 한 그루의 나무를 심은 후 평생에 걸쳐 물을 주고 말을 건네고 비바람을 피하게 해주고 그 나무가 자라는 것을 보면서 마음속 깊이 기뻐하고 감사하는 자가 아닐까.

그가 심고 돌본 나무가 얼마나 큰 나무가 될지, 그것이 얼마나 널찍한 숲을 이룰지, 거기에 어떤 새들과 나비가 모여들지를 결정하시는 분은 오직 저 위에 계신 분뿐이시다. 다만 그가 해야 할 일은 자신 앞에 주어진 작은 땅 위에 오늘도 변함없이 한 그루의 나무를 신실하게 심는 일이다. 다른 사람의 동산을 침 흘리며 바라볼 이유도, 필요도 없다. 그저 자신의 소명에 최선을 다하면 그것으로 족하다.

사람에게 아쉬운 소리하지 말아야

교회 규모 상위 10퍼센트의 목사들에게야 목회가 해볼 만할지 모르겠지만 나머지 80퍼센트의 목사들에게는 목회란 대체로 고달프고 서글픈 일상에 다름 아니다(80퍼센트를 수치로 잡은 것은 한국 개신교의 8할 정도가 미자립교회이기 때문이다). 물론 제아무리 교회가 커도 그 나름대로 목사의 고충이란 게 있는 것은 분명하다. 그러나 최소한 적정 규모 이상의 교회는 생존 자체의 문제 때문에 버거워하지는 않아도 되니, 여기서는 미자립교회 중심으로 이야기를 해볼까 한다.

교회 살림이 늘 빠듯하고 간당간당하다 보면, 그리고 목회가 생각처럼 잘 안 풀리다 보면 목사도 지치고 낙심할 수밖에 없다. 그러다 보면 사람을 의지할 일이 자꾸 생긴다. 가령 목사의 속마음을 잘 이해해주고 목사가 늘어놓는 넋두리를 잘 들어주는 공감형 신도나, 경제적으로 제법 여유가 있어 교회가 필요로 할 때 선뜻 지갑을 열 수 있는 사람에게 심리적으로 의존하기 쉽다. 특히 교회가 재정적으로 어려울 때 목사 바로 곁에서 도움을 줄 수 있는 신도가 있다는 것은 엄청난 힘이 되기에, 무슨 일만 생기면 그 사람을 찾아가 의논하고 부탁할 가능성이 농후해진다. 그러나 결론적으로 말하자면, 목회를 하면서 특정한 사람을 의지하는 것은 아무런 유익이 없다.

우선 교회 안의 나름 유력한 신도와 개인적으로 사이가 좋을 때는 이런 긴밀한 관계가 별 문제가 없는 것처럼 보이지만, 그러나 목사와 그 신도와의 사이가 틀어지면(대체로 틀어질 일이 생긴다) 그때부터 목사가 평소 시시콜콜 의논했던 모든 대화 내용이 가십거리가 되고 흠결이 되어 여기저기 세상을 부유하기 시작한다.

또한 설령 유력한 신자와 관계가 잘 유지된다 해도, 훗날 교회가 부흥하고 성장하게 되면 필경은 그 신자의 입에서 자기가 목사를 키웠다는 식의 해괴한 주장이 버젓이 등장하기 십상이다. 아니, 교회가 성장하지 않아도 목사 지근거리에서 큰 힘이 되는 신자일수록 오른팔 노릇을 자처하며 완장 행세를 하려는 경우도 왕왕 일어난다. 혹은 목사가 이미 심리적으로 그 신자에게 지나치게 예속되는 현상도 벌어진다. 어떤 경우가 되었든지 이런 모습은 결코 바람직하거나 덕스럽지 못하다.

특별히 교회를 개척할 경우, 개척 초기에는 아무래도 사람이나 돈이 절대적으로 부족하기에, 신도들 가운데서 조금이라도 유력한 사람이 있으면 그 사람과 긴밀한 관계를 맺을 수밖에 없다. 만일 그 유력한 신자가 평소 목사와 절친한 관계이고, 또 목사를 도와서 건강한 교회를 일구고자 하는 비전과 포부가 있는 사람이면 더더욱 그를 의지하게 된다. 아마 다수 (개척) 목사들의 마음은 그런 유력한 신자야말로 하나님이 자신을 긍휼히 여기셔서 일부러 붙여주신 좋은 동역자라고 철석같이 믿을 것이다. 그런데 참 희한한 것은 교회를 함께 개척했던 멤버들은 일정 시간이 지나면 거의 다 떠난다는 것이다. 특히 개척 초기에 큰 역할을 수행했던 유력한 신자들의 경우는 거의 예외없이 목사와의 관계가 틀어져서 교회를 떠날 때가 찾아온다. 그래서 개척 경험이 초짜인 목사들은 이런 상황이 벌어지면 떠난 개척 멤버들에게 일종의 배신감을 느끼기도 하고 상실감에 빠지기도 한다. 그런데 어쩌랴. 실제로 그런 일들이 비일비재하게 일어나고 있으며, 이런 현상이 워낙 공통되다 보니 아마 이것이 인간이 다 알 수 없는 어떤 영역에서 일어나는 하나님의 섭리가 아닌가 싶을 정도다. 어쨌거나 한때는 목사와 평생 동고동락하면서 교회를 책임지고 섬길 것 같았던 사람들이 때가 되면 떠나는 것은 기정사실이니(아마 많은 목사님들이 이 이야기에 공감할 줄로 믿는다) 그런 일이 벌어지면 비단 자기 혼자 당하는 고난이나 시험이라고 생각하지 않았으면 좋겠다. 물론 이런 알량한 말로 위로가 되지는 않겠지만, 여기서 내가 진짜 하고 싶은 말은, 그렇게 목회란 것이 사람의 생각과 기대와 예상대로 흘러가는 것이 아니기 때문에, 지나치게 사람을 의지하는 것은 신앙적이지도 않을뿐더러 지혜롭지 못한 일이라는 것이다.

목회를 하다 보면 힘들고 고달픈 일이 얼마나 많이 일어나는지 모른다. 사건과 사고도 참 많다. 그중에는 사람의 힘으로 감당하기 버거운 문제도 꽤 된다. 물론 목회만 힘든 것은 절대 아니다. 일반 신도도, 그리고 비종교인도, 타종교인의 삶에도 다 자기만의 아픔과 눈물과 한숨이 있다. 그래도 목사에게는 세상에서 가장 힘든 일이 목회인 것처럼 느껴지는 것은 사실이니 이 또한 어쩔 수 없는 감정의 족쇄라 생각하고 받아들여야야 별 수 있겠는가.

목사가 힘든 일을 만나면 어떻게 하는 것이 좋을까? 일단은 교회 공동체 전체의 문제인 경우 교우들과 머리를 맞대고 지혜롭게 의논하여 문제를 해결해갈 수 있는 좋은 방책을 찾는 것이 꼭 필요하다. 그러나 앞에서 말했듯이 이런 경우에도 가급적 특정 사람에게 심리적으로나 경제적으로 예속될 정도로 얽매이지 않는 것이 좋다. 거듭 말하지만 사람 앞에서 전전긍긍하고 끙끙 앓는 소리는 하지 말아야 한다. 그것은 코앞의 발목 지뢰를 피하려고, 몇 미터 밖의 대전차지뢰 위에 올라타는 것과 비슷하다.

목회하면서 억울한 일을 만나고, 외롭고 괴로운 일을 당하며, 막막하고 절박한 상황에 던져지면 그때 탈출구는 단 하나밖에 없다. 바로 하나님 앞에 홀로 엎드려 하염없이 울며 기도하는 것이다. 사람에게 아쉬운 소리를 늘어놓는 대신, 하나님께 아쉬운 소리를 쏟아내는 것이다. 사람의 도움을 받는 대신, 하나님의 도움을 구하는 것이다. 땅의 열쇠를 찾는 대신, 하늘의 열쇠를 찾아 닫힌 문을 여는 것이다. 그렇게 해서 문제를 돌파해가야 하나님께 영광이 되고, 사람들의 눈으로 볼 때도 하나님이 문제를 해결해주셨다는 것을 인정하게 됨으로써 교회의 주인이 하나님이심을 고백하게 되고, 기도만이 교회를 살리고 세우는 참된 방편임을 배우게 된다.

목사에게는 믿음과 함께 뚝심이 있어야 한다. 어떤 믿음 혹은 어떤 뚝심인가? 바로 하나님께서 교회의 주인이시기 때문에 그분이 궁극적으로 교회의 성패를 책임지실 것이라는 믿음과 뚝심 말이다. 가만 보면, 의외로 너무 많은 목사들이 이런 믿음과 뚝심이 부족하다. 그들은 머리로만, 신학적 지식과 개념으로만 믿음을 알지, 실제 삶에서 그 믿음을 배우거나 터득한 경험이 많지 않다. 그래서 조금만 힘든 일을 만나도 쉽사리 낙심하거나 혹은 인간적인 수단을 찾아 문제를 해결하려고 한다. 그러나 사람이 재주를 부리면 부릴수록, 그에 반비례하여 하나님이 일하실 수 있는 여지가 축소되거나 아예 제거된다는 사실을 기억해야 한다. 오히려 목사는 교회의 주인이신 하나님께서 어떤 방법이나 통로를 통해서라도 당신의 교회의 문제들을 해결해가시며 교회를 교회답게 세워가실 것이라는 믿음을 가지고, 또 그 믿음을 실제 목회 현장에서 실천하는 뚝심을 발휘하며 전적으로 하나님을 신뢰하고 의지하는 법을 배워야 한다. 목사가 이런저런 일들을 사람에게 의뢰하면 그 교회는 사람의 교회가 된다. 그러나 목사가 그 일들을 하나님께 의뢰하기 시작하면 그 교회는 하나님께서 책임지시는 교회가 된다. 부디 목사들이 너무도 평범한 이 이치를 가슴에 새기길.

신자는 하나님의 것이다

직장생활 하면서 제일 고민이 되는 것 하나는 매일 점심을 무얼 먹을까 하는 것이다. 회사 주변에 다양한 식당이 있지만 다 고만고만하다 보니, 무엇보다 6-7천원 가격대에서 식사를 해결해야 하니 메뉴를 결정하는 일이 쉽지 않다. 또 제아무리 음식 솜씨가 좋다 해도 계속 같은 종류의 음식만 먹으면 얼마 못 가 질릴 수밖에 없어 가급적 입맛에 맞는 집을 찾아 순례하게 된다.

나 역시 회사 근처에 식당 몇 개를 정해놓고 매일 메뉴를 바꿔가며 식사를 하는 편이다. 그런데 내가 직원들과 함께 식당에 갈 때 나름 정해놓은 규칙이 있다. 그것은 자주 다니는 식당 주인이 눈치를 못 채게 길을 우회해서 다른 식당을 찾는 것이다. 늘 이런 식으로 식당을 바꿔가며 점심을 해결한다. 처음에는 직선거리 길을 놔두고 자꾸 길을 우회해서 식당을 다니니 직원들도 속으로 의아했는가 보다. 그래서 한번은 그 이유를 이렇게 설명해준 적이 있다. "A라는 식당 주인 생각에는 내가 자기네 단골이라고 생각을 할 텐데, 내가 자기네 집을 놔두고 B라는 집에 가서 밥을 먹으면 속상할까봐 그래서 일부로 멀리 돌아다니는 겁니다." 물론 A 식당을 가는 날은 B 식당을 우회한다.

참 알쏭달쏭한 이유다. 세상에 천지삐까리로 널린 게 식당이고, 그중 아무데나 내키는 곳을 정해서 음식을 먹는 것은 소비자의 권리이자 기호인데 왜 굳이 이런 엉뚱한 짓거리를 하는 것일까. 분명한 것은 내가 무슨 특별한 배려심을 가진 사람이어서 그런 것은 아니라는 점이다. 다만, 오랫동안 목회를 하면서 내 몸에 배인 일종의 트라우마(?) 때문에 나도 모르게 무의식적으로 그런 행동이 앞서는 것이 아닌가 싶다. 무슨 말이냐면, 목회를 하다 보면 지난주에는 우리 교회에 출석한 사람이, 이번 주에는 이웃 교회로 발걸음을 돌린 것을 보면 괜시리 마음이 허전한 것이 인지상정이다. 아마 이웃 교회 목사의 마음도 마찬가지일 것이다. 목사의 아들로 성장하고, 내 자신 목사가 되어 20년 가까운 시간을 목회에 올인하면서 자신도 모르게 이런 감정의 골이 몸에 패인 것이다. 그래서 나는 (사실 그럴 이유가 전혀 없음에도 불구하고) 식당뿐 아니라 과일 가게에 들려 과일 몇 개를 살 때도 항상 이런 패턴을 반복한다. 이것도 병이라면 병이겠다.

사실 따지고 보면 모든 신자는 하나님께 속한 사람이지, 목사 개인의 전유물이 아니다. 그래서 어떤 사람이 특정 교회에 소속될 때 첫째는 하나님의 섭리가 작용하고, 둘째는 그 사람의 자유의지가 기능을 하는 것이다. 물론 하나님의 섭리와 인간의 자유의지의 관계는 그 깊이를 들여다볼수록 매우 난해하기 짝이 없기 때문에 인간의 얄팍한 지성을 가지고 이를 다 풀어헤쳐 설명한다는 것은 불가능하다. 다만 거칠게 표현하자면 결국 하나님의 계획과 인도, 그리고 인간의 선택과 행동이 상호 작용하여 어떤 이가 특정 교회에 몸을 담는 것이다. 이런 메커니즘 속에서, 어찌 보면 목사의 위치와 기능은 지극히 수동적이다. 그는 하나님이 은혜로 맡겨주시는 한 존재를 값없이 받을 뿐이다. 그러나 대개의 경우 실제로 이렇게 생각하는 목사는 거의 없다. 통상 목사들은 자기가 열심히 목회해서, 자기가 기도를 많이 해서, 자기가 설교를 잘하고 인품이 좋아서, 그래서 사람들이 온다고 생각한다. 교리상으로는 은혜를 믿지만 실제 삶에서는 행위가 위세를 떨치는 것이다. 그래서 자기와 함께 신앙생활하는 신자들은 실은 다 자기 노력과 수고의 열매들이라고 믿는다. 그 결과, 자신과 함께 일정 기간 동안 신앙생활 했던 사람이 다른 교회로 옮기는 순간, 인간적 정분이 끊어지거나 심한 경우 길거리에서 마주쳐도 인사도 안 하고 지나치는 경우도 있다. 그저 안타깝다라는 정도로 말하고 끝내기에는 너무 어처구니가 없는 장면이다. 그렇다. 참 못나고 볼품없는 장면이 아닐 수 없다.

왜 이런 일들이 버젓이 일어나는가? 목사 개인의 도량이 작아서이기도 하지만 더 근본적으로는 그가 신학적으로 잘못 정향되어 있기 때문이다. 앞에서도 말했듯이, 모든 신자는 하나님께 속했지 목사 개인의 소유물이 아니다. 모든 신자의 소속, 배치, 이동을 주관하시는 분은 하나님이시다. 목사는 그 하나님의 영적 시스템 속에서 자신에게 부여된 한 작은 위치를 충성스럽게 지키면 된다. 더 나아가 우리에게 중요한 것은 하나님 나라이지, 특정 목사가 사역하는 특정 교회가 아니다. 신자들이 아예 하나님 나라 밖으로 일탈하는 것이 아닌 한, 하나님 나라 영역 안에서 하나님의 섭리적 인도를 따라 교회를 옮기는 것은 목사가 일일이 개입하고 감놔라배놔라 할 수 있는 영역을 훌쩍 넘어선다. 이러한 지식과 믿음이 있다면, 신자들이 교회를 옮기는 것에 대해서 목사가 배신감을 느껴 그를 미워하고 저주하는 일은 하지 않을 것이다. 물론, 거듭 말하지만 자신이 아낌없이 시간과 에너지를 쏟았던 신자가 곁을 떠난다는 것은 한 인간으로서 목사 자신에게도 무척 괴롭고 힘든 일인 것은 부인할 수 없는 사실이다. 그럼에도 불구하고 목사는 자신의 존재와 사역이, 하나님 나라라는 큰 대양으로 흘러들어 가는 무명의 지류에 불과하다는 사실을 자각하고 이런 불편함과 고통까지도 묵묵히 감내할 수 있어야 한다.

결국 중요한 것은 교회가 아니라 하나님 나라다. 목사는 신자들이 자기 사람이 아니라, 하나님의 백성으로 살아가는 것이 비교할 수 없이 중요한 사실이라는 점을 명심하고 또 명심해야 한다. 그리하여 어떤 신자가, 자신이 목회하는 교회에 속한 것보다 이웃 교회에 속한 것이 그가 하나님 나라 백성으로 살아가는 데 더욱 유익하고 유리할 수만 있다면 기꺼이 그 현실을 받아들일 수 있어야 한다. 힘들지만, 그럼에도 그래야 한다.

하나님 나라의 현실이 인간 현실의 창을 깨고 돌진해 들어오는 순간, 인간의 현실은 무섭게 요동칠 수밖에 없다. 마찬가지로, 목사가 자신의 관성과 인간적 정분과 욕망에 매여 목회를 하는 대신, 하나님 나라의 기준에 과감히 자신을 맞추려는 순간 그의 현실은 전복되고 역전된다. 이 순간이 인간적으로는 당연히 불편하고 불안할 수밖에 없다. 그러나 하나님 나라, 곧 살아 계신 하나님의 통치를 진심으로 믿는 목사라면 이런 낯선 현실을 향해 자신의 몸을 던지는 모험을 감행할 수 있어야 하지 않을까.

목사님들이여! 떠나는 신자들이 있을 때 등뒤에서 듣기에 불편하기 그지없는 험한 말을 퍼붓기보다는 기왕이면 마음껏 축복해주면 좋겠다. 전체 교인들 앞에서 인사도 시켜주고, 식사도 같이 하고, 서로 아쉽고 서운했던 것들도 다 풀고 헤어졌으면 좋겠다. 길에서 우연히 마주치기라도 하면 서로 반가워서 부둥켜 안고 덕담을 나누면 좋겠다. 떠난 신자가 하나님 나라 백성으로 잘 살아가는 모습을 보면서 기뻐할 수 있었으면 좋겠다. 다른 누구를 위해서 그렇게 하자는 것이 아니라, 이 모든 것이 목사 자신을 위해서다. 왜? 이런 훈련을 통해서 결국은 목사 자신이 성화의 여정에 더 깊숙이 발걸음을 내딛기 때문이다. 거듭 강조하지만 목사에게 가장 중요한 것은 목회의 성공이 아니라 성화다.

그래도 한 가지 위로와 힘이 되는 것은, 우리 하나님은 매우 자비로우심으로 떠난 신자가 있으면 또 생각지도 못한 새로운 사람을 보내주셔서 그 빈자리를 메꾸시는 분이라는 사실이다. 그래서 목회는 인간의 공적이 아니라 은혜의 힘으로 하는 것이다. 하나님은 주시고, 인간은 겸손히 받을 뿐이다.

감정노동

언제부터인가 "감정노동"이란 말이 심심치 않게 회자된다. 감정노동이란 자신의 자연스런 감정을 억누른 채 직무에 맞는 감정 연기를 해야 하는 것을 말한다. 주로 서비스업에 종사하는 사람들이 본연의 감정을 자제하고 어떤 상황에서든지 친절한 언행을 견지해야 한다는 것을 뜻하며, 자신의 감정을 관리하는 것이 전체 업무의 40퍼센트를 넘는 경우 감정노동자로 분류된다.

이런 면에서 목사는 대표적 감정노동자 직군에 포함된다고 할 수 있을 것이다. 대다수 목사들이 감정적인 문제로 인해 받는 스트레스 지수는 상당하다. 대체 목사는 무슨 문제로 감정노동에 시달릴까? 몇 가지 예를 들어보면 다음과 같은 것을 꼽을 수 있다. 첫째, 설교에 대한 여러 비평을 받을 때 스트레스 지수가 확 올라간다. 둘째, 애정을 쏟았던 교인이 어느 날 한마디 말도 없이 교회를 옮길 때 엄청난 배신감을 느낀다. 셋째, 교인들이 어려운 일에 연루될 때 마치 자신의 고통인 양 힘들고 괴롭다. 넷째, 아무리 목회적인 열심을 내도 교회가 부흥하지 않고 교인들이 변하지 않는 것 같을 때 자괴감이 든다. 그 외에도 이러저런 이유로 목사의 감정은 늘 높은 파도처럼 일렁인다.

아무튼 목사도 사람인지라 힘든 일, 안 좋은 일에 노출되면 감정의 진폭이 커지는 것은 지극히 당연하다. 하지만 목사는 그 직무 특성상 자신의 감정을 날것 그대로 다 표현할 수 없다. 아니, 표현해서도 안 된다. 목사가 힘든 일 앞에서 크게 상심하면 사람들은 "목사가 믿음이 없다"고 뒤에서 수군거린다. 목사가 좋은 일 앞에서 기뻐하면 "목사가 신자들 힘든 줄은 모르고 속없이 혼자 좋아한다"고 힐난한다. 그래서 목사는 힘들어도 별로 안 힘든 척해야 하고, 좋아도 그저 그런 듯해야 한다. 그런 면에서 목사는 어쩌면 프로야구의 마무리 투수 같은 심장을 가져야 하는지도 모른다. 훌륭한 마무리 투수들은 공의 구질도 뛰어나야 하지만, 그에 못지 않게 어떤 상황에서 마운드에 오를지라도 표정의 변화가 없어야 한다. 혹자는 이를 가리켜 "포커페이스"라 부른다. 포커 칠 때 상대방에게 절대 내가 갖고 있는 패를 들키지 않기 위해 무표정한 얼굴로 일관하는 것을 뜻하는 것이다.

물론 그렇다고 해서 목사더러 목석이 되라는 말은 아니다. 다만 지나친 감정 표현은 오히려 목회의 어려움을 초래할 수 있기 때문에 자신의 감정선까지도 잘 다스릴 수 있는 연습과 훈련이 필요하다는 뜻이다.

내 경험상 목사는 특히 세 가지 감정 관리를 잘해야 목회를 롱

런할 수 있다.

첫째, 각종 중압감을 오랫동안 움켜쥐고 있기보다는 홀홀 털어 버릴 수 있어야 한다. 목회를 하다 보면 온갖 어려움을 만난다. 그 중 한 가지 예를 들자면, 목사를 힘들게 하는 문제 하나가 교인들이 찾아와 어려운 내용을 털어놓으며 상담을 요청할 때다. 이때 사람 들이 쏟아내는 힘든 이야기를 듣다 보면 진이 다 빠진다. 그리고 신 도들의 문제가 해결될 때까지, 목사 자신도 그 문제에서 쉽게 헤어 나오지 못하고, 오히려 그 문제가 마치 자신의 숙제라도 되는 양 신 경이 계속 쓰인다. 문제는 목사 한 사람이 그런 식으로 짊어져야 할 신도들의 문제가 한둘이 아니라는 것이다. 목회를 실제로 해보면 이런 유의 압박이 보통이 아니다. 그때 목사가 계속 그 모든 문제 에 매어 있으면 결국 자신의 몸과 마음이 피폐해진다. 그래서 이런 문제들을 일정 정도 흔쾌히 털어버릴 수 있는 지혜와 여유가 필요 하다.

내 경우 타고난 성격 자체가 어떤 문제가 주어지면 그걸 완전히 해결할 때까지는 줄곧 거기에 온 신경을 집중하는 편인데, 목사 안 수를 받고 나서 가장 힘들었던 것이 신도들이 상담이나 기도 요청 을 하면서 본인의 괴롭고 힘든 일을 털어놓으며 그 문제가 해결되 도록 기도해달라고 부탁하면 정말 그 문제가 해결될 때까지 내 자 신이 거기서 헤어나오지 못하고 마치 가슴에 돌덩이 하나를 얹어놓 은 것 같은 압박감에 시달리는 것이었다. 이런 소심하고 예민한 성격 때문에 목회 초기에 굉장한 정신적 중압감에 시달려야 했다. 그러던 어느 날 스스로 큰 결심을 하게 되었는데, 그것은 바로 상담을 마치자마자 뒤돌아서는 순간 곧바로 잊어버리기로 한 것이었다. 내담자와 상담을 하고 기도하는 순간에는 최선을 다하지만 그 행위가 끝나는 순간 더 이상 내 마음속에 그 문제에 대한 기억 자체를 남겨놓지 않기로 결정하고 나서 계속 그런 식으로 노력을 하니, 점차 이런 문제에서 발생하는 과도한 고통과 중압감에서 해방될 수 있었다. 어차피 한 사람이 짊어질 수 있는 고통과 고민의 총량이 정해져 있는 마당에 메시아 혹은 슈퍼맨콤플렉스에 빠져 온 세상의 아픔을 혼자 다 짊어지고 쩔쩔맬 수는 없는 노릇이다. 차라리 자신의 용량과 능력 밖의 문제에 대해서는 홀홀 털어버릴 수 있는 것이 지혜로운 감정 관리일 뿐 아니라 정신 건강에도 훨씬 더 도움이 된다.

둘째, 가능한 한 강단에서는 화를 내지 않는 것이 좋다. 목회를 하다 보면 강단에서 혈기를 부리게 되는 일이 종종 발생한다. 타고난 성격이 불같아서 그럴 수도 있고, 아니면 목사 자신은 최선을 다해서 목회를 한다고 생각하는데 신도들이 그런 목사의 마음을 못 알아주는 데다 신앙적인 열심이 영 시원치 않다는 생각에 욱해서 한마디 할 수도 있다. 혹은 회중 가운데 명백한 죄가 있어서 따끔하게 지적하고 넘어가고자 하는 나름 경건한 욕심에서 분노를 표출할 수도 있다. 그러나 어떤 이유를 대더라도, 목사는 강단에서만큼은 화를 안 내는 것이 가장 좋다. 목사가 강단에서 화를 내는 것은 마치 오랜 시간 동안 공력을 쏟아부어 어렵사리 높은 탑을 쌓아놓고 맨 밑바닥에서부터 한순간에 폭탄을 터트리는 것과 진배없기 때문이다.

셋째, 어떤 일이 있어도 교인들과는 일체 다투거나 싸우지 않는 것이 최선이다. 내가 늘 입버릇처럼 말하듯이, 세상에는 제아무리 싸움을 잘하는 사람도 절대로 못 이기는 상대가 있는 법이다. 가령, 부모는 자식을 이길 수 없고, 정부는 국민을 이길 수 없으며, 기업은 소비자를 못 이기고, 그리고 목사는 신도들을 이길 수 없다. 목사는 자신이 목양하는 교우들을 이길 수도 없거니와, 이겨서도 안 된다. 이것은 신자가 100퍼센트 잘못했고, 목사가 100퍼센트 옳은 경우에도 마찬가지다. 목사는 신자들에게 져줌으로써 이기는 자이지, 신자들을 이길 수도 없고 이겨서도 안 되는 존재다. 목사는 더 많이 질수록 더 많이 이기는 자이다. 반대로 목사가 많이 이기면 이길수록 교회 전체로서는 더 많이 패하는 일이 벌어진다. 따라서 목사는 어떤 일이 있어도 신도들과 다투거나 싸우지 않도록 자신을 잘 다스려야 한다.

사도 바울은 자신이 복음을 전파하기 위해 무수한 고난을 당했다고 고백했다. 그는 복음 때문에 많이 맞고, 많이 굶고, 또한 여러 번 죽을 뻔했다. 하지만 바울은 그런 일들보다 더 힘들었던 것이 다름 아닌 "교회에 대한 근심"이었다고 고백한다(고후 11:23-28). 그는 갈라디아 교회를 위해서는 심지어 "해산하는 수고"를 한다고까지 고백했다(갈 4:19). 목회란 그런 것이다. 교회를 섬기기 위해서는 타고난 자연인의 성질과 감정대로 반응해서는 안 되는 일들이 많다. 오히려 성령의 통치와 도우심을 따라 육체의 소욕과 성질을 거슬러가며 온유함과 겸손함으로 행해야 할 때가 비일비재하다. 그래서 목회는 따지고 보면 결국 자기 자신과의 싸움이고, 다른 한편으로 자기 자신을 목양하는 일이다.

지금 이 시간에도 극심한 감정노동에 시달릴 수많은 목회자들의 너덜너덜해진 심장을 생각하며, 그분들 모두 성령께서 주시는 힘과 위로로 말미암아 속사람이 더욱 강건해져서 목회 현실의 척박함과 고단함을 슬기롭게 잘 헤쳐나가시길 기도한다.

기도 생활

교회는 공공기관이나 시민단체가 아니다. 교회는 사회복지기관도 아니다. 교회는 동호회의 일종도 아니다. 교회는 사업체도 아니다. 아마 이런 식으로 말하자면 끝이 없을 것이다. 교회는 무엇인가? 교회는 교회일 뿐이다. 교회가 교회라는 것을 가장 명확하게 알려주는 표지가 있다면 바로 "기도"라고 생각한다. 그렇다. 교회는 만민이 기도하는 집이다. 교회의 참된 정체성 및 성패는 기도의 유무에 달려 있다. 깨어 기도하는 교회는 살 것이고 그렇지 못한 교회는 죽을 것이다. 또한 기도하는 교회는 교회다움을 지킬 것이고 반대의 경우는 그렇지 못할 것이다.

목사로 부름 받아 한 지역교회를 섬긴다는 것은 기도의 중요성을 잘 알고 실천한다는 것을 의미한다. 따라서 목사는 기도의 사람이어야 한다. 그는 스스로 늘 기도해야 할 뿐 아니라, 자신이 섬기는 교회로 하여금 항시 기도하도록 인도하고 권면해야 한다.

먼저, 목사는 매일 일정한 시간을 구별하여 기도해야 한다. 목사가 기도하기에 가장 좋은 시간은 새벽 시간이다. 혹은 오전 시간이다. 왜냐하면 이 시간이 맑은 정신으로 기도에 집중하기가 가장 좋은 때이기 때문이다. 그 외에도 형편에 따라 일정한 시간을 구별하여 매일 기도의 자리로 나아가야 한다.

다음으로, 목사는 모든 것을 위해 기도해야 한다. 빌립보서 4:6-7에서 말하듯이, 아무 일에도 염려하지 않는 비결은 모든 것을 위해 기도하는 것이기 때문이다. 목회를 하다 보면 염려와 근심거리가 끊이지 않는다. 신도들의 삶이 복잡다단하기도 하거니와, 교회 자체가 영적 전쟁의 한복판에 서 있기 때문이다. 사탄은 틈만 나면 온갖 문제를 갖고 교회를 공격하고 시험한다. 마치 총알이 빗발치는 것 같은 이런 살벌한 상황에서, 목사가 자신과 교회를 지킬 수 있는 유일한 방탄복이 있다면 바로 기도다.

기도를 통해 목사는 교회의 주인이 자기 자신이 아니라 하나님이심을 실천적으로 고백할 수 있다. 목회를 하다 보면 목사가 자기 뜻과 욕심대로 교회를 이끌고 나가고 싶은 유혹을 많이 받는다. 그럴 때 목사가 기도의 영성이 잠들어 있거나 병들어 있으면, 혹은 아예 죽어 있으면 교회를 사유화하여 자기 욕망의 도구로 변질시키기 십상이다. 물론 입으로는 매사에 하나님의 뜻과 다스림을 운운하지만 실상은 자기가 교회의 우상이 되어 행동하는 일이 얼마나 흔한가. 이 모든 게 참된 기도가 사라졌기 때문에 일어나는 일이다.

그러나 목사가 깨어 기도하면서 성령의 음성과 지도에 겸손히 순종한다면, 교회의 주인이신 하나님께서는 목사의 욕망과 의지를

제2부 목사와 영성

잠재우고 대신 자신의 높으신 뜻과 목적을 따라 교회를 경영해가실 것이다. 그리고 이것이 가능하기 위해서는 목사가 기도의 자리에서 하나님의 음성에 귀를 열고 경청하며 순종하려는 자세가 절대적으로 필요하다.

또한 목회를 하다 보면 갖가지 어려움에 봉착한다. 그중에는 인간의 능력과 경험으로 풀기 어려운 난제들도 많다. 어느 경우는 하나님이 기적적으로 개입하셔서 도와주시지 않으면 소망이 안 보일 때도 많다. 따라서 목사는 기도의 자리에서 위로부터 부어주시는 능력을 경험해야 한다. 목사가 기도의 군사를 넘어 기도의 장군 같은 존재가 될 때, 하나님의 능력이 교회 위에 부어진다.

그렇다면 기도란 무엇인가? 흔히 기도를 가리켜 "영혼의 대화", "영적 호흡" 등으로 표현한다. 맞는 말이다. 기도는 영적인 생명력의 원천이자 호흡 그 자체다. 기도가 살면 개인과 공동체가 살고, 기도가 죽으면 반대의 현상이 벌어지는 이유가 여기 있다.

나는 목사의 기도를 "가깝고도 먼 것"으로 표현하고 싶다.

첫째, 기도란 하나님과 무한정 가까워지는 것이다. 우리는 기도를 통해서 하나님의 존전에 나아가 그분의 신적 삶에 참여한다. 기도는 하나님과 우리 사이의 간격을 없애고, 하나님과 우리를 하나 되게 하며, 그 결과 하나님의 마음을 배우고 소유하며, 하나님의 임재 안에서 형언할 수 없는 기쁨과 평안을 누리게 한다. 따라서 기도는 하나님과 무한정 가까워지는 것이다. 모름지기 목사는 이런 기도의 비밀을 체험해야 한다. 그래야만 목회 생활에서 겪는 온갖 스트레스와 고통을 이겨낼 수 있다.

둘째, 기도란 하나님과 무한히 멀어지는 것이다. 우리는 기도를 하면 할수록 절대타자이신 하나님의 존재와 한낱 티끌에 불과한 우리 자신의 죄악된 존재 사이에 너무나 깊은 우주적 심연이 도사리고 있음을 절감하게 된다. 기도는 우리에게, 하나님은 무한한 하늘에 계시고 인생들은 유한한 땅에 있는 존재임을 명확하게 깨우쳐 준다. 그래서 기도를 할수록 우리 자신의 무가치함과 타락한 본성과 무능력을 깨닫고 "주여, 불쌍히 여기소서"라는 울부짖음을 토해낼 수밖에 없다. 이렇게 하나님과의 질적 차이 내지 우주적 심연을 깊이 경험한 목사라면, 자신이 이 땅에서 성취한 목회적 열매나 성공이 얼마나 하찮고 보잘것없는 것이며 또한 그 모든 것이 자기 자신의 능력이나 실력에서 비롯된 것이 아니라 오직 하나님의 은혜로 주어진 것임을 고백하지 않을 수가 없을 것이다. 이렇게 목사에게 기도란 하나님과 무한히 가까워지는 동시에 멀어지는 행위다.

그런데 정말 목사에게 기도란 "가깝고도 먼 것"이다. 그것은 금방이라도 손에 잡힐 듯이 가깝게 보이는 동시에, 그러나 아무리 손을 내밀어도 좀처럼 쥐어지지 않는 미지의 어떤 것과 같다. 그래서 목사에게 기도는 가장 쉬운 것 같으면서도 가장 어려운 것이다. 또한 기도는 가깝고도 멀기에, 늘 마음 한 켠으로는 오늘부터 당장 기도를 시작해야지 하면서도, 그러나 늘 실패하고 핑계댈 수밖에 없는 난처한 것이기도 하다.

어떤 이들은 말하길, 굳이 특정한 시간과 공간을 정해 기도하는 것이 뭐 그리 중요하냐고 말한다. 이들은 삶이 곧 기도라고도 한다. 얼핏 보면 뭔가 심오한 내용이 있는 멋있는 말 같다. 그리고 맞는 말이기도 하다. 실로 우리의 삶 전체가 신앙이고 기도여야 한다. 그러나 문제는 이런 이야기를 거침없이 하는 사람일수록 실제로 기도의 무릎을 꿇는 이가 많지 않다는 것이다. 따라서 이런 미사여구로 스스로와 공동체를 속이지 말아야 한다. 삶이 기도여야 하는 것만큼이나 진짜 기도의 골방에 들어가 무릎을 꿇는 것도 중요하다. 특히 목사라면 더 말할 것이 없다.

신학생 시절에 나는 어떤 책에서 영국의 존 웨슬리가 평생 기도하던 마룻바닥의 팔꿈치와 무릎이 닿는 자리에 홈이 파였다는 내용을 읽고 큰 도전을 받았었다. 또 미국의 유명 부흥사였던 무디가 로키 산맥에서 나무를 붙들고 기도하던 중에 나무 뿌리가 통째로 뽑혀 벼랑 아래로 떨어져 죽을 뻔했다는 이야기를 읽고 큰 감명을 받았다. 그래서 외람되지만, 나도 나무 바닥에 엎드려 오랫동안 기도를 해봤고, 또 나무를 붙들고 세게 흔들어가며 기도도 해봤다. 그렇게 해서 내가 배운 것은, 나무가 사람이 아무리 세게 흔들어도 뽑힐 정도로 허약하지 않다는 것과, 바닥이 패일 정도로 기도하는 것은 아무나 할 수 있는 일이 아니라는 것이었다. 무디나 웨슬리는 내가 범접할 수 있는 사람의 부류가 아니었던 것이다.

대신에 나는 겟세마네 동산에서 기도하시던 예수님이 안타까워하시며 제자들에게 주신 말씀을 늘 가슴에 새기기로 했다. 바로 "한 시간도 깨어 기도할 수 없더냐?"란 말씀이다.

부끄럽지만 나는 하루 최소 한 시간을 기도하는 것을 나름의 원칙으로 삼고 산다. 물론 그 이상을 기도할 때도 있지만 최소한 매일 한 시간은 꼭 기도하려고 노력한다. 한편으로는 더 많이 기도할 수 없어 죄송한 마음이 크면서도, 다른 한편으로는 삶이 너무 바쁘고 해야 할 일이 많아 이마저도 쉽지 않다는 핑계거리를 대며 기도의 줄 위를 아슬아슬하게 걷는다. 그저 바라기는, 기도의 줄 위에서 휘청거릴지언정 그러나 떨어지는 일만은 없었으면 하는 것이다.

아마 많은 목사님들의 심정과 처지도 별반 다르지 않을 것이다. 기도해야 한다는 당위와, 기도를 방해하는 현실 사이에서 갈팡질팡하는 것이 우리네 목사들의 참모습이다. 그럼에도 목사란 부름 안에 담긴 의미가 무엇인지 안다면, 그리고 기도 없이는 결코 그 부름에 응답하지 못한다는 것을 안다면 필경 어떤 몸부림을 쳐가면서라도 기도의 자리를 고수할 것이다. 아니, 굳이 목사가 아니어도 그리스도인이라면 당연히 기도의 자리를 노략질당해서는 안 될 것이다.

성령 은사 문제

이 글에서는 성령 은사 체험의 문제를 다루려고 한다. 성령의 은사와 관련해서는 개신교 안에 크게 두 가지 입장이 있다. 하나는 소위 은사중지론이고, 다른 하나는 은사지속론이다. 은사중지론은 성령의 은사(방언, 통변, 환상, 예언, 신유 등)가 1세기 사도 시대 당시로 종결되었다는 입장이다. 곧 초기 교회에서 복음 전파가 시작되고 교회 설립에 관한 일들이 어느 정도 마무리되면서 자연스럽게 성령의 초자연적 은사도 더 이상 필요가 없게 되었다는 것이다. 반면 은사지속론은 성서에 나오는 성령의 은사들이 현대에도 계속되고 있다는 입장이다. 특히나 제3의 물결 및 신사도 입장을 지지하거나 추종하는 사람들은 오늘날이야말로 성령의 은사와 능력이 더욱 강력하게 나타나야 할 때라고 주장한다.

나는 은사지속론의 입장에서 이 글을 써내려갈 것이다. 동시에 신사도 운동과 같이 과격한 성령 운동에 대해서는 상당히 비판적 견지를 유지하려 한다. 다만 이 글은 학문적 성격의 글이 아니기 때문에 굳이 성서 해석을 둘러싼 복잡하고 전문적인 논의를 펼치지는 않겠다. 그 대신 목사에 관한 글이라는 특성에 맞게 지역교회에서 겪는 은사 체험의 문제를 위주로 글을 써내려갈 생각이다. 독자들께서는 먼저 이 점을 이해해주시길 부탁드린다.

위에서도 적시했지만 나는 은사지속론자다. 신학적인 해석은 차치하고서라도, 나의 평생의 신앙 경험이 나로 하여금 은사지속론을 지지하도록 만든다. 나는 은사적 분위기가 매우 강한 가정에서 태어나고 성장했으며, 성인이 되어서는 나 자신도 강력한 성령의 은사들을 집중적으로 경험하면서 성령의 은사라는 것이 숨쉬듯이 자연스럽게 느껴지는 사람이다. 내가 보기에 은사중지론은 성서에 기초한 입장이라기보다는 실은 근대 계몽주의(이성주의)의 영향을 받은 신학적 해석에 기초했다고 여겨진다. 더욱이 지금도 수많은 교회에서 은사들을 지속적으로 체험하는 일이 현재진행형으로 일어나고 있다. 실제로 오늘날 세계에서 가장 급성장하는 교회는 거개가 오순절 계통의 교회들이다. 물론 나는 장로교 신자로서 오늘날의 은사가 일종의 계시적 기능과 역할을 한다는 데에는 반대한다. 기록된 성서와 같은 종류의 계시는 신약시대로 종결되었다. 또한 성령의 은사를 강하게 체험한 사람일수록 영적인 등급이 높다거나 특별하다는 데 대해서도 반대한다. 그럼에도 예언의 영이신 성령께서는 신약시대와 동일하게 여전히 교회 안에서 강력하게 활동하고 계시며 교회와 신자들의 유익을 위해 다양한 은사를 부어주고 계신다고 믿는다. 여기서 관건은 성령의 은사를 어떻게 이해하고 사용하느냐일 것이다.

기실 성령의 은사는 인간이 원한다고 해서, 또 원하지 않는다고 해서 일률적으로 받거나 받지 않을 수 있는 성격의 것이 아니다. 어떤 이는 성령의 은사를 간절히 원함에도 불구하고 못 받을 수 있다. 반대로 어떤 이는 본인의 의지와는 상관없이 일방적으로 받을 수도 있다. 나 같은 경우는 후자에 속한다. 나는 젊은 시절만 해도 공부를 많이 해서 학자가 되어 학교에서 봉사하는 것이 꿈이었기에 성령의 은사를 간절히 구해본 적이 없다. 그런데 어느 날 전혀 뜻하지 않게 성령의 불이 임하였고 그때의 체험은 이후 나의 삶을 전혀 엉뚱한 방향으로 이끌고 갔다. 이렇게 성령의 은사를 체험하는 것이 궁극적으로 인간의 의지나 의사와 상관없지만, 분명한 것은 지금도 교회 안에서 이런 체험을 하는 사람들이 많다는 것이며, 또 이들로 인해 야기되는 문제가 적잖기에 지역교회를 섬기는 목사는 당연히 이 문제에 대한 일정한 식견을 갖추고 있는 것이 유익하다는 것이다.

내 경험에 비춰볼 때 목사가 성령의 은사에 대해 지식과 경험이 있으면 크게 세 가지 면에서 유익하다.

첫째, 무엇보다 목사 자신의 경건 생활에 많은 도움이 된다. 통상 많은 사람들이 그렇게 하듯이 인간의 이성과 의지로 기도하는 것과 달리, 성령의 감동과 지도를 따라 기도하는 것은 차이가 크다. 목사가 성령의 은사를 활용하여 성령의 깊은 인도를 따라 기도하게 되면 자신의 자아와 욕망이 가리키는 목회가 아닌 하나님께서 진정으로 원하고 기뻐하시는 목회적 가치와 목적을 깨달아 거기에 자신을 일치시킬 수 있는 가능성이 높아진다. 또한 목회를 하다 보면 남모르게 혼자 지치고 낙심될 일이 많은데 그럴 때 성령의 감동을 따라 기도하면서 하나님께서 은밀하게 주시는 위로를 통해 다시 힘을 얻고 일어설 수 있다.

둘째, 신도들을 위로하고 격려하는 데 큰 도움이 된다. 목사가 제아무리 신도를 많이 사랑하고 늘 관심을 갖고 지켜본다고 해도 실제로 그들의 삶의 애환과 고민과 걱정거리를 다 알 수는 없는 노릇이다. 많은 목사들이 입으로는 신도를 위해서 항상 기도한다고 말하지만 솔직히 그저 사탕발림에 불과할 때가 허다하다. 그들은 실제로는 신자들이 어떤 곤고한 사정 속에 놓여 있는지 잘 모른다. 그러나 성령께서는 이미 그 모든 것을 다 알고 계시기 때문에, 목사가 성령의 감동을 받아 신자들의 삶의 애환을 깨달아 진실된 마음으로 중보하며 기도한다면 그 진실한 마음이 전달되어 신도들이 큰 위로와 격려를 얻게 된다. 실제로 나는 상담을 요청한 사람들을 위해 기도할 때면 성령께서 은밀한 것들까지 깨우쳐주시는 일이 많은데 그럴 때 그 부분을 부드럽게 짚어가며 기도하면 거의 모든 내담자의 눈물샘이 터져 하염없이 우는 것을 수없이 보았다. 그들은 하나님께서 자신의 속사정을 알고 계신다는 사실 하나 만으로도 큰 위로를 얻는 것이다.

셋째, 목회적 질서를 바로잡고 유지하는 데 적지 않은 도움이 된다. 담임목사가 은사중지론자라고 해서 그가 목회하는 교회에 은사를 체험한 사람이 단 한 명도 없으리라는 보장은 없다. 오히려 담임목사가 은사중지론자일수록 신도들 가운데 꼭 한두 명은 강력한 은사를 체험한 사람들이 있는 경우가 비일비재하다. 그럴 때 목사가 은사에 대해 부정적이거나 혹은 문외한이다 보면 은사 문제로 서로 갈등이 불거지는 일이 발생하기 쉽다. 또한 교회의 공식적인 리더십이 은사를 배척함으로써 결국 은사 지향적인 신도들이 지하화 내지 음성화되는 일이 비일비재하다. 이 경우 교회 안에서 또 다른 문제가 야기된다. 또는 은사에 대해 부정적인 목사의 책망과 경고성 발언으로 인해 은사를 체험한 신도들이 상처를 받거나 좌절하는 일도 벌어진다.

하지만 목회자가 은사에 대한 지식과 경험이 적절하게 구비되어 있으면 이런 사람들을 잘 다독이고 가르쳐서 더 성숙한 신앙생활로 이끌 수 있다. 이로써 교회가 화평하고 안정이 된다.

동시에 목사들은 성령의 은사를 체험하거나 권장하는 데 있어 다음과 같은 점을 조심해야 한다.

먼저, 항상 겸손해야 한다. 목사가 제아무리 방언을 잘하고 환상을 잘 보고 심지어 예언을 한다 해도, 기실 그 은사를 체험하는 이가 깨닫는 것은 하나님의 진리와 지혜의 천억 분, 천조 분의 일도 안 된다. 하나님은 무한하시고 인간은 유한하다. 인간이 비록 은사를 통해 여러 가지 신령한 지식을 깨닫는다 해도, 따지고 보면 그것은 마치 바가지로 태평양 물을 담아내려는 것과 같다. 제아무리 용하고 신령한 은사자라 해도 인간은 그저 하나님이 보여주시는 비밀의 커튼을 살짝 열고 아침 안개와 같이 뿌연 세계를 힐끗 훔쳐봤을 뿐이다.

더욱이 은사라는 것이 순전히 객관적인 것이 아니라 개별 인간의 독특한 경험과 지식에 연동되어 그 모양이나 성격이 특수한 성질을 띠며 투사된다는 점을 고려한다면 자신이 체험한 은사를 결코 절대화할 수 없는 노릇이다.

그러므로 목사를 위시하여 모든 은사자들은 자기 체험에 대해 항상 겸손하고 상대적인 태도를 지녀야 한다. 자주 강조하는 것이지만 성품과 인격, 그리고 지성과 신학적 이해가 은사보다 더 근본적이다. 은사가 이런 것들의 바탕 위에서 전인적 성격을 띠기 때문이다.

다음으로, 은사 경험의 유무를 가지고 교회 안에서 소위 특수한 계급이나 질서를 구축하려는 유혹에 넘어가지 말아야 한다. 많은 은사 체험자들이 오염되고 타락하는 이유가 여기 있다. 그들은 자신이 은사를 체험했다는 이유로 자신을 영적으로 특별한 부류의 사람으로 간주하거나 심지어 현대판 사도라고 주장하기까지 한다. 그리고 이를 앞세워 다른 사람들을 조종하거나 통제하는 등 영적으로 노예화하기를 일삼는다. 하지만 이것은 신약시대에 이르러 은사를 민주화하고 이를 통해 섬김의 질서를 구축하려고 작정하신 성령의 원래 의도와 정면으로 배치되는 것이다.

마지막으로, 은사를 앞세워 재물을 취득하려는 유혹을 조심해야한다. 하나님께서 성령을 통해 우리에게 은사를 주신 것은 다른 사람들을 돕고 섬기도록 하기 위함이지, 다른 사람의 재물을 갈취하거나 사취하여 축재하도록 하기 위함이 아니다. 실로 우리 주변에은사를 빙자하여 신도들의 지갑을 축내 집안 전부가 호가호위하는타락한 은사자들의 이야기가 얼마나 많은가. 늘 조심하고 또 조심할 일이다.

목사는 혹 자신이 하나님의 은혜로 성령의 초자연적 은사를 받아 교회와 신도들을 섬기는 일에 요긴하게 쓰임 받게 되었으면, 이를 늘 기쁘고 감사한 마음으로 감당하되, 동시에 연약하고 척박한삶의 질곡하에 놓인 신도들의 고충에 대한 연민과 자비의 정신으로행해야 한다.

또한 부지불식간에라도 성령의 은사와 불을 소멸하지 않도록늘 자기 자신을 지켜 성화의 연습에 더욱 매진해야 한다. 그것이 하나님이 기뻐하시는 일이리라.

치유의 중요성

내 나이도 어느덧 중년 줄에 접어들다 보니 여기저기 후배뻘 되는 사람들이 많이 생긴다. 나보다 연배가 젊은 목사들 혹은 신학도들이 종종 이런 질문을 물어온다. "오늘날 교회에 가장 필요한 것이 무엇일까요?" 그 질문에 나는 마치 기다리기라도 했듯이 (거의 조건 반사적으로) "치유"라는 단어를 내놓는다. 그러면 질문한 사람들이 대개는 의외라는 반응을 보인다. 아마 내 입에서 무슨 거창한 신학이나 개혁에 관한 말이 나오길 기대했는가 보다. 하지만 나는 그런 눈치에 아랑곳하지 않고 다시 힘주어 말한다. "오늘 한국교회에 가장 필요한 것은 '치유'입니다"라고.

물론 교회에 치유만 필요한 것은 아니다. 경우에 따라 치유보다 더 위급하고 중요한 문제도 있을 것이다. 또한 그간 치유를 앞세운 종교 사기꾼에게 뒤통수를 맞아본 아픈 경험이 있는 사람들은 치유라는 말만 들어도 치가 떨릴지 모를 일이다. 그럼에도 나는 작금의 한국교회가 직면한 가장 큰 과제는 치유의 능력을 회복하는 것이라고 믿는다.

왜 그런가? 다름 아닌 한국사회 자체가 심각한 중증 질환을 앓고 있는 병리사회이기 때문이다. 주지하듯이 한국사회는 끔찍했던 전쟁의 상흔을 딛고 반세기 만에 세계 10위 권의 경제력을 갖춘 나라로 성장했다. 겉보기에 한국사회는 매우 활력이 넘치는 역동적 사회다. 하지만 그 이면에는 수많은 사회적, 개인적 병리 현상이 가득하다. 예컨대 OECD 국가 기준으로 십수 년째 자살율 1위, 노인빈곤율 1위, 청소년 및 어린이 행복지수 꼴찌에서 1위, 교통사고사망율 1위, 산업재해사망율 1위, 청소년 흡연율 1위, 독주소비량 1위, 심근경색사망율 1위, 노동시간 1위, 남녀임금격차 1위 등등 그 수를 일일이 헤아리기 어려울 정도다. 따라서 이런 한국사회의 어두운 면을 묘사하는 각종 별칭이 계속해서 등장하고 있는 형국이다. 피로사회, 팔꿈치사회, 불안증폭사회, 벼랑끝사회, 허기사회 등이 그것이다.

이런 위중한 질병을 앓고 있는 병리사회를 살아가는 개인이 어떻게 건강할 수 있을까? 도저히 불가능하다. 실제로 상당수 한국인들이 이런저런 정신적·심리적·육체적 질병으로 고통을 당하고 있다. 아니, 차라리 육체적 질병은 그나마 상황이 조금 낫다고 해야 할까. 여전히 정신적·심리적 문제에 대해서는 터부시하는 사회 분위기 때문에 이 문제로 심각한 어려움을 겪고 있으면서도 차마 속 시원히 꺼내놓지 못하고 혼자 컴컴한 동굴 속을 헤매며 절망하는 사람들이 얼마나 많은지 모른다. 그리고 이 문제는 결코 교회라고 해서 비켜가지 않는다. 나는 오늘날 한국교회 안에 중증 우울증과 공황장애로 고통을 당하고 있는 사람들이 적지 않을 것이라 확신한다.

한국교회가 한국사회와 동떨어져 홀로 존재하는 고립된 섬이 아닌 이상, 그리고 한국 개신교인들이 한국사회와 격리되어 홀로 고고하게 살아가는 객체가 아닌 이상, 한국사회의 문제와 아픔은 한국교회 안으로 고스란히 이식되고 재현될 수밖에 없다. 즉 한국사회가 병든 만큼 교회도 병들고, 한국사회가 아픈 만큼 한국교회도 아플 수밖에 없다. 양자를 구성하는 구성원이 동일하며, 그들의 삶의 방식이나 문법이 대동소이하기 때문이다. 그래서 이제라도 교회 안에 아픈 사람들이 많을 수밖에 없다는 현실을 정직하게 인정하고 그 현실을 직시해야 한다. 상황이 이렇다 보니, 한국교회에 가장 필요한 덕목이 치유라고 말하지 않을 수 없는 것이다.

너무 전통적이고 귀에 익숙한 표현이어서 식상한 이야기 같지만 그럼에도 나는 목사가 치유자로서 존재해야 한다고 믿는다. 그는 공동체와 더불어 하나님께 드리는 올바른 예배 속에서, 또 깊은 기도 속에서, 성령의 임재와 치료의 능력이 신도들에게 부어지길 위해 최선을 다해야 한다. 설교를 통해서도 치유의 가능성이 활짝 열리도록 세심한 배려가 있어야 한다. 전문적인 다양한 상담 경로를 통해 신자들이 직면한 삶의 문제에 대한 돌파구 및 해결책을 모색하는 것을 적극 꾀해야 한다. 사회적으로 낙오하고 패배한 사람들을 위한 패자부활의 기회를 교회가 구조적으로 어떻게 장만할 수 있을지에 대한 고민과 실천을 통해서도 일정한 치유의 역할을 수행할 수 있을 것이다. 아마 찾아보면 방법은 많을 것이다. 분명한 것은 현대 한국교회와 목사의 중요한 책무 중 하나가 사람을 살리고 치유하는 데 초점이 맞춰져야 한다는 점이다.

같은 맥락에서, 나는 치유가 훈련보다 더 시급하고 중요한 과제라고 생각한다. 상당수 목사가 목회하는 동기를 교회의 외형적 성장에 둔다. 그래서 교인들을 무슨무슨 (제자) 훈련이라는 명목하에 얼마나 들볶고 닦달하는지 모른다. 그나마 의식이 있는 목사들은 외형적 교회 성장 대신에 신자의 성숙이라는 캐치프레이즈를 내걸지만 역시 훈련이라는 명목하에 교인들을 쥐어짜내는 것은 엇비슷하다. 하지만 이런 목사들이 범하는 실수 및 착오는, 신도들이 아프다는 (그것도 아주 많이 아프다는) 사실을 간과하는 것이다. 아픈 병사가 있어야 할 곳은 의무실이지 연병장이 아니다. 그런데 교회에서는 그리스도의 군사를 만든다는 명분하에 아픈 신자들을 동원하여 유격장을 끊임없이 뺑뺑이 돌리려고 한다. 그 결과, 눈에 띄지 않는 곳에서 목사와 신자 모두 속으로 병이 더 깊어진다. 기실, 오늘날 한국교회 안에서 발생하는 온갖 병리현상은 다 이런 병이 여러 갈래로 도진 것에 지나지 않는지도 모를 일이다.

물론 그동안 소위 무슨 능력 받았답시고 열심히 약(?) 팔던 부흥사, 기도원 원장, 치유 장사로 일가를 이룬 목사들이 저지른 만행

(?)이 워낙 차고 넘치기 때문에 치유라는 말에 경기를 일으키는 분도 적지 않음을 잘 안다. 확실히 이런 못된 작태들에 대해서는 과감하고 단호한 정리가 필요하다. 하지만 목욕물을 버린답시고 아이까지 버릴 수는 없는 노릇이다. 전술한 한국사회의 정황과 이유 때문에라도 오히려 오늘날 한국교회가 시급히 회복해야 할 과제는 다름 아닌 치유의 소명과 책임이다. 예수 그리스도의 구원의 은혜는 단지 영혼만을 구원하는 것이 아니라 몸적 존재로 살아가는 우리의 전인의 갱생과 치유를 목표로 한다. 따라서 목사는 자신이 섬기는 공동체에 속한 구성원들의 전인 치유와 회복을 항시 염두에 두고 목회적 실천에 힘써야 한다. 그리고 그 치유와 회복이 전인과 관련된 것이기에, 거기에는 영적·신학적·인문학적·사회학적·의학적 학습과 이해가 필수며, 그것의 조화와 통합을 통한 통전적 접근이 요청된다. 목사님들의 관심과 분발이 특별히 요구되는 영역이라고 믿는다.

제 3 부

목사와 윤리

지금 사랑하고 있는가?

오늘 한국사회에서 개신교는 가장 대표적인 혐오 집단이 되어버렸다. 이에 대한 극명한 예가 이 땅에서 (개신) 기독교가 개독교로 불린다는 사실일 것이다. 본시 성서가 태동한 팔레스타인 세계에서 "개"란 혐오의 상징과 같은 동물이었다. 유대인들은 이방인, 죄인, 천한 사람들을 가리켜 개에 비유했다. 우리 문화에도 이상하리 만큼 개와 연관된 욕지거리가 많다. 지금 이 땅에서 기독교가 그런 유의 취급을 받는 것이다.

기독교인의 한 사람으로서 나는 솔직히 개독교란 말이 참으로 불편하다. 본시 기독이란 말은 그리스어 그리스도를 한자어로 번역한 것이다. 따라서 기독을 개독으로 고쳐 읽는 것은 예수 그리스도를 개에 비유하는 말에 다름 아니다. 정작 비난을 받아야 할 대상은 그리스도교 신자인데, 그리스도 본인이 개 취급을 당하는 현실을 보면서, 어찌 불편하지 않겠는가?

그럼 왜 이 땅에서 개신교가 개독교 취급을 받을까? 여러 이유가 있지만 그중 하나가 오늘 한국 개신교가 보여주는 혐오의 태도

제3부 목사와 윤리

때문이다. 이 땅의 수많은 기독교인들이 자신과 뭔가 다르다는 이유로, 타자를 향해 혐오의 감정과 언동을 여과 없이 배설하고 있다. 곧 같은 기독교 내에서는 말할 것도 없고, 기독교 밖의 세계를 향해 자신과 다르다는 이유로 비난과 정죄의 기름을 마구 붓고 심판의 불을 지피고 있다. 그 결과 그의 시선과 손길이 닿는 곳마다 폐허가 되어버린다.

그리고 그 정점 혹은 선봉에 바로 목사들이 있는 경우가 흔하다. 물론 모든 목사가 다 그렇지는 않다. 아니할 말로 목사들 중에 좋은 사람이 얼마나 많은가? 하지만 악화가 양화를 구축한다고, 대놓고 혐오의 언사를 남발하는 목사들 덕분에, 작금의 한국 개신교는 혐오의 대명사처럼 인식되고 있는 것이 사실이다.

상당수의 목사들이 세계와 인간에 대한 이해가 천박하고 조야하다. 신학적으로도 편협하고 거친 인식의 수준에서 못 벗어나는 경우가 비일비재하다. 이런 무지의 소치에서 비롯되는 인식의 궁핍과 불균형에 기초한, 그러면서도 자신의 경험과 주관이 절대 진리라고 착각하는 오만불손함을 앞세워 많은 목사들이 설교와 가르침을 빙자해 기독교를 혐오의 투사로 변질시켜버렸다.

그 결과가 무엇인가? 바로 개신교 자체가, 목사들 자체가 도리어 지독한 혐오의 대상이 되어버린 것이다. 목사와 교회가 타자를 혐오했더니, 결국 그 타자들이 목사와 교회를 혐오하는 세상이 도래한 것이다. 이를 두고 누굴 탓할 일이 아니다. 다 자기가 뿌린 대로 거두고 있는 것이다. 사자성어로 말하자면 자업자득이다.

지금도 수많은 교회에서는 자신들이 몸소 나서서 세상을 구원해야 한다고 믿고 주장한다. 기회가 닿을 때마다 직접 몸으로 부딪혀 전도를 실천하는 교회도 얼마나 많은가? 길거리에서 물티슈를 나눠주고 커피를 따라주며 "하나님은 당신을 사랑하십니다"라고 외치는 목소리를, 나는 오늘도 들었다. 하지만 이상하게도 그 말이 가슴에 와 닿지가 않는다. 그들의 가벼운 미소 뒤에 숨겨진 승리주의와 배타주의가 느껴져서일까, 아무튼 나는 길과 산울가로 나와 사랑을 외치는 사랑의 종교의 사람들에게서, 그다지 사랑이 느껴지지 않는다. 이것이 나만의 느낌일까? 그랬으면 좋겠다. 내가 이상한 사람이었으면 좋겠다.

하지만 바보가 아닌 이상 사람들은 다 안다. 개신교인들이 제아무리 사랑을 외치며 물티슈와 커피를 나눠줘도, 그들이 신봉하는 종교가 우리 사회에서 그다지 사랑의 종교가 아님을 말이다.

막스 뮐러가 쓴 『독일인의 사랑』에는 이런 대목이 나온다.

많은 사람이 기독교의 참된 교리를 받아들이지 못하는 까닭은, 우리의 마음 속에 계시가 나타나기도 전에 기독교가 먼저 계시를 가지고 다가오기 때문인 것 같아. 그 때문에 나도 꽤 불안했었어.

기독교인들이 아무리 노력하고 애써도 왜 사람들이 그들의 말

　　　　　　　　제3부 목사와 윤리

에 귀를 닫고 그들의 행동에 눈살을 찌푸릴까? 왜 사람들이 기독교의 전도 교리를 받아들이지 못할까? 뮐러의 표현을 패러디하자면, 그들이 우리를 통해서 사랑을 발견하기도 전에, 먼저 종교와 교리를 들이대기 때문이다. 그것도 무례하게 말이다.

바울이 고린도전서 13장에서 웅변하듯이, 뛰어난 설교도 사랑이 없으면 울리는 꽹과리와 같고, 박식한 신학 지식도 사랑이 없으면 아무것도 아니며, 수천 수만의 신도들을 모아 찬란한 왕국을 건설했다 해도 사랑이 없으면 아무런 덕스러움이 없다.

이제 와서 내가 어렴풋이 깨닫는 것은, 목사란 무엇보다 사랑의 사람이 되어야 한다는 것이다. 그는 하나님을 사랑하고 동료 인간을, 곧 자신의 신학적 기준에서 죄인이라고 생각하는 사람을, 자신의 사회적 기준에서 원수라 여겨지는 사람을 사랑하는 사람이어야 한다는 것이다. 목사는 세상을 사랑해서는 안 되지만, 그러나 세상에 존재하는 모든 생명을 사랑해야 한다. 교회는 사랑의 집이 되어야 하고, 목사와 신도는 사랑의 심부름꾼이 되어야 한다.

증오를 심으면 증오가 땅을 뚫고 고개를 내밀고, 혐오를 심으면 혐오를 거두며, 사랑을 심으면 사랑을 얻는다. 이것은 누구도 거스를 수 없는 삼라만상의 불변의 법칙이다. 한국 개신교는 지금 사랑을 심고 있는가, 혐오를 심고 있는가, 잘 새겨볼 일이다.

창작의 고통에 시달리는 이야기꾼

현대 프랑스의 위대한 사상가인 자크 엘륄은 "세계적으로 사고하고 지역적으로 행동하라"는 유명한 말을 남겼다. 그의 말을 좀 더 구체적으로 살펴보면 다음과 같다.

> 사실 나는 항상 "세계적으로 사고하고 지역적으로 행동하라"는 말을 실천하려고 노력한다. 나는 세계적으로 생각함으로써 모든 현상을 분석할 수 있다. 그러나 행동은 지역적일 수밖에 없고, 정직하게 실제적이고도 진실되게 기초적인 단계에서 이루어질 수밖에 없다. 나는 이것이야말로 우리 사회에서 일반적으로 사용되는 모든 과정의 행동들에 대한 도전이라고 믿는다.

"세계적인 동시에 지역적"이란 말을 달리하면 요즘 다양한 분야에서 유행하는 "글로컬"로 바꿀 수 있겠다. 주지하듯이 글로컬은 세계를 뜻하는 글로벌과 지역을 의미하는 로컬의 합성이다. 글로컬은 국제적 기준과 시선을 유지하면서도 지역적 특성과 필요를 충족시키자는 의미다. 나는 이 단어를 "큰 그림"과 "작은 그림"이란 표현으로 나눠 생각하고 싶다.

목사는 큰 그림과 작은 그림을 동시에 볼 수 있는 실력을 갖춰야 한다. 이를 최근 신학에서 자주 언급되는 방식으로 말하자면 큰 이야기와 작은 이야기를 함께 생각하고 또 그것을 구현해낼 수 있어야 한다.

큰 이야기 곧 큰 내러티브란 무엇인가? 바로 성서 전체의 이야기다. 흔히 성서의 이야기는 창조-타락-구속-완성이란 프레임으로 설명된다. 기독교의 구원은 일그러진 창조세계 전체의 회복과 구속을 목표로 한다. 하나님은 이를 위해 십자가에서 스스로의 생명을 희생하여 피조세계 전체의 화해와 평화를 견인한다. 따라서 목사는 세계 역사의 흐름과 국가 간 관계에서 발생하는 다양한 갈등과 대결과 충돌을 종말론적인 화해와 치유의 관점에서 재해석할 수 있는 비전과 목표를 놓치지 말아야 한다.

작은 이야기란 무엇인가? 두 가지로 나눠 생각해볼 수 있을 것이다. 첫째는 성서의 큰 내러티브가 주는 화해와 치유, 회복과 구속의 정신이 한반도의 상황에서 현실화될 수 있는 비전과 소명의식을 갖는 것이다. 둘째는 그런 성서의 정신이 자신이 섬기는 교회가 위치하고 있는 마을(동네)에서 현실화되도록 기획하고 실천하는 것이다.

그리고 이것이 성서적 의미에서의 "선교" 개념이다. 우리는 흔히 선교하면 해외에 전문 전도인을 파송해 교회를 세우고 현지인의 영혼을 구원하는 것으로 이해한다. 하지만 선교의 본래 뜻은 이보다 훨씬 더 포괄적이고 전체적이다. 선교란 말은 영어로 Mission이다. 영어 미션은 선교란 뜻과 함께 파송이란 뜻을 갖고 있다. 곧 선교는 보냄을 받는 것이다. 신약성서에서 파송(선교)의 근원적 모범은 성부께서 세상을 구원하기 위해 성자를 인간 존재로 세상에 파송하신 것이다. 하나님의 성자이신 예수가 세상에 오신 것은 단순히 인간의 영혼만을 구원하기 위함이 아니라 하나님이 만드시고 다스리시는 창조세계 전체를 구속하기 위함이다. 따라서 선교 곧 파송이란 창조세계 전체의 화해와 평화, 구속과 치유를 목표로 하는 일체의 활동이다. 목사는 이런 선교적 비전과 소명을 한반도에서, 그리고 자신이 목회하는 지역에서, 특히 마을 안에서 실행할 수 있는 전략과 내용들을 현실에 착근시켜야 한다.

그런데 이때 꼭 기억해야 할 것이 있다. 바로 이야기 곧 내러티브란 말이다. 선교, 즉 교회 공동체가 발을 딛고 살아가는 공간 안에서 하나님의 화해와 치유를 실천하는 것은 어떤 과시용 혹은 마케팅용 프로그램이나 이벤트를 개최하는 것이 아니다. 오히려 그것은 말 그대로 삶의 이야기가 되어야 한다.

그렇다. 교회의 화해와 평화의 사역은 오랜 시간에 걸쳐 꾸준히 그리고 신실하게, 때로는 짜릿하고 흥미롭게, 때로는 심심하고 밋밋하게 써내려가는 삶의 이야기가 되어야 한다. 특별히 교회와 지역(마을)이 하나가 되어 그 지역의 필요와 소명에 부합하는 따뜻하고 잔잔한 이야기를 써가는 것, 그것이 교회의 중요한 존재 이유다. 목사는 바로 그 이야기의 시나리오를 기획하고 집필해갈 수 있는 상상력과 감수성을 가진 자여야 한다. 물론 지역과 함께 만들어가는 교회의 이야기는, 필연적으로 열린 결말을 특성으로 할 수밖에 없다. 그것은 성령의 자유로운 인도에 자신을 맡기는 순례와 같은 것이다.

누구에게든 창작의 과제는 힘겹고 괴로운 일이다. 제아무리 타고난 재능을 가진 문학가라 할지라도 일필휘지로 작품을 완성하는 사람은 없다. 오히려 수많은 대중의 찬사를 받는 위대한 작품일수록 작가의 손에서 수없이 해체되었다가 복원된, 글의 죽음과 부활의 결정체다. 목사가 자신의 공동체와 더불어 마을과 함께 써내려가는 하나님 나라 이야기가 주는 창작의 고통도 마찬가지다.

그래서 우리는 너무 찬란한 작품을 욕심내서는 안 될 것이다. 욕심이 과할수록 죽음의 힘 또한 가까이 있다. 죽고 싶으면 대작에 도전하라! 오히려 한 편의 장대한 서사보다는 차라리 소박한 일기 혹은 자기 고백과 같은 글이 더 분수에 맞을 수도 있다. 어쨌거나 어떤 유의 글을 쓸 것인지는 각자의 분수와 양심에 비춰 스스로 결정할 일이다. 다만 우리에게 소망이 되는 것은, 목사가 자신의 이야기를 써가는 것 같지만 실상 그 이야기는 이미 저 하늘에서 대강의 윤곽이 결정되어 있다는 것이다. 우리 인간이 할 일은 그저 그 윤곽을 따라 천천히 그리고 꾸준히 빈칸을 채색하는 것이리라.

중립은 없다

사회적으로 심각한 이슈나 정치적 중대 사안이 발생할 경우, 통상 목사는 침묵을 강요당한다. 이때 동원되는 논리가 목사는 소위 세상 일에 직접 참견해서는 안 된다는 것이다. 혹은 교회 강단에서 정치적 의사를 표시하는 것은 덕이 안 된다는 것이다. 그것이 교회의 화평을 깨뜨린다는 논리도 동원된다. 그래서 목사에게 최선의 선택은 정치적 중립을 빙자하여 그저 침묵하는 것이다.

물론 (지역교회를 담임하는) 목사가 지나치게 특정한 혹은 편향된 정치적 의사 표시를 하거나 행동을 하는 것은 조심해야 한다. 하지만 만일 신도들이 목사의 정치적 행동에 대해 불편한 마음을 느낀다면 그건 이미 그 사람이 특정한 정치적 입장을 가졌기 때문이다. 이 사실 또한 놓치지 말아야 한다.

보다 더 많은 경우에는 목사가 먼저 자발적인 침묵을 스스로에게 부과한다. 그는 자신이 정치적 의견을 제출했을 경우 휘몰아칠 역풍과 후환이 두렵다. 그래서 차라리 입을 다무는 것이 상책이란 생각을 한다. 혹은 교회의 단합과 안정이 중요한 마당에 괜한 평지

제3부 목사와 윤리

풍파를 자초할 이유가 없다고 스스로를 합리화한다. 하지만 대개의 경우 그 합리화의 이면에는 자신의 목사직에 대한 안정 욕구와 교회 성장에 대한 욕망이 혼재하고 있다. 이처럼 목사의 사회적·정치적 "중립 의무"(?)는 그 저간에 다분히 정치적인 요소가 깔려 있다.

나는 목사가 사회에서 일어나는 모든 일들에 대해 관심을 두고 시시콜콜 코멘트를 하는 것에 대해서는 꽤 부정적이다. 그의 일차적 소임은 정치평론가나 언론사의 논설위원이 아니기 때문이다. 하지만 만일 목사에게 일체의 정치적 사안이나 사회적 이슈에 대해 일방적으로 기계적인 중립을 요구한다면 그에 대해서는 찬동할 수 없다. 목사의 책무 중 하나는 자신이 몸담고 있는 세계에 대한 예언자적 역할을 수행하는 것이기 때문이다.

목사에게 요구되는 덕목은 정치적 중립이 아니라 차라리 정치적 균형일 것이다. 우리가 살아가는 세상은 결코 중립적이지 않다. 우리가 발을 딛고 있는 세상은 힘 혹은 부의 무게중심이, 그리고 이런 기제들이 만들어내는 수많은 사회적 파장들이 한쪽으로 심하게 기울어진 운동장과 같다. 우리 한국사회만 해도 소수의 유력자와 다수의 무력자들 사이에 경사가 심하게 기울어져 있다. 이런 세상에서 목사는 기계적 중립을 강요당하거나 자처하는 사람이 되어서는 안 된다. 오히려 적극적으로 나서서 기울어진 운동장 또는 기울어진 시소의 균형을 최대한 맞추기 위해 양심적으로 발언하고 행동하는 자가 되어야 한다. 그래서 목사의 예언자적 목회는 중립적이기는 고사하고 도리어 편파적일 수밖에 없다. 그는 가난한 사람, 억울한 사람, 슬픈 사람, 버려진 사람, 쫓겨난 사람, 갇힌 사람, 죽어가는 사람들 편에서 목소리를 높이고 주먹을 흔들며 발을 구르는 자로 존재해야 한다. 그래야 그나마 최소한의 사회적·정치적 균형이 잡힌다. 말 그대로 최소한이다. 하지만 이마저도 하지 않는다면 세상은 갈수록 더욱 가파른 낭떠러지로 돌변할 것이다.

더 나아가, 목사는 힘과 부의 균형뿐 아니라 옳고 그름에 있어서도 (사회적 균형을 위해) 편파적이어야 한다. 세상은 의와 진리의 차원에서도 한쪽으로 심하게 기울어진 운동장이나 시소와 같다. 즉 악과 불의, 거짓과 기만의 힘은 더욱 기승을 부리는 반면 의와 진리는 툭하면 짓밟히고 업신여김을 당한다. 이런 세상에서 목사는 의와 진리의 편에 서서, 불의하고 탐욕스런 세상을 향해 의와 진리를 발언하고 또 그것을 위해 투쟁하는 자가 되어야 한다. 그래야 최소한이나마 이 세상이 인간의 얼굴을 한 공간으로 존재할 수 있다. 이처럼 목사는 자신에게 부과되는 윤리적 중립이란 허상을 거부하고 오히려 한 사회의 윤리적 균형을 바로잡기 위해 날카롭게 기울어진 시소 위에서 최선의 고투를 감행하는 자여야 한다

목사의 이런 편파적 삶은 그 자체로 신적인 연원을 갖는다. 왜냐하면 성서를 통해 자신을 계시하신 하나님 스스로가 고아와 과부의 편에 서서, 의와 진리의 편에 서서 편파적으로 행동하시는 분이기 때문이다. 성서의 하나님은 철학자들의 관념 속에 떠다니는 형이상

학적 유령이 아니라, 역사 속에서 가난하고 슬픈 자들을 위해 편파적으로 행동하는 정치적 존재이시다. 교회 공동체는 그 성서의 하나님과 함께 역사의 좁은 길을 종단하는 순례의 공동체가 아니던가.

물론 이런 삶에는 대가가 따른다. 목사가 사회적 약자들을 위해, 또 불의와 맞서 싸우기 위해 발언하고 행동할 때 모든 사람이 박수치고 응원하는 일은 절대 일어나지 않는다. 현실은 정반대다. 정치적 중립을 내세워 자신의 비겁한 양심과 교회 성장의 욕망을 은폐한 목사들에게는 찬사가 뒤따르지만, 사회적 균형을 위해 용기를 내서 발언하고 행동하는 목사에게는 정치 목사란 불온한 딱지가 붙는다. 그 결과 사람들이 얼굴을 붉히며 따지거나, 뒤돌아서 등을 보이고 앉거나, 비아냥거리며 떠나거나, 최악의 경우 그 자신이 추방되기도 한다. 그것은 누구에게나 괴로운 상황이 분명하다. 하지만 바로 이 순간에 목사 됨의 진가가 증명될 것이다. 사회적 약자 편에서 말해야 할 때 도리어 일신의 안위와 생존을 위해 침묵을 선택하는 자에게 목사직이란 결국 밥벌이의 수단일 뿐이지만, 그때 자신의 목사직을 걸 수 있는 사람이야말로 진정 예수의 제자로 자리매김할 것이다.

목사에게 정치적 중립이란 없다. 오직 정치적 중립이란 신화만 강요될 뿐이다. 허나 그가 진짜 목사라면 정치적 중립이란 거짓 신화를 거부하고 신화의 세계에서 역사 속으로 들어와 사회적 책임을 다하는 윤리적 존재가 될 때야 비로소 목사다운 목사가 될 것이다.

시민종교라는 우상

목사가 가장 조심해야 할 것 중 하나가 "우상숭배"다. 우상숭배는 보통 어떤 특정한 형상을 지닌 사물로 표현되기도 하지만 권력, 돈, 명예와 같은 무형의 힘으로 나타나기도 한다. 이것들은 인간의 순종과 충성을 요구한다. 목사는 하나님 대신 이런 것들을 섬기지 않도록 조심해야 한다. 동시에 그는 시민종교라는 우상을 숭배하지 않도록 경계해야 한다.

시민종교란 한 사회가 떠받들고 있는 어떤 지배적인 체제나 이념 혹은 문화와 관습 및 사상 등을 의미한다. 시민종교는 월터 윙크가 말한 "한 사회의 집단적 사로잡힘"과 같은 성격의 것이다. 이것은 그 사회의 구성원들에게 철저한 순종과 충성을 요구한다. 그리고 이를 위해 온갖 정교한 선전선동을 동원하여 구성원 전체의 눈과 귀를 사로잡으며, 예배에 버금가는 경배와 헌신을 명령한다. 만일 이를 거스를 경우 배교자, 이단, 악의 세력으로 간주되어 무참한 보복과 탄압이 뒤따른다.

신약성서에서 이런 시민종교의 위력과 폐해가 가장 극명하게 나타나는 곳은 요한계시록이다. 요한계시록에 소개된 시민종교는 기원후 1세기 지중해 연안 세계 전체를 지배한 황제숭배란 종교였다. 로마 황제는 스스로 신의 현현을 자처하는 존재다. 로마 황제를 경배하고 그에게 순종하는 자들에게는 체제 내에서의 안정과 보상이 주어지는 반면, 그에 반대하는 자에게는 무참한 응징과 처벌이 가해진다. 이런 상황에서 로마 제국 내에 산재한 초기 교회 신자들은, 로마 황제를 숭배함으로써 목숨을 연명하며 안정된 생활을 유지할 것인지, 아니면 주 예수 그리스도에 대한 충성을 고백하고 탄압과 순교를 기꺼이 받아들일 것인지, 양단 간의 선택에 직면했다. 과연 어떻게 해야 하는가? 요한계시록의 저자는 용(사탄)의 화신인 황제숭배 종교를 따르지 말고 어린양이신 예수 그리스도의 십자가의 종교를 따르라고 촉구한다.

20세기에 발생한 가장 극면한 시민종교의 한 가지 예는 독일의 나치즘이다. 히틀러가 독일을 장악했을 때, 독일의 (거의) 모든 신학자, 목사, 기독교인들이 그를 열렬하게 환영하고 지지했다. 이들은 새로운 메시아인 히틀러를 통해 이 땅에 하나님 나라가 도래할 것으로 오판했다.

독일 베를린에 위치한 루터기념교회에는 히틀러 시대에 만들어진 세례반이 지금도 남아 있다. 루터기념교회는 당시 히틀러 체제를 앞장서서 선전하던 도구였다. 그곳에 있는 세례반 정면에는 독일군 장교의 모습이 새겨져 있다. 본시 세례란 주 예수 그리스도께서 우리의 죄를 대신하여 죽고 부활하신 것을 믿음으로써 그분과 연합하여 새로운 생명을 얻는 것을 신학적으로 극화한 것이다. 따라서 기독교 세례의 주인공은 예수 그리스도시다. 그런데 그 세례반 중앙에 나치의 상징인 독일군 장교의 모습이 새겨져 있다는 사실을 통해, 우리는 히틀러 시대의 시민종교인 나치즘 앞에서 독일 교회가 영적으로 얼마나 무기력했는지를 분명히 알 수 있다.

하지만 그 시대의 모든 그리스도인이 히틀러가 창시한 시민종교를 숭배한 것은 아니었다. 신학자 칼 바르트와 본회퍼 등이 주축이 된 고백교회 신자들은 히틀러 체제에 맞서 강력한 저항운동을 펼침으로써 용과 짐승을 따르는 대신, 어린양이신 예수 그리스도를 따르는 길을 선택했다. 물론 그로 인해 이들은 심각한 대가를 지불해야 했다. 바르트는 교수직을 잃고 스위스로 추방되었으며, 본회퍼는 형장의 이슬로 사라졌다.

독일 부퍼탈에 위치한 고백교회 앞에는 바르멘 선언 기념물이 서 있다. 바르멘 기념 선언물 앞면에는 오른손을 높이 들고 "하일 히틀러"를 외치는 수많은 사람들(신학자, 목사, 그리스도인 포함)이 조각되어 있고, 그 뒷면에는 서로 어깨를 부둥켜안고 위로하며 견디는 소수의 고백교회 회원들이 조각되어 있다.

그렇다면 21세기 대한민국 사회를 지배하는 혹은 추동하는 시민종교에는 무엇이 있을까? 돈을 숭배하는 천민자본주의, 이와 관련한 박정희식 경제개발만능주의, 이데올로기로 사람을 편가르고 정죄하는 반공주의, 출신 지역별로 정치적 이해관계를 달리하는 지역주의, 스펙을 우상시하는 학벌주의 등등을 꼽을 수 있을 것이다. 한국 현대사에서 이런 시민종교들은 한국인의 비판정신을 마비시키고 무조건적인 순종과 순응을 요구했으며 만일 이를 거스를 경우 온갖 유무형의 보복과 손해를 가했던 사회적(집단적) 힘들이었다. 목사는 이런 것들이 하나님의 자리를 대신하여 사람들의 충성과 순종을 독점하지 않도록 분별하고 경계해야 한다. 그리고 필요할 경우 이런 시민종교에 맞서 저항해야 한다.

한 시대 혹은 한 사회를 압도적으로 지배하는 시민종교는 그 자체로 막강한 "권위"를 갖는다. 유감스럽게도 지금껏 그리고 지금도 수많은 목사들이 이 시민종교의 권위 앞에 고개를 숙이고 다양한 변증 방법을 동원하여 그것의 정당성을 변호하고 지지하기에 바쁘다. 이것이 한국 기독교의 비극이다. 하지만 신학자 바르트의 말을 빌리자면 "권위가 계시를 판단하게 내버려둬서는 안 되며, 오직 계시가 권위를 판단할 수 있게 해야 한다."

따라서 목사는 하나님의 계시의 말씀에 비추어 현대사회의 정신과 구조, 권위와 힘이 어떤 성격의 것인지를 분별하여 그 권위의 옳고 그름을 파악하면서 그에 비판적으로 대응하는 삶을 살아야 한다. 그와 그의 공동체는 현대의 용들이 그리스도의 몸에 낙인찍으려는 다양한 종류의 666을 거부하고 오직 참메시아이신 어린양 예수를 따르길 고백하고 고투하는 존재가 되어야 한다.

도시의 영성

근대 이후 세계의 가장 큰 특징이 도시의 대량 출현과 확장에 있다는 데에는 큰 이견이 없다. 지난 100년간 전 세계적으로 도시화가 성취되었으며 이 현상은 지금도 현재진행형이다.

한편으로 인간의 삶의 공간이 숲에서 촌락으로, 촌락에서 도시로 이행되는 것은 성서의 비전과 일맥상통한다. 구약성서 창세기에서 인간의 삶은 동산에서 시작되어, 신약성서 요한계시록에 이르러 인간의 최종적 삶의 도착점은 하늘에서 내려오는 새로운 도시에 대한 비전으로 갈무리된다. 이처럼 인류에게 도시화는 피할 수 없는 궁극의 숙명과 같다.

도시란 무엇인가? 도시는 단순히 인간들이 함께 모여 살아가는 삶의 터전이 아니다. 도시는 그보다 훨씬 복잡하고 다층적이며 다차원적인 실재다. 도시는 역사, 문화, 자본, 정보, 기계, 권력, 예술, 여행, 정주, 욕망, 배제, 소외 등등 인간 삶의 모든 측면이 응축되어 있는 "공간 인격"이다. 도시는 시간(역사)과 공간(문화)이 합종연횡하며 새로운 권능을 가진 인격으로 존재하는 곳이다. 따라서 도시에는 필연적으로 모종의 영성이 도사리고 있다.

거칠게 표현해 도시는 근대 세계의 산물이다. 서구에서 중세의 장원이 붕괴되며 새로운 도시들이 출현한 이후 산업혁명을 거치면서 도시의 거대화·집약화·권력화 현상이 가속화되었다. 그리고 새로운 형태의 도시의 출현은 근대 이후의 정신인 개인주의, 민주주의, 다원주의와 연동되어 새로운 인간상 및 삶의 스타일을 끊임없이 주조해냈다. 이 과정이 점진적이고 안정적일수록 도시가 내포하고 있는 모순과 갈등의 진폭도 상대적으로 적으며 또 그것을 해결할 수 있는 여지도 더 늘어난다. 하지만 도시의 형성 과정이 단기간에 걸쳐 급격하게 이루어질 경우 그 도시에 잉태된 모순과 갈등은 훨씬 더 복잡한 양상을 띤다. 한국의 거대 도시들이 갖고 있는 문제의 연원이 여기 있다.

도시가 근대의 산물이라는 것은 도시의 영성에 있어 중요한 함의를 지닌다. 주지하듯이 근대는 인간 이성이 절대 우위를 지향하는 시대다. 이성의 칼날에 의해 전통적인 종교는 자취를 감추거나 주변부로 급격히 밀려났다. 그리고 그 자리를 대신해 다양한 새로운 신들이 출현했는데 그중 하나가 바로 도시 자체다. 이제 도시가 신이다. 도시는 인간이 거주할 만한 가장 이상적인 공간으로 자리매김했으며, 인간에게 새로운 경험을 제공하고 욕망을 충족시킬 뿐 아니라 인간의 삶 전반을 통제한다는 점에서 새로운 신이다. 그리하여 인간은 도시를 섬기며, 도시 안에서 가장 편안함을 느낀다. 그러나 모든 우상이 그렇듯이 새로운 우상인 도시 역시 그 부작용과 폐해가 만만치 않다. 도시에서 안식과 구원을 얻기를 희구하는 인간이 결국 도시에서 얻는 것은 좌절과 공허다. 인간은 그 빈틈을 메꾸기 위해 도시 안에서 수많은 작은 신들을 만들어내며 그 신들 각각은 서로 매섭게 경쟁한다. 그 신들의 경쟁 사이에서 인간은 쉼없이 내달리며 그러다 점차 고갈되고 소진된다. 이것이 도시에서 살아가는 인간의 현실이다.

도시화 시대의 인간 실존 및 그 실존이 초래하는 영적인 문제들은 교회에 새로운 기회를 제공하는 동시에 위기의 근원이 되기도 한다. 따라서 목사는 이런 도시적 현상에 대한 이해와 더불어 도시 영성에 대한 나름의 비전과 철학을 견지해야 한다. 사실상 오늘날 절대다수의 교회들이 이러저러한 형태의 도시에 존재하지 않는가! 이제 도시를 이해하는 것은 선택이 아닌 필수다.

그러나 지난 반세기를 돌아볼 때 한국 개신교의 도시 목회는 철저히 실패했다고 해도 과언이 아니다. 한국 개신교의 도시 목회란 것은 기껏해야 도시가 확장될 때 미리 부동산 정보를 취득하여 좋은 목을 확보하거나, 아니면 특정 지역이 재개발되고 재건축될 때 결사적으로 종교 부지를 확보하는 데 혈안이 된 것 그 이상도 이하도 아니었다. 그리고 이런 식의 메커니즘 속에서 급성장한 교회들은 자신이 오롯이 도시라는 신의 은총을 입었다는 것은 애써 무시하거나 망각하고, 그것을 목사 개인의 출중한 영성이나 그를 향

한 하나님의 특별한 계획 내지 사랑 탓으로 돌리는 모습으로 일관
했다. 도시라는 신의 그늘 속에서 성장한 목사 개인을 또 하나의 작
은 신으로 만들어 섬기는 이런 식의 신앙이야말로, 실상 도시 안에
서 막대한 인력과 자원을 보유하고 있음에도 불구하고 그 도시의
변혁을 위해 아무런 역할도 할 수 없는 교회의 실패의 한 뿌리인 것
이다.

어쨌거나 더 늦기 전에 도시에 본적을 둔 교회와 목사들은 도시
에 대한 사회학적·인류학적·신학적 퍼스펙티브를 학습하고 개발
해야 한다. 그것은 크게 세 가지 방향으로 진행될 수 있을 것이다.

첫째, 도시 안에서 살아가는 사람들을 향한 새로운 신학적 개념
과 아이디어를 창조하는 것이다. 가령 종교개혁 시대에 새롭게 조
명받은 "칭의" 개념이 주로 하나님의 법정에서 인간이 무죄방면되
는 것에 초점을 맞췄다면, 현대의 도시 안에서 살아가는 사람들이
겪는 실패와 좌절 앞에서 하나님이 그들의 경력이나 성취 혹은 소
유 여하에 상관없이 오직 믿음으로 의롭다고 여겨주시는 칭의 교리
의 확장이 얼마나 절실한가?!

둘째, 소음과 과도한 노동과 자본의 폭정에 시달리는 도시인들
에게 어떻게 침묵, 성찰, 관조, 관상의 기회를 제공하여 안식의 의미
를 되살릴 수 있을지 그 구체적인 방안을 고민할 필요가 있다.

셋째, 정부 및 시 단위에서 추진하는 도시재생사업에 참여하거
나 혹은 교회 자체가 새롭게 변모해가는 도심 안에서 스스로 먼저

존재방식을 탈바꿈함으로써 지역사회와 따뜻하게 공명·공존할 수 있을지를 모색할 수 있을 것이다.

목사(교회)가 범하기 쉬운 가장 큰 오류는 교회 주변의 사람들을 하나의 대상 혹은 사물로 인식하는 것이다. 즉 교회 주변의 사람들을 그저 전도의 대상 또는 교회당 안으로 끌어들여 교회를 성장시키기 위한 수단으로만 간주하는 것이다. 이렇게 해서 사람의 고유한 인격과 가치는 사라지고 오직 획일화된 대상만이 범람한다. 이것이 현대 한국 개신교회의 비극이자 현실이다.

이제는 이런 저열한 사고방식과 시선을 버려야 한다. 그리고 도시 안에서 살아가는 이웃들에게 교회가 어떤 의미, 어떤 새로운 관계, 어떤 치유의 힘 그리고 변혁의 비전 안에서 함께 친교하고 더불어 살아갈 수 있을지, 어떻게 종말의 새하늘과 새땅으로 상징되는 새로운 도시가 지금 여기서 맛보기로나마 가시화될 수 있을지 진지하게 고민하고 학습하며 실천하는 노력이 절실하다.

축귀 사역

서울 구로구에 있는 모 교회를 개척한 김 모 목사는 축귀 사역을 통해 일약 유명인이 되었으며, 그가 담임한 교회는 축귀 사역을 통해 초대형교회가 된 케이스다. 그의 귀신론은 다수의 정통 교단으로부터 오래전부터 이단 판정 시비에 휘말렸는데 특별히 두 가지 면에서 심한 논쟁을 야기했다. 첫째, 귀신이 죽은 자의 혼령이라는 그의 주장은 성서와 신학자들의 지지를 받지 못했다. 둘째, 인간을 둘러싸고 일어나는 모든 현상이 귀신의 작용이라는 그의 주장은 다분히 반성서적·반인간적·반문화적이다.

최근 모 공영방송은 김 모 목사를 둘러싼 추문에 대해 심층취재한 방송을 내보냈다. 방송에 나온 그의 행적은 그야말로 엽기적이란 말 외에 달리 표현할 말이 없을 정도였다. 방송을 통해 정체가 드러난 그는 귀신을 내쫓는 목사가 아니라, 귀신에 사로잡힌 목사 그 이상도 이하도 아니었다.

신약성서 복음서를 보면 예수의 사역의 주요 임무 중 하나가 축귀 사역이다. 예수는 하나님 나라를 선포하면서 그에 대한 증표로 귀신을 내쫓는다. 또한 예수는 자신의 제자들에게도 동일한 임무를 부여했다. 마가복음 3:13에는 예수의 제자들의 임무가 이렇게 소개된다. "이에 열둘을 세우셨으니 이는 자기와 함께 있게 하시고 또 보내사 전도도 하며 귀신을 내쫓는 권능도 가지게 하심이라."

예수의 제자들은 1) 예수와 함께 있으며, 2) 전도에 힘쓰며, 3) 귀신을 내쫓는 자들이다. 이 사명은 오늘날의 교회에도, 그리고 교회를 섬기는 목사들에게도 공히 적용되는 말씀이다. 목사의 임무 중 하나는 귀신을 내쫓는 것이다.

그런데 축귀 혹은 축사라는 말을 듣는 순간, 많은 사람들이 이 용어에 대해 심한 거부감을 느끼는 것이 사실이다. 이 말은 마치 무슨 전설의 고향에 나오는 황당한 이야기 같은 느낌을 준다. 사탄 혹은 그것의 졸개인 귀신이 실재하느냐를 둘러싼 논쟁은 교회사에서 하루이틀 된 문제가 아니다. 한쪽에서는 그것이 신화적 표현이라고 치부하는가 하면, 다른 한쪽에서는 이를 문자 그대로 받아들인다. 과연 진실은 무엇일까? 아마 이를 둘러싼 가장 유명한 논쟁 중 하나는, 현대 신학자 불트만과 바르트 사이에 있었던 논쟁일 것이다.

루돌프 불트만은 신약성서에 나오는 사탄적 존재는 1) 인간이 세계와 그의 미래를 지배하는 일에 무능하다는 표현으로, 또한 2) 실존적 해방에 대한 요청의 표현으로 이해했다. 그러나 칼 바르트는 신약성서 저자들의 세계관이 마술적이라는 평가에 강하게 반대하면서, 오히려 기원후 1세기의 저자들이 과학시대를 사는 우리들

제3부 목사와 윤리

보다 덜 방해를 받았으므로 더 많이, 더 분명히 보았으며, 실재에 더 가까이 다가갔다고 주장했다.

개인적으로 나는 사탄 혹은 귀신의 존재를 확고히 믿는다. 이것은 나의 성서관에서 비롯되는 신앙고백이기도 하지만 동시에 내가 오랫동안 목회를 하면서 실제 현장에서 보고 겪은 경험에 근거한다.

나는 목사의 임무 중 하나가 귀신을 내쫓는 것이 되어야 한다고 굳게 믿는다. 실제로 오늘날에도 목회 현장에서, 그리고 선교의 최전선에서는 이와 같은 영적인 문제로 고통을 당하고 있는 사람들이 적지 않다. 따라서 목사는 "주 예수 그리스도의 이름"의 능력으로 귀신을 제압하고 귀신에 의해 고통을 당하는 자들을 해방시켜야 한다. 그는 이를 위해 "기도와 금식"에 정기적으로 힘쓰는 삶을 살아야 한다.

하지만 여기서 매우 조심해야 할 것이 있다. 하나는 귀신들림과 정신적 질환을 구별할 줄 아는 분별력을 갖춰야 한다는 점이다. 현대인들이 겪는 정신 질환의 상당수는 귀신들림에서 비롯된 것이 아니라 호르몬의 이상이나 뇌의 기능저하로 인한 것이다. 이 경우 약물치료나 상담이 더욱 효과적이다. 또 하나는 가령 내적 치유나 가계에 흐르는 저주를 끊어야 한다는 주장에서 볼 수 있듯이 인간사의 모든 어려움과 불행을 오로지 귀신의 탓으로 돌리는 것은 매우 위험한 일이다. 이런 식의 사고와 행위는 귀신을 내쫓는 것이 아니라, 자신의 삶의 모든 부분을 귀신의 활동과 연관지어 판단함으로써 오히려 귀신의 지배 아래로 더 깊이 들어가는 어리석은 행위다. 따라서 목사는 이런 부분을 잘 분간하여 교회를 올바로 인도해야 한다.

하지만 목사가 축귀 사역의 사명을 감당해야 한다는 말은 단순히 개인이 겪고 있는 정신적·심리적 문제를 해결하는 것에 국한되지 않는다. 그의 축귀 사역은 훨씬 더 큰 차원을 대상으로 한다. 바로 신약성서가 "정사와 권세"라고 부르는 것들이 실재하는 영역이다. 신약성서가 말하는 정사와 권세는 사탄의 지배를 받는 강력한 영적 실체를 의미한다. 그것은 1) 인격적이며, 2) 정부, 법, 언론, 기업, 종교 등과 같은 제도로 나타나며, 3) 그런 제도를 통해 모종의 영성을 창조하여 유포한다.

신학자 월터 윙크는 이런 정사와 권세에 의한 세 가지 사로잡힘을 논했다. 첫째, 개인의 외적 사로잡힘으로, 통상 우리가 귀신들림이라고 말하는 현상을 뜻한다. 둘째, 개인의 내적 사로잡힘으로, 인간 내면에 존재하는 악한 성향이나 습성을 의미한다. 셋째, 집단적 사로잡힘이 있다. 이것은 "사회적으로 공유된 정신병리현상"을 의미한다. 쉽게 말해 사회적 광기다. 히틀러 시대의 나치즘 같은 것이 좋은 예다.

정사와 권세는 인간 개개인의 내면을 파괴할 뿐 아니라, 한 국가 안의 주요한 제도와 기구를 통해서 수많은 사람의 삶을 파괴하는 일을 서슴지 않는다. 구체적으로는 악한 정부의 출현을 통해, 악법을 통해, 거짓과 불의의 유포를 통해, 기업의 악덕 행위를 통해, 사회적 갈등과 대결을 통해 사람들의 인권을 억압하고 생명을 유린하며 평화를 제거한다. 그리고 이런 악한 행위를 정당화하고 지지하도록 사람들의 마음을 집단적으로 미혹한다.

따라서 목사는 바로 이 영역에 대한 축귀 사역을 실행하는 자가 되어야 한다. 그가 섬기는 교회는 국가-사회 전반을 지배하는 악한 힘들이 결박되고 추방되도록 기도와 금식에 힘써야 할뿐더러, 선한 정부를 선출하고, 악법을 철폐하며, 인권을 증진시키고, 기업의 윤리적 활동을 감시함으로써 이것들의 배후에 실재하는 정사와 권세를 결박할 수 있다. 또한 한 사회의 구성원들을 잘못된 길로 인도하는 나쁜 정신들과 맞대결을 펼쳐 그것들을 바로잡음으로써 정사와 권세의 희생자가 된 사람들을 해방시킬 수 있다. 그리고 이를 통해 그 목사와 교회는 주 예수의 통치권이 만물 위에 분명히 나타나도록 힘쓸 수 있다.

이중 언어 구사 능력

구약성서 창세기 11장에 보면 바벨 요새에서 벌어진 언어의 균열 사건이 소개된다. 인간 세계의 분열과 대립은 언어의 분리 및 균열에서 비롯되었다는 것이 바벨 요새 사건의 요지다. 그렇다. 사람은 말이 안 통하면 나뉘고 싸우게 되어 있다. 혹은 양자의 골이 깊어지면 말이 서로 멀어지게 되어 있다. 고로 언어의 거리는 관계의 거리에 비례한다고 하면 지나친 말일까.

한국 개신교회가 직면한 큰 문제 하나는 시민사회와 공유할 수 있는 어휘가 극도로 제한되어 있다는 것일 게다. 가령 구속, 칭의, 견인과 같은 교회 내부용 언어를 시민사회에서 제대로 이해하고 수용할 수 있는 사람이 얼마나 될까? 아마 거의 없을 것이다. 이처럼 개신교회의 용어 대부분이 일종의 언어적 자폐 현상을 겪고 있다. 바꿔 말하면 언어의 게토화에 빠져 있다. 그리고 이런 언어의 고립 및 유폐 현상은 시민사회와의 괴리와 불화를 더욱 촉진한다. 즉 교회의 언어와 일상의 언어의 거리가 멀어질수록 자연스레 교회와 시민사회의 거리감 역시 커질 수밖에 없다. 그 결과 교회에서 주로 사용하는 단어들의 뜻과 용례는 종교적 성스러움이란 옷을 걸치고 있을 뿐, 실제로는 그 알맹이가 부재한 공허하기 그지없는 음가에 지나지 않는다. 이것이 오늘날 개신교회 용어의 현실이다.

목사의 책무 중 하나는 바로 이런 간격과 괴리를 좁히는 것이다. 곧 그는 교회의 고유한 언어들을 시민사회의 용어들로 끊임없이 번역하고 창안하는 노작을 감당해야 한다. 그리하여 교회의 언어적 자폐 현상을 교정하고 치유하는 동시에, 교회 고유의 언어들을 현대화·일상화해야 한다. 나는 이런 목사의 책무를 이중언어의 구사 책임이라고 부르고 싶다.

흔히 이중언어를 구사한다는 것은 두 가지 언어 이상을 능숙하게 사용한다는 뜻이다. 그것은 낮은 단계에서는 서로 다른 두 언어를 음운과 의미의 수준에서 일대일로 대응시키는 것이고, 보다 높은 단계에서는 양자의 기능과 내용을 통합하고 혁신하는 것이다.

대다수 목사들은 교회 내부 언어를 사용하는 일에만 숙달되어 있다. 심지어 그들은 교회 고유의 언어를 시민사회 영역에서까지 막무가내식으로 사용하려고 한다. 그들은 자신들에게 익숙한 언어가 상대에게는 일종의 방언 내지 외계어로 들릴 수밖에 없다는 사실이 초래하는 불협화음이나 위기를 인식조차 못할 때가 많다. 하지만 이제라도 목사들은 이 문제의 심각성을 포착하고 더 늦기 전에 교회 용어를 시민사회에서 통용될 수 있는 언어로 번안 및 창안하려는 해석학적인 노력을 기울어야 한다.

나는 이중언어를 습득하기 위한 치열한 노력에 대한 좋은 실례로서, 한국교회 초기에 내한했던 선교사들이 어떤 방식으로 한국 문화와 언어를 익혔는지를 소개하고자 한다.

한 세기 이전 한국에 온 선교사들은 통상 5년간에 걸쳐 한국어와 문화를 익혀야 했다. 그들은 내한 첫 해에는 한국어 문법, 마가복음 1장 한글 번역, 주기도문 외우기, 한국어로 인사하고 자기소개하기 등을 배워야 했다. 이들이 한국어를 배울 때 제일 먼저 본 책이 평양의 베어드 부인이 쓴 *Fifty Helps: For the Beginner in the Use of the Korean Language*였는데 여기 보면 한국어의 낮춤말, 예사말, 높임말에 대한 용례가 자세히 소개되어 있다. 예컨대 "하다" 동사는 낮춤말에서 "하다/한다, 하였다, 하겠다, 하여라, 하자, 하는, 한, 할, 하던, 하였던, 하여, 하야, 하여서, 하기, 함" 등 16개의 변형이 있었으며, 이것이 예사말에서는 "하오, 하였소, 하겠소"로, 높임말에서는 "함내다, 하였습니다, 하겠습니다, 하시오, 합시다"로 변형되었다. 선교사들이 이런 동사 변화와 경어법을 익히는 데는 탁월한 언어감각뿐 아니라 각고의 노력이 수반되었음은 두말할 나위가 없다.

2-5년 차에는 한국지리 익히기, 한국어로 기도하기, 한글 복음서 본문 외우기, 한글 소설 읽기, 한자 익히기, 국한문 읽기, 한문 복음서 읽기, 유교의 고전(2년 차에 오륜행실도, 5년 차에 중용) 읽기 등이 필수였으며 매년 이론과 실습 시험을 봐서 통과해야 그다음 과정

에 입문할 수 있는 자격이 주어졌다. 또한 선교사들은 복음서에 나오는 씨뿌리는 비유를 한국어로 이야기하는 시험을 치르기도 했다. 한국교회 초기 선교사들은 이런 훈련 과정을 통과해야 복음 전파에 매진할 수 있는 기회와 자격이 주어졌다(옥성득,『다시 쓰는 초대 한국 교회사』, 157-167쪽).

과연 오늘날 한국 개신교회의 목사들이 자기 고유의 종교 언어뿐 아니라 일반 시민사회의 공용언어를 능숙하게 사용하기 위한 감각과 실력을 키우기 위해 이 정도의 노력을 기울이고 있는가? 유감스럽게도 이 질문에 대한 답은 극히 부정적이다. 그리고 이런 무책임과 무감각이야말로(나는 이를 목사들의 게으름 탓으로 돌리고 싶다) 교회와 시민사회의 괴리를 부추기는 일등 공신 중 하나다. 따라서 이 문제는 한국 개신교회가 반드시 극복하고 해결해야 할 당면 현안 중 대표적 과제임이 틀림없다.

더 나아가 목사는 교회가 물려받은 기독교 고유의 종교 언어(신학 어휘)들이 천상에서 뚝 떨어진 고정불변의 계시 용어가 아니라 실제로는 그 용어가 탄생한 시대와 지역의 삶의 정황에서 불가피하게 주조되고 탄생한 인간의 언어라는 점을 직시하고, 따라서 이를 현대화하고 상황화하는 작업에 최선의 노력을 기울일 필요가 있다. 쉽게 말해, 오늘날 교회에서 사용하는 과거로부터 물려받은 용어들을 마치 우상처럼 절대적으로 떠받드는 것이 아니라, 그것의 본의를 충분히 살리는 동시에 그 언어가 21세기 한반도에서 어떤 유의 개념과 단어로 번안될 때 일반 대중에게 가장 효과적으로 이해될 수 있을지를 깊이 고민하면서 이의 해결에 창조적 열정을 쏟아부어야 한다. 이처럼 목사가 수행해야 할 종교 언어와 일상 언어의 거리감 줄이기 작업은 공시성과 통시성을 함께 충족시켜야 할 지난한 작업임이 틀림없으나 그럼에도 반드시 시도해야 할 과제다.

그렇다면 어떻게 해야 목사가 이중언어를 일정 수준 이상으로 자유롭고 적확하게 구사할 수 있을 것인가? 결국 이 문제는 목사 개개인의 지적인 노력에서 출발할 수밖에 없다. 그는 신학뿐 아니라 학문 전반에 걸친 다양한 독서를 통해 현대의 다양한 개념과 어휘를 학습할뿐더러, 언론과 미디어를 통해 노출되는 시대의 언어를 꾸준히 포착하고 습득하는 일에 힘을 쏟아야 한다. 나아가 이런 숙제는 개별 목사들이 독자적으로 해결할 수 있는 차원을 훌쩍 넘어서는 거대한 과제이므로 범기독교계 차원에서 공신력 있는 단체와 전문가 집단이 함께 머리를 맞대고 풀어가야 할 숙제이기도 하다.

사유와 언어의 관계는 참으로 오묘하여 말이 사고를 만들기도 하고, 사고가 말을 만들기도 하면서 양자는 서로 간섭, 교섭, 통섭을 반복하며 새로운 세계상을 창조한다. 그런 점에서 우리가 짧게는 수백 년 전, 길게는 수천 년 전의 언어의 사슬에 묶여 있다는 것은 그만큼 우리의 사유가 구태의연하고 또 우리의 세계가 낡았다는 것을 반증하는 것은 아닐까? 낡고 늙은 말을 갖고 높은 요새를 쌓으려는 한국 개신교의 욕망이 불길하고 위태로운 까닭이 여기 있다.

증언의 사명

목사들이 가장 좋아하는 성구를 꼽으라면 이사야 50:4을 빼놓을 수
없을 것이다. "주 여호와께서 학자들의 혀를 내게 주사 곤고한 자를
말로 어떻게 도와줄 줄을 알게 하시고 아침마다 깨우치시되 나의
귀를 깨우치사 학자들같이 알아듣게 하시도다."

왜 목사들이 (특별히) 이 말씀을 좋아할까? 무엇보다 설교가 중
심이 되는 개신교 예전의 특성을 빼놓을 수 없을 것이다. 거의 대다
수 목사들은 자신이 하나님의 말씀의 수종자로 부름을 받았다는 자
기인식을 갖고 있다. 당연히 그는 최선을 다해 최고의 설교를 할 수
있기를 꿈꾸며 바란다. 그는 훌륭한 설교자이자 뛰어난 교사, 그리
고 사려 깊은 상담가로서 목사의 역할을 수행할 수 있기를 바란다.
그런 자기인식이 있기에 이사야 50:4의 말씀이 더욱 매력적으로 다
가오는 것이다.

하지만 꼭 그것만이 다는 아닐 것이다. 목사들이 이사야 50:4에
약속된 "학자의 혀"를 원하는 것은, 설교자로서 크게 성공하여 이름
을 날릴뿐더러 사람들이 구름 떼같이 몰려드는 대형교회를 일구고

싶은 욕망도 한 켠에 자리하기 때문일 것이다. 그들이 생각하는 설교자로서 학자적 자질이란 뛰어난 지식과 많은 정보와 유려한 언변으로 무장된 개인기를 의미한다 이렇듯 이사야 50:4은 우리의 연약한 현실 안에서 당위와 욕망 사이에 어지럽게 얽혀 있는 거미줄처럼 펼쳐져 있다.

이사야 50:4에 나오는 "학자"에 해당하는 히브리어 단어는 "리무딤"이다. 이 말의 본뜻은 실상 학자라기보다는 오히려 제자, 즉 학생에 가깝다. 리무딤은 가르치는 자가 아니라 배우는 자다. 고대 근동 및 지중해 세계에서 학생의 본분은 스승의 가르침을 문자 그대로 철저하게 습득하는 것이었다. 선생은 자신의 사상과 생각을 창의적으로 베풀 수 있다. 그러나 제자의 경우에는 오로지 스승의 가르침을 액면 그대로 배우고 수용할 뿐이다. 배움에 있어 제자에게는 별도의 자율성과 독립성이 존재하지 않는다. 스승은 말하는 자이고, 학생은 듣는 자다. 양자의 관계는 쌍방향 소통이 아니라 일방통행이다. 이것이 이사야 50:4의 본뜻에 더 가깝다.

상당수 목사들이 꿈꾸는 학자의 혀는 실상은 제자의 입술을 가리킨다. 따라서 목사는 자신이 연구하고 터득한 지식을 전하는 자가 아니라, 하나님의 말씀을 온전히 받아 그것을 가감하지 않고 액면 그대로 전하는 자다. 목사의 임무는 설교를 유려하고 매끄럽게 잘하는 것이 아니라, 정확하고 정직하게 하는 것이다. 그는 하나님의 말씀의 발원자가 아니라 신실한 중개자일 뿐이다. 이를 위해 그

제3부 목사와 윤리

는 아침마다 하나님으로부터 오는 말씀을 정확하게 듣기 위해서 귀를 기울이는 훈련을 게을리하지 않는 자다. 그는 하나님의 말씀을 온전히 포착하기 위해서 매일 아침마다 영적 안테나를 하늘 높이 세우는 일에 최우선적인 역량을 쏟아붓는다.

그렇다면 목사가 하나님의 말씀을 임의로 생산하는 대신 그 말씀을 신실하게 중개할 때 무슨 일이 일어나는가? 이때 대중적인 예상이나 기대와는 정반대의 일이 벌어진다. 목사가 하나님의 말씀을 맛깔나게 전달할 때는 사람들이 환호하고 열광한다. 그리고 소위 감동과 은혜를 받았다는 찬사와 증언이 이어진다. 하지만 목사가 하나님의 말씀을 정직하고 신실하게 증언한다면 사람들은 마음에 찔림을 받고 양심이 불편해지며 욕망이 해체되는 고통을 맛보게 될 것이다. 그다음에 이어지는 결과는 뻔하다. 사람들은 그를 비난하고 등을 돌리며 심지어 음해하고자 모의할 수도 있다. 그래서 그는 사람들에게 "수염을 뽑기고 뺨을 맞으며 모욕과 침뱉음을 당한다"(사 40:6).

하지만 말씀의 참된 수종자 혹은 제자인 목사는 이런 상황 앞에서 좌절하거나 타협하지 않는다. 왜냐하면 그는 하나님께서 지상에서의 삶 동안에 자신을 보호하실 것을 믿는 동시에 최후의 법정에서 자신의 무죄를 신원해주실 것을 희망하기 때문이다. 그리하여 그는 온갖 방해와 공격에도 불구하고 더욱 담대하고 신실하게 하나님의 말씀을 중개하는 일에 힘쓴다.

이것이 이사야 50장이 진짜 하고 싶어 하는 말씀이다. 따라서 이사야 50:4의 "학자의 혀"는 자기계발에 관한 말씀이 아니라 제자도에 관한 말씀이다. 그것은 강단의 주인이 되는 것에 관한 말씀이 아니라, 말씀의 심부름꾼이 되는 것에 관한 명령이자 요청이다.

오늘날 마치 기업과 학교를 대상으로 한 유명 자기계발 강사 혹은 텔레비전 개그 프로그램에 나오는 유명 만담가 같은 목사들이 많다. 이런 목사들일수록 주변에 사람들이 더 몰려들고 그 결과 교회가 커지는 종교현상이 범람한다. 하지만 홍수가 범람할수록 거꾸로 마실 물이 없다고 했던가?! 소위 학자의 혀를 장착한 설교자가 많아질수록 역설적으로 진정한 생명수가 흐르는 강단을 찾아보기 어려운 때다. 이것이 한국교회 혼란과 타락의 주범 중 주범이다.

부디 더 늦기 전에 한국교회 안에 매일 아침마다 자신을 쳐서 복종시키며 하나님께서 주시는 말씀을 받아 신실하게 그것을 증언하고자 하는 용기와 열심이 충만한 목사들이 많이 일어나길 바란다.

역사의식

역사란 무엇인가? 피상적인 의미에서 역사는 세계사가 걸어온 흔적 및 자취들의 총합이다. 보다 심층적인 의미에서 역사는 세계사를 추동하는 모종의 원리 혹은 힘에 대한 분석과 서술이다. 통상 역사는 강자들―제국, 영웅, 지배자 등―의 이해관계를 따라 서술된다. 따라서 우리가 아는 역사의 중심에는 항상 힘의 체계 및 그 힘과 모종의 관계를 맺고 있는 인간이 자리하고 있다.

기독교는 역사의 종교다. 따라서 목사가 갖춰야 할 주요 덕목 가운데 하나는 역사의식이다. 목사는 어떤 의미에서 역사의식을 갖춰야 하는가? 먼저 성서적 역사의식을 함양해야 한다. 이것은 크게 네 가지로 나눠 생각할 수 있다. 첫째, 하나님께서 역사의 주인이시라는 점을 철저히 확신해야 한다. 둘째, 역사에는 분명한 목적이 있으며, 세계사는 하나님의 섭리적 통치 가운데 역사의 궁극적 목표를 향해 전진하고 있음을 확신해야 한다. 셋째, 하나님께서는 세계사의 모든 국면마다 타락한 인간에 의해 굽어진 것들을 바로잡으며 정의를 실현하신다는 것을 신뢰해야 한다. 넷째, 하나님께서는 역사 속에서 사회적 약자들의 한을 풀어주시고 눈물을 닦아주시는 분임을 희구해야 한다. 따라서 기독교적 역사 이해는 세속사회에서 흔히 생각하는 역사의 개념과는 달리 역사의 주인이 인간이 아니라 하나님이신 것을 고백하는 동시에, 그 하나님께서 역사 속에서 인간의 힘의 체계를 해체하고 심판하신다는 것을 고지한다. 기독교적 역사관이 기본적으로 저항적일 수밖에 없는 이유가 여기 있다.

다음으로, 이런 성서적 역사관을 한반도라고 하는 특정한 공간 안에서 펼쳐지는 정치-사회적 상황 속에 적용하고 실천하려는 자기 인식이 분명해야 한다. 곧 한반도에서 정의가 실현되고 사회적 약자들이 보호받는 일에 교회가 협력하고 복무함으로써 하나님의 통치가 일반 은총의 영역에서 가시화될 수 있도록 해야 한다. 만일 목사에게 이런 역사의식이 없다면 그는 필연적으로 지배자와 기득권층의 종교적 대변인으로 전락할 수밖에 없을 것이다. 이 경우 목사는 역사의 주인인 하나님의 공적인 종이 아니라 인간 지배자의 사적인 하수인을 자처하는 것이다. 유감스럽게도 우리는 이런 실제 사례를 수없이 목도하지 않았던가.

그런데 역사란 것은 그리 간단하지가 않다. 역사의 층위는 복합적이고 다층적이며, 그 욕망과 이해관계는 거미줄처럼 촘촘하며, 그 안에는 수많은 진실과 거짓이 난마처럼 얽혀 있다. 기실 우리가 역사의 공리 및 사실이라고 부르는 것들의 상당수가 이런 작위적 이해관계의 산물에 불과할 때가 수두룩하다. 어느 한쪽에서 진실이라고 외치는 것이 다른 한쪽에서는 거짓일 수 있고, 어느 한쪽에서 정의라고 말하는 것이 다른 한쪽에서는 불의일 수 있는 까닭이 여기있다. 따라서 우리가 역사의식을 갖춰야 한다는 것은 이런 복합적인 역사적 맥락과 층위에 대한 일정 수준 이상의 지식을 학습해야한다는 것을 의미한다.

예컨대 한국 개신교 안에서 오랫동안 논란의 소재가 되어온 소위 "정교분리"의 문제를 생각해보자. 지난 100년 동안 한국 개신교는 정교분리 논리를 앞세워 정치와 종교는 상호불간섭의 원칙을지켜야 한다는 명분하에, 실제로는 불의한 정권을 비호하거나 그것이 자행하는 정치적 폭압에 대해 침묵하고 방관하는 일로 일관해왔다. 그로 인해 역사 안에서 정의를 실현하고 사회적 약자를 보호하는 하나님의 역사는, 바로 그 하나님을 신앙한다고 하는 그리스도교 신자들에 의해 무참히 땅에 짓밟히는 비극적 아이러니를 양산했다.

도대체 지난 100년 동안 한국 개신교의 역사의식을 마비시키고사회적 책임을 누락시킨 정교분리의 논리는 어디서 온 것이며, 또그것이 의미하는 참뜻은 무엇인가? 주지하듯이 본래 정교분리 원칙은 이른바 콘스탄티누스주의의 폐해에 대한 반성에서 창안한 공적 가치다. 로마 황제 콘스탄티누스와 테오도시우스에 의해 기독교가 공인된 이후 중세 천 년 동안 기독교는 제국의 권력과 결합하여무소불위의 특권을 구가했으며 이로 인해 정치와 종교 모두 극도의 타락을 맛보았다. 정교분리 원칙은 바로 이런 역사적 상황에 대한 성찰과 반성에서 탄생한 것으로, 마치 샴쌍둥이처럼 종교와 정치가 단짝이 되어 사회적 약자를 억압하고 다양한 목소리를 봉쇄하는 것을 방지하자는 취지에서 만들어진 공적 가치이자 합의다.

그런데 정교분리 원칙이 탄생하게 된 역사적 연원을 제대로 알지 못하는 한국 개신교는 이 단어의 기표에만 집착한 나머지 그 기의를 배반하고 오히려 이 개념을 앞세워 그간 불의한 정치 세력의 사제 역할을 자임해왔으니 이 얼마나 비극인가.

이처럼 올바른 역사의식이란 올바른 역사 이해에서 가능한 것이지, 역사에 대한 학습이 없는 상황에서 감정과 용기만을 앞세워 막무가내식으로 발현될 수 있는 것이 아니라는 점을 자각한다면 목사들이 역사의식을 갖추기 위해 역사 공부에 상당한 힘을 쏟아야 하는 것은 지극히 당연한 일이다.

더 나아가, 목사는 역사의식을 갖출 뿐 아니라 훗날 자신의 말과 행동이 어떤 역사적 평가를 받을 것인지를 늘 진지하게 고민하고 이에 걸맞은 삶을 추구해야 한다. 인간 개개인의 삶이 작은 개울물이라고 하면 역사는 거대한 강 혹은 바다와 같은 것이어서, 역사의 무게감은 인간 개개인의 삶의 크기를 훨씬 넘어선다. 지금 우리가 한순간의 안위와 보신을 위해 개울물에 발을 담그고 물장구를 치며 오락과 여유를 즐기는 것이, 그러나 큰 바다의 관점에서 볼 때 미련하고 불의한 것으로 판명날 수 있는 여지가 있다는 뜻이다. 그러니 목사는 불의, 배제, 혐오, 분열, 착취, 차별의 편에 서서 함부로 말하고 행동하지 않도록 조심하고 또 조심해야 한다. 왜냐하면 하나님께서는 역사 속에서 그 굽은 것들을 바로잡으실뿐더러, 마침내 새 하늘과 새땅이 도래하는 날 역사의 대법정에서 그 모든 말과 행위에 대한 엄중한 심판권을 행사하실 것이기 때문이다.

젠더 감수성/양성 평등

1989-90년에 한국 가요계를 휩쓴 노래가 있었다. 노영심이 작사·작곡하고 변진섭이 불렀던 "희망사항"이 그것이다. "희망사항"의 가사는 다음과 같다.

청바지가 잘 어울리는 여자

밥을 많이 먹어도 배 안 나오는 여자

내 얘기가 재미없어도 웃어주는 여자

난 그런 여자가 좋더라

머리에 무스를 바르지 않아도 윤기가 흐르는 여자

내 고요한 눈빛을 보면서 시력을 맞추는 여자

김치볶음밥을 잘 만드는 여자

웃을 때 목젖이 보이는 여자

내가 돈이 없을 때에도 마음 편하게 만날 수 있는 여자

멋내지 않아도 멋이 나는 여자

껌을 씹어도 소리가 안 나는 여자

뚱뚱해도 다리가 예뻐서 짧은 치마가 어울리는 여자

내가 울적하고 속이 상할 때

그저 바라만 봐도 위로가 되는 여자

나를 만난 이후로 미팅을 한 번도 한 번도 안 한 여자

라라랄랄라랄라- (후략)

이 노래가 대한민국을 점령했던 때가 불과 30여 년 전이다. 하지만 지금 이 노래가 처음 등장했다면 그 반응은 어땠을까? 일부에서는 환영할 수도 있겠지만 아마 전반적으로는 소위 "여혐" 논란에 휩싸여 몰매를 맞지 않을까? 조심스럽지만 내 예상이다.

현재 한국사회는 무서운 속도로 바뀌고 있다. 그 변화의 물결은 비록 각론에서는 이견과 갈등이 있을지라도, 총론에서는 올바른 방향을 향해 가고 있다고 보인다. 그리고 그 변화의 한 중심에 여성의 인권 향상(존재권 향상), 혹은 젠더 감수성의 향상이 자리하고 있음을 부인할 수 없다. 따라서 이제 교회도 이 부분에 대해서 보다 더 정직하고 겸손하게 현실을 대면할 필요가 있다.

하지만 당장 교회의 현실과 수준은 어떤가? 여전히 대다수 교회는 시대변화 또는 시대적 요청을 묵살하고 지극히 봉건적이고 가부

장적인 성 인식에 묶여 있는 경우가 비일비재하다. 아마 모르긴 해도 목사들 대다수는 여혐, 한남, 한남충 같은 단어가 무엇을 의미하는지에 대해서도 무척 생소할 가능성이 농후하다. 상황이 이러하다 보니 교회에서 유통되는 설교와 담론의 중심에는 여성을 억압하고 착취하는 언어와 관습이 흔들리지 않는 성채처럼 굳건히 자리하고 있다. 나아가 그것이 영감 혹은 계시라는 종교적 헤게모니 논리를 통해 당연시되고 있다.

과연 여성을 남성보다 열등한 존재 취급하고 억압 및 착취하는 종교의 메커니즘이 옳은가? 결코 아니다. 그것은 기독교 고유의 언어로 표현한다면 기껏해야 타락한 질서에 불과할 뿐이다. 구속의 질서를 희구하는 교회가 타락의 질서에 기대어 여성 차별을 정당화해서는 안 된다.

이런 이야기를 하면 즉각 제기되는 반론 하나가, 성서에는 여성이 남성에게 복속되는 장면이 적잖다는 논리다. 그러나 이 역시 타락한 질서의 한 단면일 뿐이며, 아무리 좋게 봐도 소위 "문화적 양보"라는 해석학적 틀에 입각해서 풀어야 할 문제일 뿐이다. 즉 신적인 계시가 인간 공동체에 전달될 때 그것이 초역사적인 형태로 나타나는 것이 아니라 당시 사람들의 문화적 양태 및 인식의 수준에 맞춰 화육하는 방식으로 기록되었기 때문에, 성서가 기록될 당시의 봉건적 문화에서 비롯된 상황 묘사를 오늘날에도 문자 그대로 적용하면 안 된다는 것이다.

양성 평등 혹은 젠더 감수성 문제를 논할 때 우리는 성서를 읽으며 "나무"에 집중하기보다는 "숲"을 보는 시선과 안목을 견지해야 한다. 분명히 말하지만, 성서는 여성과 남성 모두의 동등성을 적극 지지한다. 그것에 대한 원리는 매우 다양한 전거를 갖는다.

첫째, 하나님께서 삼위일체로 존재하신다는 것이 가장 큰 이유다. 성부, 성자, 성령 하나님은 독립된 실체인 동시에 동일한 존재방식 안에서 상호 친교, 침투, 포섭, 환대를 행하신다. 이런 하나님의 존재방식을 가리켜 성서는 "하나님은 사랑이다"라고 천명한다.

둘째, 성서는 인간이 바로 이런 하나님의 존재방식(형상)으로 창조되었음을 분명히 한다. 삼위일체 하나님께서 구별된 동시에 통일된 존재인 것처럼 하나님의 형상인 남성과 여성 역시 구별된 동시에 통일된 그리고 동등한 존재자들이다. 더욱이 창세기의 창조기사는 뒤로 갈수록 창조의 질과 수준이 더 높아지는데 바로 이런 이유에서 남성보다 뒤에 창조된 여성은 가히 창조의 완성(걸작)이라 할 수 있다.

셋째, 성서는 예수 그리스도의 구속의 효과 및 범위를 논하면서 "종이나 자유인이나 남자나 여자나 다 그리스도 안에서 하나"가 되게 하는 것임을 확고히 천명한다(갈 3:28). 예수 그리스도 이전에나 밖에서는 여성에 대한 차별과 억압이 가능할지 모르나, 그리스도 이후에나 안에서는 여성에 대한 일체의 차별이 허락되어서는 안 되는 이유가 여기 있다.

넷째, 성서는 여성들이야말로 복음의 최초이자 핵심 증인이라고 증언한다. 마가복음에서 여성 제자들은 (남성 제자들이 다 도망하거나 배신한 상황에서도) 끝까지 십자가 곁에 남아 예수의 죽음을 목도했을 뿐 아니라 부활의 첫 증인으로 부르심을 받는다. 만일 고대의 문서 작성 기법에서 목격자적 증인을 인클루지오 기법에 따라 책의 처음과 마지막에 배치하는 것이 상례라는 최근 신약학계의 주장(보컴)이 옳다면, 누가복음에서 8:2-3에 여성들이(그중에는 요안나와 수산나 포함)가 등장하고 24:10에 또다시 여성들이 등장(역시 요안나 포함)한다는 점에서 누가복음의 증언의 상당수가 여성들에게서 비롯되었다는 논리가 성립된다. 이 경우 성서의 문맥 및 정황과 상관없이 일방적으로 "여성은 교회에서 잠잠하라"는 특정 구절을 무기로 여성의 설교권을 박탈하거나 제한하려는 시도는 무력화된다. 여성들은 기독교의 시초부터 엄연히 계시의 증언자로 부름을 받았기 때문이다.

이런 사실에 기초하여 한국 개신교는(특히 보수 교단들은) 여성의 존재론적 권리를 보호하고 신장시키는 일에 지금이라도 발벗고 나서야 한다. 기실 그동안 한국 개신교는 여성들이 신도의 다수를 차지할뿐더러 여성의 참여 및 희생에 의지하여 놀라운 질적·물적 성장을 이룩해냈다고 해도 과언이 아니다. 하지만 예나 지금이나 절대다수의 교회에서 여성은 교회의 일을 가능케 하기 위한 수단이나 도구 정도로만 폄하되고 있는 것도 사실이다. 지금도 설교단에서는 여성 차별적 발언이 여전히 아무런 고민이나 제지 없이 난사되고 있으며, 여성의 교회 행정과 재정에 대한 참여 역시 극히 저조한 실정이다. 한국 개신교는 더 이상 이런 현실을 방치해서는 안 되며, 더 늦기 전에 이 문제를 공론화해서 사회 전반의 발전과 궤를 맞춰 해결하려는 의지와 실천이 절실하다. 그리고 이 문제는 아무래도 교회 리더십을 독점하다시피 하고 있는 남성 목회자 및 장로들의 각성과 인식의 전환이 수반될 때 가능한 문제이기 때문에, 남성 목회자들의 사회적 회심에 준하는 분발이 강력하게 요청된다 하겠다.

우선, 목회자를 위시한 교회 리더십은 당장에라도 교회 안에서 여성을 사물화·도구화시키는 일체의 언어와 관행을 근절시키려는 노력이 필요하다.

다음으로, 여성의 재능, 은사, 경험, 감수성 등이 교회 안에서 충분히 발현되고 반영될 수 있도록 교회의 구조와 문화 자체를 바꿔 나가려는 노력과 함께, 여성의 리더십이 안정적으로 정착될 수 있도록 교회 질서를 재구성하는 공공의 노력이 필요하다.

마지막으로, 이런 일련의 과제들은 남성 리더십의 시혜나 양보가 아닌 여성의 인식과 목소리를 경청하고 공감하는 방식으로 이루어져야 한다.

개인적으로 나는 아주 보수적인 교단에서 신학 공부를 마치고 20년 동안 목회를 한 사람으로서, 젠더 감수성 및 양성 평등성 문제에 대해 아직도 배워야 하고 깨쳐야 할 것이 많을 수밖에 없다. 더욱이 나는 소위 "한남"이 아니던가. 나의 DNA 속에는 나 자신도 모르는 가부장적·남근적 성향과 경험이 농축되어 있다가 우연찮은 기회에 불쑥불쑥 튀어나오기 십상이다. 개인적으로 이런 부분에 대해서 극도로 조심하고 성찰하려고 하나 여전히 이 문제는 현재진행형인 해결 과제임을 부인할 수 없다. 아마 한국교회 절대다수의 남성 목사는 나와 비슷하거나 혹은 나보다 못한 성 인식을 갖고 있다고 추론할 수밖에 없다. 이런 우리에게 교회 안에서 양성 평등을 확고히 성취하는 일이 얼마나 낯설고 때때로 고통스런 경험일지는 일일이 이야기하지 않아도 불문가지다. 하지만 그럼에도 우리 남성 목사들은 그동안 구속의 질서가 아닌 타락의 질서에 기반하여 성차별적 목회를 해왔다는 점에서, 과거를 속죄하는 심정으로 이 문제에 대해 훨씬 더 열린 마음으로 겸손하게 임해야 하며, 무엇보다 여성의 인식과 경험 그리고 감성이 교회 안에서 소명과 은사를 따라 마음껏 발휘되는 것이 교회에게 부어주시는 구원의 경험을 더욱 풍성하게 만드는 길임을 의심치 말아야 할 것이다.

가족 구조의 다양성 & 고독사

한때나마 개신교가 한국사회에서 가장 급진적이고 전복적인 기조를 띨 때가 있었다. 초기 한국 개신교의 모습이 그랬다. 하지만 그 이후 거의 모든 시기에 걸쳐 한국 개신교는 우리 사회에서 가장 보수적이고 현실 지향적인 포지션을 한 번도 버린 적이 없다. 한국 개신교가 이른바 꼴통 소리를 듣는 이유다. 이런 종교가 과연 한국사회에서 생존할 수 있을지, 나는 심히 의문스럽다. 그럼에도 애정을 담아 한국 개신교의 변화를 위해 몇 가지 고언을 제언하는 것이 (읽는 이도, 쓰는 이도 재미없기는 마찬가지인) 이 글을 계속해서 작성하는 이유다.

흔히들 한국사회를 가리켜 서구에서 100-200년에 걸쳐 진행된 산업화·민주화가 단기간에 압축해서 실험된 사회라고 한다. 그만큼 한국사회의 변화는 빠르다 못해 급격/과격하고, 또 거기서 비롯되는 부작용과 갈등이 만만치 않다. 그러나 여전히 지구상에서 가장 "빠른" 이 민족의 삶은 어제와 오늘이 또 다를 만큼 무서운 속도로 변모를 거듭하고 있다.

지난 20여 년간 한국사회에서 가장 대표적으로 바뀐 분야가 있다면 가족 형태의 다변화다. 과거에는 소위 정상 가정이라 해서 남녀가 결혼하여 가정을 구성하고 자녀를 낳아 가정의 폭을 넓히는 것이 일반적이었다. 이제 막 50줄에 접어든 우리 세대만 해도 대학 졸업과 동시에 결혼을 하는 여학생들이 대다수였으며 그때는 여성의 사회 진출에 대해서 그다지 우호적이지 않았다. 이상적인 남성은 밖에서 열심히 일을 해서 가족 부양에 필요한 경제적 재화를 취득하는 것이었고, 반면 이상적인 여성은 집에서 아이들 키우며 살림을 잘하는 것이었다.

하지만 지금은 상황이 완전히 달라졌다. OECD 국가 기준 이혼율 1위답게 이른바 돌싱이라 하여 한부모 가정이 급격히 늘어났으며, 30대 중후반이 되어도 결혼을 하지 않거나, 아니 결혼 자체를 꿈꾸지 않(못하)는 젊은이들이 상당수다. 이런 상황에서 이제 아버지와 어머니로 대표되는 그늘 아래서 4-6명이 한 가족을 이루어 살기보다는, 2명 혹은 1명이 각기 가구를 구성하여 사는 형태의 다양한 가족 구조가 일반화되고 있다.

이런 현실에서 교회가 전혀 시대변화를 읽지 못하고 무작정 과거의 가족 형태를 이상적인 것으로 설정해놓고, 그 기준에 부합하는 것은 정상적인 형태의 가정이고, 그렇지 않은 것은 비정상적인 것으로 치부하는 식의 설교와 가르침을 계습하는 것은 바람직하지 않다고 생각한다.

오히려 목사들은 오늘의 한국 상황에서 아버지와 어머니 그리고 자녀로 구성된 전통적인 가정 형태를 격려하는 동시에, 혼자 혹은 둘이 사는 다양한 형태의 가족 구조에 대한 이해와 연민의 마음을 갖고 이들을 적극적으로 배려하고 포용하는 열린 목회적 태도가 훨씬 더 성서의 사랑과 긍휼의 정신에 부합한다고 본다. 따라서 가정 형태를 정상과 비정상으로 나눠 접근하려는 이분법적 태도를 버리고 가정 형태를 다원주의적 관점에서 민주적으로 바라보는 시선과 감성을 키워야 할 것이다. 그렇지 않으면 목사는 자신이 비정상적이라고 생각하는 가족 형태에 대해 빨간 안경을 끼고 정죄하고 배제하는 행위를 계속할 수밖에 없기 때문이다. 그리고 이런 교회에서는 안 그래도 고단하고 고독한 삶을 사는 (목사의 눈에 비정상으로 비치는) 가족 구성원들이 더욱 소외될 수밖에 없다.

　다른 한편으로 아직까지 그나마 교회에 남아 있는 미혼 청년들이, 언제 결혼할 거냐는 기성 세대의 근심 어린 인사말로 인해 받는 상처들을 고려할 때, 왜 그들이 소위 헬조선에서 결혼이 아닌 미혼을 선택했는지 그 사회학적 이유들을 꼼꼼히 따져가며, 결혼을 재촉하고 닦달하기보다는 그들의 애환을 이해하고 공감하는 동시에 우리 청년들이 독립된 삶을 선택하게 된 불평등하고 불공정한 사회 구조에 대한 보다 심도 있는 성찰과 대안 마련에 힘을 보태야 할 것이다.

　결론적으로 세계에서 가장 빠른 속도로 1인 가구화 되어가고 있는 한국사회에서, 목사들이 농경문화에 기반을 둔 성서의 가족 형태를 절대화하여 현실에 맞지 않은 이상을 고수할 경우 오히려 그로 인해 자신들이 품고 섬겨야 할 수많은 싱글들을 소외시킬 수 있다는 점을 명심하고, 전통적인 가정 형태뿐 아니라 싱글들을 위한 다양한 목회적 콘텐츠를 모색해야 할 때다. 사실 이 점에서 이미 한국교회는 너무 늦은 측면이 없잖아 있다.

더 나아가 급격하게 1인 가구화 되어가는 한국사회에서 이 문제와 연동하여 빼놓을 수 없는 문제가 바로 "고독사"다. 본시 고독사란 일본에서 태동한 말로서 세계 최장수를 자랑하는 일본의 노인층이 가족 및 친지와 분리된 채 홀로 죽어가는 사회적 현상을 일컫는 용어였다. 그런데 사회의 여러 측면에서 일본이 걸어간 사회문화적 자취를 10-20년 간격으로 뒤쫓아가는 한국사회에서도 1인 가구가 늘어나면서 아무도 보지 못하는 곳에서 홀로 죽어가는 고독사 문제가 점차 늘어나기 시작했다. 흥미로운 점은 일본에서는 고독사의 대상이 주로 70세 이상의 노인층인데 반해 한국의 경우 40-50대 남성들의 고독사가 가장 많은 수치를 차지하고 있다는 점이다. 이는 한국의 가정들이 급격히 해체되면서 이혼 후 집을 나와 고시원과 반지하 월세, 그리고 마지막에는 노숙자들의 집합소나 낙후된 도시의 뒷골목을 전전하는 중년 남성들에게서 주로 고독사가 빈발하는 현상인 것으로 확인되고 있다.

하지만 이 문제가 40-50대 중년 남성의 문제라고만 치부할 수 없는 까닭은, 30대 중후반의 혼자 사는 세대가 증가하면서 이들도 머잖은 장래에 곧 40-50대의 나홀로 사는 부류에 진입할 것이라는 점과, 유달리 사회적 갈등과 모순은 많은 데 반해 그것들을 제어할 만한 안전장치가 미흡한 한국사회에서 정신적·심리적 질병으로 고통 당하고 있는 젊은 세대가 급증하고 있다는 점에서도, 결국 이 문제는 특정 세대의 문제가 아닌 전국민적 주의가 요구되는 사회적 발화물질이라는 점을 유념할 필요가 있다.

따라서 목사들이 교회를 섬기면서 주일 공예배 시간에 회중석에 앉아 단정히 예배를 드리는 청중의 표면만 볼 것이 아니라, 그들이 실제로 처해 있는 가족 구성 및 주거 환경과 그것을 둘러싼 또다른 수많은 사회적 병인들에 대한 이해를 갖고, 마치 고독한 군중처럼 살아가는 신도들의 애환과 애통함을 보듬을 수 있는 목회적 배려 및 교회 공동체의 인식의 개혁이 절실히 요구된다 하겠다.

이를 위해서는 인간을 조직신학적 차원에서 도그마의 시선으로 재단하고 평가하는 종래의 신학의 틀을 탈피하여, 인간 삶을 그가 자리한 곳에서 통전적으로 이해하고 공감하는 내러티브 신학에 입각한 시선이 마련되어야 한다. 동시에 현대 한국사회에서 개체화되고 분절화된 신도들을 위한 새로운 공동체의 가능성을 교회가 마련할 수 있는지, 그 가능성 여부를 진지하게 타진해야 할 것이다.

개인적으로 나는 이 문제 역시 향후 한국사회와 교회가 공히 통과해야 할 매우 중요한 과제라고 본다.

이성과의 식사

목사로서 자질이 형편없이 부족한 사람이 아니고서야 이성과 단둘이 공개된 자리에서 식사를 할 만큼 낯이 뻔뻔하고 두꺼운 목사는 많지 않을 것이다. 목사가 이성과 단둘이 있는 시간은 이유불문하고 말썽의 소지가 충분하기에 매우 조심하고 삼가야 할 일이라는 점은 두말하면 잔소리다. 하지만 이 글에서 이야기하려는 주제는 좀 다른 것이다.

　점심 식사 시간 무렵에 사람들이 제법 많이 찾는 식당에 가보면 어렵지 않게 목도할 수 있는 풍경이 하나 있다. 식당 한쪽 예약석에 다수의 여성들에게 둘러싸여 남성 혼자서 대화를 주도하며 식사를 하는 모습이다. 이 경우 그 남성은 십중팔구 목사다. 그 외 학부모 모임에 참석한 교사나, 여성들을 대상으로 활동하는 특정한 분야에 종사하는 강사 등이 해당될 수도 있다. 아주 드물게는 개신교 외 타 종교의 성직자들이 그 주인공인 경우도 있다. 하지만 평일 점심 식사 시간에 다수의 여성들과 합석하여 홀로 식사를 하는 남성은 목사인 경우가 압도적으로 많을 것이다. 그냥 단순한 추정이 아니라 경험에서 하는 말이다.

물론 이런 풍경이 법적으로 큰 문제가 되는 것은 아니다. 아마 그 모임은 교회에서 늘상 있는 권사 모임, 또는 각종 그룹이 파한 후에 갖는 식사자리거나 혹은 특별한 이유가 있어 여신도들이 목사를 초청해 식사 한 끼 같이 하는 자리일 것이다. 교회 안에서는 이런 풍경이 워낙 자연스럽기 때문에 내부 사람들의 경우 이에 대해 어떤 문제의식도 못 느낀다. 하지만 그 모습을 교회 외부 사람의 시선으로 보면 느낌이 어떨까?

오래전 일이다. 내가 30대 중반에 막 개척교회를 시작했을 때다. 하루는 평소 가깝게 지내던 서울의 모 교회에 출석하시는 50대 중반의 권사님이 나보고 꼭 자기 남편을 만나서 "전도"를 해달라고 간곡히 부탁을 하셨다. 당시 남편 되시는 분은 감사원에 재직 중인 고위 공무원이셨는데 평소 워낙 기독교에 대한 인식이 안 좋아 교회 비판을 입에 달고 사는 분이셨다. 권사님은 그런 남편이 못 마땅하기도 하고 안타깝기도 해서 그래도 나름 서로 이야기가 좀 통할 만한 목사가 함께 만나 잘 권면하면 남편 마음이 누그러지지 않을까 싶어, 생각 끝에 내게 남편의 전도 문제를 부탁한 것이었다. 나는 처음에는 부담스럽기도 하고 썩 내키지도 않아 이런저런 핑계를 대며 요청에 응하지 않다가 권사님이 하도 간곡하게 부탁을 하시길래 마침내 약속 시간을 정해 남편 분을 단둘이 만나 함께 식사를 했다.

그날 몇 시간 동안 대화가 이어졌는데 나는 일부러 기독교에 대해서는 단 한마디 말도 꺼내지 않았다. 그냥 정치 이야기, 사회 이야기, 역사 이야기 등을 소재로 정말 재밌게 대화를 나눴다. 말이 대화지, 사실 연배 차이가 20년 가까이 나는 상황에서 내가 무슨 말을 장황하게 늘어놓을 수 있겠는가? 그저 그분이 하시는 이야기를 잘 들어드리면서 중간중간 내 생각이나 의견을 정중하게 말씀드리는 것이 전부였다. 아무튼 종교 이야기는 입밖에도 꺼내지 않았다.

그런데 그런 대화 태도에 그분이 마음이 흡족하셨던 것 같다. 본인도 아내가 하도 닦달(?)을 해대니 마지못해 나와의 만남의 자리에 나오긴 했지만 내심으로는 몹시 그 자리가 불편하고 못마땅했을 것이다. 그런데 예상과는 달리 종교 이야기는 한마디도 안 나오고 본인이 관심 있어 하는 주제를 중심으로 대화가 일관하니 기분이 좋으실 수밖에. 그래서였을까? 대화 말미에 그분이 정색을 하면서 내게 이렇게 질문을 던졌다.

"목사님, 내가 왜 교회 안 나가는 줄 아십니까?"

"왜요? 선생님."

"제가 교회를 싫어하는 가장 큰 이유는, 거 있잖아요, 심방인가 뭔가 갈 때마다 목사가 남의 여편네들 잔뜩 끌고서 길거리를 돌아다니는 것 때문에 그래요. 그게 무슨 짓입니까?…"

그 말을 듣는 순간, 솔직히 망치로 머리를 한 대 얻어맞은 듯한 느낌이었다. 나는 그분이 기독교를 반대하는 데에는 무슨 거창한 철학적·이념적 이유라도 있는 줄 알았는데, 사실은 그 이유가 너무도 뜻밖인 것이었다는 점에서 저으기 놀랐다. 더 충격을 받았던 것은, 그동안 우리가 교회 안에서 지극히 당연하다고 생각했던 관습과 풍경이 교회 밖 사람들에게는 그렇지 않을 수도 있겠다는 것을 깨달았기 때문이다.

개인적인 이야기지만 그 이후로 나는 목회하면서 그분이 해주신 지적을 100퍼센트 수용하여 여성 신자들과의 식사 등을 극구 조심하게 되었다. 재밌는 것은, 그 이후로 교회 밖 사람들의 시선에서 보니 식당 등에서 다수의 여성들에게 둘러싸여 혼자 식사를 하는 남성(그의 정체가 무엇이든)의 모습이 어찌나 어색하고 불편해 보이는지 모르겠다.

물론 이 글에 반론을 제기할 수도 있을 것이다. 그러나 나는 여전히 그때 그분이 해주신 말씀이 타당하다고 생각한다. 교회의 관행과 풍경은 교회 내부자의 시선이 아닌 외부자의 시선으로 보다 냉정하고 객관적으로 볼 필요가 있다. 목사들이 가장 신경써야 할 것은 자신의 행동이 법적으로나 도덕적으로 문제가 되는 것이 아닌, 얼마나 덕이 되는가를 기준으로 삼아야 하기 때문이다.

남성 혼자서 다수의 여성과 식사를 한다든지, 혹은 남성 혼자서 다수의 여성을 대동하여 심방을 하는 풍경은 확실히 덕스럽지 않다. 더욱이 이런 모임을 주선하는 이가 식사 모임을 통해 목사와의 돈독한 관계를 은근히 과시한다든지, 혹은 목사를 잘 접대하면 하나님께서 그에 합당한 복을 주실 것으로 기대한다든지 하는 식으로

묘한 욕망이 개입하기 시작하면 문제는 더욱 복잡해진다. 따라서 이제 이런 관행은 사라져야 한다고 생각한다.

장례예식의 합리적 개선을 위하여

사람은 누구나 죽는다. 죽음은 시차만 존재할 뿐, 그 누구도 예외조항을 허락하지 않는다. 비록 인류의 수명이 크게 늘어 고령화 사회가 되었다 해도 죽음 자체를 피할 길은 없다. 아니, 오히려 고령화 자체가 인간에게 행복이 아닌 불행의 조건이 될 여지가 얼마든지 있다. 그런 면에서 죽음은 인간의 숙명일 뿐 아니라 적절한 때에 삶을 마감 짓는 것은 선물일 수 있다.

죽음은 누구에게나 인생에서 가장 큰 사건이다. 죽음은 당사자에게는 인간 실존의 최대 한계 상황이고, 주변 사람에게는 이별과 상실의 아픔을 안겨주는 큰 고통이며, 종교의 입장에서 보자면 가장 극진하게 보듬어야 할 순간이다. 그래서 인류는 역사 이래로 죽음을 둘러싸고 거기에 최선의 의미를 부여하며 이를 기념하기 위한 각종 예식을 발전시켜왔다.

개신교에서도 장례예식은 매우 중요한 의미를 지닌다. 그리스도의 한 몸의 지체가 지상에서의 삶을 마감하고 먼저 떠난 경우 통상 교회에서는 장례위원회를 가동하고 장례 지원 절차에 돌입한다. 나도 20년 가까운 시간 동안 목회를 하면서 무수히 많은 죽음을 목도했으며 또 상당수의 장례예식을 집전한 경험이 있다. 이 과정에서 몇몇 진한 아쉬움을 느낀 바를 논하고자 한다.

첫째, 한국 개신교의 장례예식은 허례허식적 요소가 많다. 특히 입관예배, 발인예배, 하관예배 등 공식 예배뿐 아니라 그 중간중간에 드려지는 각종 위로예배의 숫자가 너무 많다.

둘째, 각종 장례예배가 유가족을 위로하고 배려하기보다는 목사의 위신과 입장에 맞춰 진행될 때가 많다. 일전에 나는 어느 장례식에 문상을 간 적이 있는데 상주가 귀띔을 하기를, 이름만 대면 알 만한 서울의 대형교회 담임목사님이 위로예배를 인도한답시고 도착하기 1시간 전부터 부목사들이 유가족을 줄 세우고 준비시키는 통에, 유족 중 비신자 한 사람이 화가 잔뜩 나서 개신교인 형제들에게 자기는 앞으로 절대 교회는 안 다닐 거라고 엄포를 놓는 통에 분위기가 싸늘해졌다면서 한숨을 내쉬는 것을 본 적이 있다.

셋째, 장례 설교가 판에 박힌 듯 천편일률적이다. 개신교에서 집행되는 장례예배 설교는 죽음과 관련한 몇몇 성서 구절에 근거하여 추상적인 부활의 소망에 대한 설교로 일관하는 것이 상례다. 어느 장례예식에 참석하여 설교를 들어도 아무런 차이를 못 느끼는 것이 현실이다.

전술한 것처럼 사랑하는 이의 죽음은 유가족에게 큰 상실의 고통을 안겨준다. 죽음과 이별 그 자체도 워낙 충격적인 사건이어서 받아들이기가 쉽지 않은 데다, 장례식을 진행하며 문상객을 접대하고 병원 업무 및 장지 선정, 화장터 예약 등 각종 행정 처리를 함께 진행하다 보면 몸과 마음이 크게 지칠 수밖에 없다. 이런 상황에서 유가족이 겪는 극도의 스트레스와 피로도를 세심하게 고려하지 않고 교회와 목사 위주로 스케줄을 정해 비슷한 성격의 장례예배를 반복해서 진행하는 것은 유족을 위로하기보다는 자칫하면 학대할 수 있다. 따라서 나는 다음과 같은 제안하고 싶다.

첫째, 장례가 발생했을 경우 교회가 여력이 되는 한 최선을 다해 유족의 행정 처리 절차 및 문상객 접대 등을 실질적으로 도울 수 있는 방안을 구축했으면 좋겠다.

둘째, 꼭 필요한 장례예배 외에 목사 개인의 위신과 존재감을 확인하기 위한 형식적인 예배는 과감히 생략하면 좋겠다.

셋째, 누가 사망하던, 누가 집례하던, 천편일률적인 장례식 설교는 이제 그만하고 또한 추상적인 부활의 소망을 마치 녹음기 틀듯 반복하는 설교도 그만하고, 세상을 떠난 사람의 일생 전체를 반추하는 의미 있는 내러티브식 설교가 행해졌으면 좋겠다. 이를 위해서는 목사가 신도 한 사람 한 사람이 살아 있을 동안에 그가 어떻게 살았는지를 잘 이해하고 있어야 하며, 또 그러기 위해서는 목사 한 사람이 인격적으로 목회할 수 있는 적정 규모의 교회를 지향해야 함은 당연하다.

넷째, 장례예식을 집전한 것을 이유로 별도의 사례비를 받는 것을 자제하거나 중지했으면 한다. 왜냐하면 목사가 교회에서 월급을 받는 내역 안에는 신도들의 장례나 혼인예식과 같은 특별한 상황에서 목회자 역할을 수행하는 것에 대한 보상까지 이미 포함된 것으로 보아야 하기 때문이며, 꼭 그것이 아니어도 사랑하는 교우가 세상을 떠났다면 목사로서 오히려 자신의 시간과 물질을 바쳐가며 장례식을 돕는 것이 정상이기 때문이다.

장례예식은 세상을 떠난 고인에게는 융숭한 환송의 순간이며, 남은 유족에게는 교회 공동체의 위로와 사랑을 느낄 수 있는 기회이고, 종종 비신자 가족들에게 전도의 빛이 콘크리트 벽의 틈 사이로 스며드는 찰나이기도 하다. 따라서 목사는 말 그대로 그리스도의 심장을 갖고 최선을 다해 장례 과정 전반에 함께해야 한다. 특별히 지금처럼 한국교회의 고령화 현상이 가속화되는 상황에서 앞으로 교회 안에 무수히 많은 장례식을 치를 일들이 기다리고 있다는 점을 염두에 둔다면 개신교 장례예식의 개혁이 얼마나 절실한 문제인지를 반복해서 설명할 필요가 없을 것이다.

해외여행 유감

목사들 세계에서는 그룹 해외여행이 잦다. 주로 노회, 지방회, 연회, 총회 차원에서, 그 외 각종 선교회 차원에서 많게는 연중 몇 차례씩 해외에 나간다. 물론 명분이 분명하다. 첫째, 그냥 단순 여행이 아니라 "선교여행"이란 것이다. 둘째, 평소 목회하면서 이런저런 고생을 많이 했으니 해외에 나가서 잠깐 머리를 식히고 오자는 것이다. 그리고 이런 식의 해외여행은 주로 노회나 지방회 등 안에서 교회 규모가 크기 때문에 자연히 상회비를 많이 내는 영향력 있는 목사들이 주도하는 것이 일반적이다. 어차피 개인 경비가 아니라 노회나 지방회, 총회 재정으로 경비를 사용하니 상회비를 많이 내는 목사들의 발언권이 강할 수밖에 없다. 거기에 교회 규모가 작아서 자력으로는 해외여행을 다녀오는 것이 언감생심인 다수의 목사들이 그런 기회를 적극 활용하다 보니 자연스레 목사들끼리의 해외 나들이가 잦다.

문제는 목사들이 선교지 방문이라고 극구 강변한다 해도 실제로는 관광 목적의 여행인 경우가 절대다수라는 점이다. 여행 지역이 태국이나 동남아시아인 경우 현지에서의 행태가 말 그대로 가관인 경우도 적잖다. 더 큰 문제는 비록 목사가 목회하면서 고생하는 것이 사실이라고 할지라도, 그래서 잠시 머리를 식히며 휴양을 하는 것이 필요하다고 할지라도, 그가 섬기도록 부름을 받은 신도들은 목사보다 훨씬 더 피곤하고 험악하게 살면서도 해외는커녕 제주도 여행조차 좀처럼 시도하지 못하는 사람들이 꽤 있다는 것이다. 그런데도 이런 신도들이 어렵사리 헌금한 돈에서 갹출한 상회비를 가지고 목사들이 최소 일 년에 한 차례 이상씩 해외여행을 다니는 풍속은 이제 중지되어야 하지 않을까.

또한 교회 규모 순서대로 상회비를 갹출하여 모여진 돈으로 해외여행을 다니다 보니, 어쩔 수 없이 상회비를 많이 내는 목사들의 발언권이 커질 수밖에 없는 구조다. 즉 규모가 큰 교회의 목사들은 노회나 지방회 등에서 자신의 정치적 영향력을 확보 및 확대하기 위한 수단으로 공금을 가지고 이런 선심성 행사를 주도하는 것이다. 이것은 질이 아주 나쁜 형태의 교회 정치다.

아무튼 정확한 통계는 없지만 경험상으로 볼 때 한국교회가 매년 목사들의 해외여행 경비로 사용하는 돈은 상당한 액수일 것이 분명하다. 장로교회의 경우 한 노회당 일 년에 한 차례씩 해외여행을 다닌다고 계산할 때 대략 1-2억의 돈이 들어가며, 큰 교단의 경우 많게는 100개 이상의 노회가 있으니 이로써 교단별 수치가 얼추 나올 것이다. 예외인 노회나 지방회가 있을 수 있겠지만 전체적으로 볼 때 결코 무리한 추정이 아니라고 확신한다. 만일 누가 나에게 한국 개신교의 개혁을 위해서 당장에 시행해야 할 과제를 말하라고 한다면, 나는 그중 10대 개혁 안에 목사들의 잦은 해외여행이 반드시 포함되어야 한다고 믿는 사람이다.

개교회의 재정은 신도들이 어려운 형편에서도 믿음으로 봉헌한 것이다. 그리고 노회나 지방회, 연회나 총회 등의 재정은 이런 신도들의 헌금에서 갹출된 것이다. 그럼으로 이런 고귀한 돈들이 겨우 목사들의 해외여행 경비로 해마다 막대하게 사용되는 것은 어떤 면에서는 죄다. 오히려 노회, 지방회, 연회 등의 주요 재정은 다음과 같은 목적으로 사용되는 것이 바람직하다.

첫째, 노회, 지방회 안에 있는 작고 가난한 교회의 살림을 돕거나 어려운 형편에서 고군분투하는 목회자들의 생활비 지원을 위해 사용되어야 한다.

둘째, 한국교회 전반에 걸쳐 가장 치명적인 부분이 목회자 재교육 시스템의 부재 및 부실이라는 점을 고려할 때, 노회와 지방회 차원에서 양질의 교육 과정을 구축하여 소속 회원들의 평생 교육을 돕는 것이 바람직하다.

셋째, 더 크게는 최소한 교단 별로 그런 재정을 모아 뛰어난 연구소나 싱크탱크 등을 설립하여 한국사회와 교회의 현재와 미래에 대한 합리적인 성찰과 분석 및 체계적인 대안 마련 작업을 수행하는 것이 절대적으로 필요하다. 덧붙여 개인이나 개교회 차원에서 감당하기 어려운 기독교 공통의 고전 번역이나 양질의 신학도서 번역 및 출판 사업을 지원하는 것도 좋겠다.

사실상 이런 프로젝트들은 한국교회가 마음만 먹으면 당장에라도 얼마든지 시도할 수 있는 것이다. 모든 교단 및 선교회 소속의 목사들이 일 년만이라도 해외여행을 금지하고 거기 소요되는 경비를 모은다면 말이다.

나는 목사들은 절대로 해외여행을 다녀서는 안 된다고 말하는 것이 아니다. 당연히 목사들도 해외여행을 다닐 권리가 있다. 단, 자신이 목회하는 교회 구성원들의 평균적 생활 수준과 문화 수준의 중간치 정도에서 그렇게 하면 된다. 만약 그보다 약간 더 낮추면 보다 덕이 될 것이다. 물론 이 경우에도 그에 소용되는 경비는 교회 공금이나 노회, 지방회 등의 공금이 아니라 자신의 돈으로 해야 한다. 그게 옳다.

더 좋은 것은 해외에서 오랫동안 고생스럽게 사역하면서도 돈이 없어 막상 휴가를 제대로 보내지 못하거나 국내 귀국을 미루는 선교사들, 그리고 농어촌 지역의 미자립교회 목회자들의 안식을 위해 도시에 산재한 노회나 지방회가 해외여행 경비로 모아둔 돈을 쓰는 것이다.

정말이지 이런 운동이 범교단적으로 일어났으면 참 좋겠다.

자녀 유학 문제

한국사회는 불평등이 매우 심화된 사회다. 그리고 한국사회 불평등의 핵심에는 부동산과 교육 문제가 도사리고 있다. 곧 한국사회 불평등은 부동산과 교육을 매개로 확장·심화되고 있다. 따라서 한국사회를 좀 더 공정하고 평등한 사회로 만들기 위해서는 다른 많은 문제에 앞서 이 두 가지 문제의 바람직한 해결책을 찾아야 한다.

지난 반세기 동안 한국사회가 압축 성장을 할 수 있었던 대표적인 원동력이 뜨거운 교육열이었음은 주지의 사실이다. 자신 세대의 가난과 무지를 자식에게는 물려주지 않겠다는 한국전쟁 세대의 헌신적인 투자와 뒷받침에 힘입어, 또 고도 성장을 공유했던 당시 세계 및 국내 경제의 활황에 힘입어 우리 국민 대다수가 고등학교 이상 혹은 대학 교육의 혜택을 보면서 교육은 사회의 발전뿐 아니라 개인의 성취를 위한 중요한 도구로서 기능했다.

그러나 압축 성장을 통해 단숨에 세계 10위 권의 경제 강국으로 자리한 한국은 동시에 "압축불평등"의 수렁에 빠져들게 된다. 이때부터 교육은 더 이상 국민 대다수를 위한 기회 제공 및 균등의 역할을 하기보다, 오히려 부모의 부와 기득권을 세습하는 사회적 기제로 변질된다. 부모의 경제능력(부동산 보유 능력 포함)과 사회적 영향력에 비례하여 자녀에게 제공되는 교육의 기회와 질이 판이하게 달라지고, 또 입시제도와 각종 국가직 공무원의 선출 기준이 달라지면서 결국 부모 세대의 계급이 자녀 세대에게 세습되는 현상이 심화되기 시작한다. 그 결과 과거에는 "개천에서 용 나온다"는 말이 가능했지만 이제는 "개천에서 욕 나온다"는 말이 회자되게 된 것이다.

이런 한국사회의 변화와 궤를 맞추어 한국 개신교 안에서도 아버지 목사의 힘이 자녀들에게 전이되거나 세습되는 현상이 노골화되기 시작했다. 그리고 그 핵심에는 상당 부분 교육 문제가 자리하고 있음을 부정하기 어렵다. 쉽게 말해 어느 정도 규모가 되는 교회의 경우 목사 자녀를 교회 공금으로 해외 유학을 시켜 박사학위를 취득하게 한 다음, 그중에서 신학을 전공한 자녀는 후일 아버지 교회를 세습하거나 혹은 신학교 교수로 진출하는 경우가 빈번해졌고, 비신학 전공 자녀의 경우도 어쨌거나 좋은 스펙을 쌓아 사회 제 분야에 진출하는 데 있어 남들보다 더 유리한 위치를 점하게 된 것이다. 이것이 어쩌다 있는 일이 아니라 그동안 개신교계 안에서 관행적으로 이루어져왔던 현상이므로 이 지적을 마냥 부인하기는 어려울 것이다.

혹자는 이를 두고, 목회자 부모가 하나님께 충성하고 헌신하여 자식이 복을 받은 것인데 그게 무슨 문제가 되느냐고 반문하고 싶을지도 모르겠다. 하지만 그런 논리는 옹색하고 괴이하기 짝이 없다. 왜냐하면 목사가 자녀 교육을 위해 동원한 막대한 액수의 교회 공금은 신도들이 피땀 흘려 번 돈으로 헌금한 것이며, 이를 위해 신도들은 종종 자기 자식들 학원비나 과외비를 검약하거나 심지어 포기하면서까지 헌금을 장만하기 때문이다. 그렇다면 하나님께서 봉건체제에나 나올 법한 전제적인 군주 신이 아닌 다음에야, 어떻게 수많은 신도들의 자녀가 받아야 할 교육의 기회를 박탈하거나 유보하면서까지 오로지 목사 자녀에게만 편파적인 애정과 관심을 쏟아붓는 신이라는 생각이 가능한가? 목사와 그 자녀는 하나님의 특별한 애정을 독점하는, 신전의 저 꼭대기에 자리한 종교 상류층이고, 그 나머지 신도들은 목사 집안의 부귀영달을 위해 헌신하고 희생하는 종교 노예 그룹이란 말인가? 이것이 과연 성서를 통해 자신을 계시하신, 그리고 무엇보다 십자가에서 자신을 아낌없이 내어주신 사랑과 정의의 하나님의 속성과 일말이라도 합치하는가? 결코 그렇지 않다. 따라서 이런 저급한 욕망과 또 그것을 억지로 정당화하기 위한 싸구려 논리를 앞세워 교회 공금으로 목사 자녀에게 특혜에 다름 아닌 교육의 기회를 제공하거나, 사회 진출에 있어 남보다 훨씬 더 유리한 발판을 마련해주는 것을, 다른 누가 아닌 목사 자신이 자제하거나 자발적으로 포기해야 한다.

더 나아가 이 문제가 목사 개인이나 그 가정 혹은 개교회만의 문제에 제한될 수 없는 까닭은 전술한 바와 같이 부동산과 교육 문제가 한국사회 불평등의 핵심에 자리한 까닭이다. 즉 모름지기 세계의 구속과 재창조를 기대하고 소망하는 교회라면 당연히 지금 여기서 곧 한국사회의 모순과 불의를 보면서 그 문제를 바로잡고 해결하려는 소명을 품는 것이 맞기 때문에, 한국사회 불평등의 요소를 바로잡으려고 노력해야 할 교회가 오히려 그 불평등의 구조를 이용하거나 악화시키는 것은 더 이상 용인되어서는 안 된다. 신도들이 어렵게 헌금한 교회 공금에서 막대한 규모의 예산을 자녀 유학 경비 등으로 지출하는 것을 당연시하는 그런 교회의 목사의 설교가 세인들에게 무슨 감동과 도전을 주며 또 거기에 무슨 세상을 바꿀 힘이 있겠는가.

물론 목사도 사람인지라 자녀가 잘되기를 바라고 또 이를 위해 자녀 교육에 관심을 갖는 것은 당연하다. 따라서 그 욕망과 필요 자체를 아예 부정하는 것이 아니다. 다만 교회가 혹시 여윳돈이 있어 장학기금을 조성하고 집행할 수 있다면 그 돈이 오로지 담임목사 자녀에게만 혜택이 가도록 편파적으로 사용하지 말고 교회 안에 있는 모든 청년과 청소년들에게 골고루 돌아가도록 하는 것이 옳을 것이다. 특별히 공부할 의지가 있음에도 불구하고 생활형편이 어려운 학생들을 우선적으로 배려하는 것이 필요하다.

목사가 진실로 하나님을 믿는다면 신도들에게 박탈감을 주는 그릇된 방식으로 자기 자녀의 앞길을 위해 투자하지 않아도, 결국 하나님께서 가장 선하시고 정당한 방식으로 자녀의 앞길을 인도하실 것을 믿어야 한다. 그것이 제대로 된 믿음이다. 그리고 내 경험으로 봐도 아버지가 가난한 목사여서 자식에게 경제적으로 별로 해준 것이 없음에도 불구하고 아주 잘된 목사 자식이 제법 많다.

목회 활동비 & 도서 구입비는 투명하게

목사의 월급은 크게 두 가지 형태로 지급된다. 절대다수의 미자립 교회 목사와 부목사들은 최저 생계를 유지하는 것도 버거운 월급만 받는 경우가 일반적이다. 그 외 어느 정도 자립이 된 교회의 담임 목사의 경우에는 기본급 외에 자녀 교육비, 사택 관리비, 목회 활동비, 차량 유지비, 도서 구입비 등등 다수 항목에 걸쳐 부가적인 지원을 받는다. 경우에 따라 본봉보다 기타 항목의 경비가 더 많은 경우도 있다. 그러나 여기서 이 문제의 옳고 그름을 갖고 자세히 논할 마음은 없다. 다만 기왕이면 목사의 월급 항목을 합리적으로 재조정하는 것이 좋겠다는 것과, 담임목사에게 다양한 항목의 수당을 제공할 것 같으면 마찬가지로 부목사에게도 비슷한 조치를 취하는 것이 바람직하다는 것만 이야기하고자 한다. 내 생각에는 목사들의 월급 항목을 가급적 일원화하고 거기에 덧붙여 목회 활동비와 도서 구입비 등만 부가적으로 두면 좋지 않을까 싶다.

내가 이 글에서 지적하고 싶은 것은 교회가 목사에게 월급 외에 목회 활동에 필요하다고 판단하여 교회 공금에서 제공한 특수 경비에 대해서는 정확히 영수증 처리를 하여 교회로부터 감사를 받아야 한다는 것이다. 예컨대 신도들과의 상담 및 가정 방문 활동에 필요하다고 판단하여 제공된 목회 활동비에 대해서는 그 세세한 항목을 영수증 처리하여 교회에 제출하도록 유도하는 것이 필요하다. 차량 유지비도 마찬가지다. 만일 목사 개인이나 목사 가정의 필요에 의해 차량을 이용한 경우에 그 비용까지 교회 공금으로 사용하는 것은 앞으로는 자제되거나 더 나아가 금지되어야 한다. 예전에는 관행 혹은 은혜라는 이름하에 이런 일들이 아무 문제의식 없이 용인되었지만 이제는 사회 전체적으로 가령 고위 공직자나 기업의 임원도 이런 부분에 대해서 훨씬 더 높은 수준의 윤리를 요구받는 시대이기 때문에 목사도 그에 합당한 기준을 갖추는 것이 필수다.

특히 자립교회 담임목사의 경우 교회에서 적잖은 액수의 도서 구입비가 매달 지급되는데 과연 교회 공금에서 지출된 도서 구입비가 그 용도대로 정확하게 사용되고 있는지 자못 의심스럽다. 만일 교회에서 제공된 도서 구입비가 원래 목적대로 책을 구입하는 데 지출되지 않고 다른 용도로 사용된다면 엄밀히 말해 횡령에 해당한다. 이는 실정법상 중대한 범죄행위다.

내 의견을 솔직히 말하자면, 나는 한국 개신교 안의 자립교회 담임목사가 교회에서 받는 도서 구입비만 정직하게 사용해도 개신교 출판계의 사정이 지금보다는 더 좋아질 것으로 본다. 여기서 목사들이 어떤 종류의 책을 구매하는 것이 좋겠다는 말은 하지 않겠다.

그것은 목사 개인이 자신의 필요와 취향에 따라 결정할 일이지 제3자가 왈가왈부할 문제는 아니라고 본다. 단, 교회에서 제공된 도서 구입비는 용도에 맞춰 지출하고 영수증을 첨부하며, 만일 해당 월에 도서 구입비를 다 사용하지 못했으면 교회에 반납하거나 혹은 다른 미자립교회 목회자나 부목사들에게 차액에 해당하는 도서를 구입해서 선물하는 방법도 있을 것이다. 관건은 목사가 교회 공금을 그 용처에 맞게 정확하고 정직하게 사용하는 것이 몸에 배도록 훈련하는 것이며, 또 그것이 가능하도록 교회 재정 관리 시스템을 구축하는 것이다. 이것은 목사를 들볶거나 올무에 묶어 괴롭히기 위한 것이 아니라 오히려 목사를 보호하기 위한 것이며, 목사의 영성과 도덕성이 하나로 통합되도록 하기 위함이다. 따라서 이런 조치들이 당장에는 불편할 수 있지만 어느 정도 시간이 지나면서 제대로 자리가 잡히면 목사와 교회 양쪽 모두에게 큰 유익이 될 것이라고 확신한다.

그동안 한국 개신교는 종교개혁의 대원리인 "오직 믿음으로"를 잘못 이해하여 결과적으로 값싼 구원주의에 오염되어 있었다는 것은 부인할 수 없는 사실이다. 하지만 성서는 믿음과 삶, 구원과 윤리가 별개의 것이 아니라 동전의 앞뒷면과 같은 한 사건의 두 국면임을 분명히 가르친다. 예수는 자신을 믿는다는 것은 그분을 따라 산다는 것과 같은 말이라고 강조했으며, 바울도 자신의 서신에서 전반부는 교리를, 후반부는 윤리를 가르친다는 점에서 예수의 정신을 충실히 따른다.

　현재 한국사회는 사회 전체에 걸쳐 윤리적·도덕적 기준이 매우 엄격해지고 있다. 목사도 이런 시대 변화를 염두에 두고, 아니 그 이전에 무엇보다 성서가 가르치는 본래의 정신을 따라 "지극히 작은 것 하나에도 신실해야 할 것"이다. 돈은 그 신실함을 평가할 수 있는 최적의 척도임이 분명하다.

제 4 부

목사와 행정

목회 행정의 지혜

목사에 대한 흔한 오해 하나가, 목사란 그저 설교 잘하고 기도 많이 하면 그게 최고란 생각이다. 특히 일부 목사들 가운데는 자신의 직임을 오로지 설교와 기도하는 것에만 초점을 맞춘 채 상담, 심방, 재정, 행정 등을 등한시하거나 심지어 그런 일을 목회의 적으로 생각하는 사람조차 있는 것을 봤다. 그래서 이런 목사는 설교 준비에 만전을 기한다는 평계를 내세워 일주일 내내 자기 서재에 틀어박혀 일절 신도들을 만날 생각도 안 한다. 과연 그게 옳을까? 또 정말 이런 목사가 정말 일주일 내내 잡생각 안 하고 오직 성서 연구와 기도에 몰두하면서 위대한 설교 한 편을 만들어낼까? 또 그게 가능하다고 해도, 과연 신자들의 실존과 애환과 동떨어진 설교가 무슨 대단한 가치를 지닐까?

솔직히 나는 자기의 임무를 오직 설교 잘하는 것에만 두는 목사들이야말로 가장 이기적인 사람이라고 생각한다. 그는 (설교를 통한) 자기 만족과 자기 명성에만 관심이 있는 사람이다. 그는 교인들의 인격 및 삶과 직접 맞닥뜨리면서 치러야 할 영적·심리적 고투에서 비롯되는 근심과 절망 앞에 서기를 두려워하는 비겁한 사람이며, 심지어 그것을 싫어하는 자기 중심적 사람에 다름 아니다. 하지만 목회란 결코 그런 것이 아니다. 목회란 하나님이 자신에게 맡겨주신 사람과 어우러져 살아가는 삶 전부를 뜻한다. 거기에는 수많은 만남, 대화, 배려, 인내, 서운함, 미움, 포기, 다시 일어섬 등이 포함된다. 그리고 이 모든 것의 바탕 위에서 목사의 치열한 설교와 기도가 존재하는 것이다.

물론 목사는 설교를 잘해야 한다. 또 그러려면 설교 준비에 혼신의 힘을 쏟아야 한다. 기도도 마찬가지다. 목사에게 개인 기도는 생명과 같은 것이다. (이미 이 책의 앞에서 충분히 다뤘다.) 하지만 그에 못지 않게 중요한 것이 교인들과의 인격적 관계 맺음이다. 또한 목사에게는 목회 행정, 즉 재정과 조직 관리, 회의 운영 등도 매우 중요하다. 내가 기회 있을 때마다 후배 목사들에게 해주는 조언이 이것이다. 목회란 것을 멀리서 보면 설교와 기도만이 중요한 것 같지만, 가까이 다가가서 보면 오히려 인간관계, 행정 등도 아주 중요한 요소라는 것을 무시할 수 없다. 내가 알기로는 어느 목사가 교회에서 불화가 생겨 교회를 떠날 경우가 발생한다면, 대체로 그 목사의 설교와 기도가 문제가 되기보다는, 그 목사의 인간관계와 재정 및 조직 관리에 문제가 있는 경우가 훨씬 더 많다. 만일 어느 목사가 설교를 못해서 교회를 떠나야 할 경우가 벌어진다면, 그 목사는 진짜로 설교를 못하는 사람일 것이다. 그리고 그런 일은 그리 흔치 않다. 목사가 설교를 못하면 교인이 떠나지, 목사를 내보내는 경우는 거의 없다. 그러나 목사가 재정이나 조직 관리에 무능하면, 그때는 목사가 옷을 벗어야 한다.

따라서 목사는 평상시 신도들과 좋은 관계를 맺도록 각별히 신경써야 한다. 이미 앞의 글들에서도 언급했지만, 목사는 교우들에게 좋은 아버지, 좋은 어머니, 좋은 친구, 좋은 동료와 같은 존재여야 한다. 그는 신도들과 자주 어울려 그들의 삶의 애환을 나누는 가운데 함께 아파하고 함께 즐거워해야 한다. 그리고 거기에 들어가는 시간과 에너지를 아까워해서는 안 된다. 그것은 실로 목사가 감당해야 하는 당연한 책무이기 때문이다. (이것이 가능하기 위해서는 목사 개인의 인격적인 성숙도 중요하지만, 동시에 한 사람의 목사가 건강하게 관계할 수 있는 적정 숫자의 교회 규모 문제를 생각하지 않을 수 없다.) 하지만 이 문제는 여기서 더 이상 길게 언급하지 않겠다. 이미 앞에서 충분히 논의했기 때문이다.

목사는 교회 재정 관리에도 각별히 신경을 써야 한다. 교회 규모가 작을 경우 목사 혼자서 재정 관리를 맡는 경우가 많고, 교회 규모가 커질수록 목사가 재정 관리에서 손을 떼는 대신 회계 분야에 종사하는 교인들로 구성된 전담팀이 재정 관리를 도맡는 경우가 일반적이다. 이 문제는 교회 안에서 동원 가능한 인력 자산의 유무 문제와 직결되기에, 적당한 사람이 없어서 목사 혼자 재정 관리를 떠맡는 것을 가지고 일방적으로 매도하기는 쉽지 않다. 그럼에도 헌금의 취합과 정산, 은행 입금 및 지출은 회계 전문가들로 구성된 재정부에서 총괄하는 것이 더욱 좋다. 어쨌거나 목사는 돈의 흐름에는 너무 깊이 관여하지 않아야 덕스럽다. 더욱 중요한 것은 목사가 되었든, 신자들로 구성된 재정 관리팀이 되었든 간에 돈 문제는 사람의 도덕성이나 영성에만 일방적으로 맡겨둘 문제가 아니라는 것이다. 이 문제는 반드시 시스템을 통해 관리해야 한다. 그래서 가장 좋은 방법은 기업이나 관공서의 공식 회계 프로그램에 준하는 재정 관리 소프트웨어를 설치하여 교회에서 입출금되는 모든 돈을 투명하고 공정하게 통제 및 운영하는 것이다. 그러면 돈 문제와 관련하여 잡음이 나올 소지가 원천적으로 차단된다.

목사들 가운데 어떤 이들은, 재정 문제와 관련하여 자신의 도덕성을 고양할 목적으로 아예 헌금 자체도 무기명으로 하도록 유도하거나 혹은 기명 헌금의 경우에도 자신은 일절 어느 교인이 얼마를 헌금했는지 알아볼 생각을 안 하는 것을 자랑스럽게 생각하는 사람들도 있다. 이 문제와 관련해서는 사람마다 생각의 편차가 있을 것이므로 무엇이 더 좋다 나쁘다를 일방적으로 말하기는 어려울 것이다. 그러나 내 생각에는, 목사는 자신과 함께 순례의 길을 가는 신도들의 헌금 상태를 정확히 꿰뚫고 있는 것이 중요하다고 본다. 왜냐하면 헌금은 생활과 신앙의 지표 역할을 하기 때문이다. 나는 목회할 때 다른 것은 몰라도 매주일 누가 얼마를 헌금했는지만은 꼭 챙겨서 꼼꼼히 살펴보곤 했는데 그것은 그 자료 한 장만으로도 신도들의 상황이나 형편을 대강 엿볼 수 있었기 때문이다. 가령 헌금을 꾸준히 잘하던 사람이 갑자기 헌금 액수가 줄어들었거나 중단했을 경우, 필시 가정 경제에 문제가 발생한 것이다. 그리고 그것이 사실이라면 그 신자는 교회와 목사의 도움과 배려를 필요로 하고 있는 것이다. 물론 목사가 신도들의 헌금 상황을 숙지하는 일에도 조심해야 할 것이 분명 있다. 그것은 자칫하면 헌금을 많이 하는 신도들에게는 더욱 애정을 쏟고, 그렇지 못한 신도들은 무시하거나 외면하는 일이다. 그러나 나는 이 문제도 결국은 목사의 인격과 양심에 달려 있다고 본다. 목사 스스로 이 점을 조심할 수만 있다면, 나는 목사가 신도들의 헌금 상태에 대해 잘 알고 있는 것이 결코 나쁘지 않다고 본다.

교회에서는 회의 개최와 운영도 매우 중요한 요소를 차지한다. 교회에는 각종 회의가 많다. 회의를 잘 운영하면 교회 행정 전반이 물 흐르듯이 매끄럽게 잘 굴러간다. 그러나 회의 운영에 실패하면 교회 행정만 타격을 입는 것이 아니라, 더 근본적으로 인간관계가 내상을 받는다. 그래서 교회에서의 회의 운영은 상당히 예민한 부분 중 하나다. 이 문제와 관련하여 간단히 언급하자면, 목사가 회의를 소집하거나 개최할 때 크게 조심해야 할 것은 두 가지다. 첫째, 갑작스럽게 회의를 소집하여 중요한 안건을 처리해서는 안 된다. 중요한 의제를 다뤄야 할 경우 회의 참석 예정자들을 사전에 일일이 만나 의제를 설명하는 시간을 가지면서 개인적 의견을 청취하는 등 공감대를 형성한 다음에 회의를 개최하는 것이 훨씬 합리적이다. 통상 목사가 가장 못하는 일 중 하나가 바로 이것이다. 대개의 경우 목사는 자기가 필요하다고만 생각되면 설교 시간에도, 광고 시간에도 갑자기 회의소집을 천명하곤 하는데, 신자들 입장에서는 이런 처사가 참으로 당혹스러울 수밖에 없다. 둘째, 회의 때 목사 혼자 너무 많은 발언을 하지 않는 것이 좋다. 발언은 모두에게 공정하게 개방되어야 하며, 반대 의견이 있을 경우 꼭 그 자리에서 결론을 내기보다는 의견차를 좁히기 위한 상호 대화의 시간을 갖는 것이 더 좋다. 솔직히 말하면, 목사가 회의 운영만 신사적으로 잘해도 도덕군자 소리를 들을 수 있다.

한 가지 더 첨언하자면 교회의 모든 정보와 자료는 모두 데이터베이스화해서 역사적 기록물로 남기려는 세심한 주의와 노력이 필요하다. 비단 교회뿐 아니라 우리 한국인이 가장 잘 못하는 일 중 하나가 역사적 기록물을 정확하고 성실하게 남기는 것이다. 특히 일상과 관련된 자료들의 가치를 인식 못하고 무관심으로 일관하다가 소실하거나 폐기하는 경우가 너무 흔하다. 이 점은 교회에서도 예외가 아니다. 교회가 크든 작든 간에 한 지역교회가 태동하여 성장하는 모든 과정은 다 역사적 가치가 있다. 따라서 교회의 모든 자료들은 정확하게 보존되도록 노력해야 한다. 과거와 달리 요즘은 자료를 데이터베이스화하는 기법이 크게 발전했으므로 마음만 먹으면 이 일이 어렵지 않다. 주보, 연간 조직도, 회의록, 행사 기획 및 결산 자료 등등이 모두 영구적으로 보전될 수 있도록 조금만 신경을 쓰면 좋겠다. 훗날 그 자료들이 어떤 식으로 귀중하게 쓰일지는 아무도 모르는 일이다.

다시 한번 강조하지만 (지역교회의) 목사는 월급을 받고 그 대가로 설교와 기도를 해주는 사람이 아니라, 하나님이 맡겨주신 교회의 살림 전반의 성패를 책임진 사람이기 때문에 소위 신령한 부분뿐 아니라 행정, 재정, 인사 관리 전반에 걸친 통찰력과 지도력을 훈련받는 것이 매우 중요하다. 신학교에서는 이런 부분들에 대해 상대적으로 덜 강조하는 분위기가 우세하지만, 실제 목회 현장에서 목사들이 겪는 갈등과 고충의 대부분은 여기에 집중되어 있다. 유념할 일이다.

거래는 투명하게

내 주변에 사업 혹은 장사를 하시는 분 가운데는 부득이 교회를 상대로 영업을 하게 되는 경우가 많은 분들이 계신다. 가장 대표적인 것이 음향 관련 분야에 종사하는 분들이다. 개신교회의 경우 예배나 집회 혹은 설교에서 음향이 차지하는 비율이 높다 보니, 가급적 더 좋은 음질을 낼 수 있는 음향(방송)기기에 대한 관심이 높을 수밖에 없다. 그리고 실제로 할 수만 있다면 더 좋은 음향(방송)기기를 구매해서 소위 예배 만족도를 최대치로 끌어올리려고 하는 것이 거의 모든 목사의 욕망이기도 하다. 자연히 교회가 음향 관련 업체 혹은 개인들과의 접촉이 잦을 수밖에 없는 이유다.

그런데 이 과정에서 적지 않은 갈등이 발생한다. 소위 부당한 거래가 빈번히 발생하는 것이다. 대개의 경우, 목사들은 가급적 싼 가격에 양질의 음향 장비를 설치하려고 한다. 한마디로 제값을 잘 안 쳐주는 것이다. 업자가 교인일 경우 은근히 헌물이나 무상 공여를 기대하거나 요구하는 경우도 잦다. 이때 교인은 울며 겨자먹기로 값비싼 장비를 교회에 헌납하곤 한다. 심지어 업자가 비신자인 경우에도 그와 같은 무리한 요구를 하는 경우도 있다. 이를 위해 온갖 교활한 종교적 축복 논리가 동원되기도 한다. 입장을 바꿔놓고 생각하면 업자 입장에서는 참으로 억장이 무너질 노릇이다.

물건을 구매했거나 장비를 설치한 다음에도 갈등은 계속된다. 추가 서비스를 요구하거나 아니면 장비 수리를 빌미로 뻔질나게 오라가라 하는 것이다. 이 과정에서 당연히 제공되어야 할 출장비와 같은 인건비 지불이 무시된다. 그런데 교회와 이런 식으로 몇 번 거래를 하면서 상처를 받은 업자들은 혼자 마음속으로 "두 번 다시 교회와는 거래하지 않겠다고" 단단히 다짐을 한다.

이보다 더 악질인 경우도 있다. 구매할 장비 가격을 고가로 책정한 후에 교회에 허위 보고를 해서 고액을 타낸 다음 실제로는 그보다 못한 가격을 지불하는 것이다. 당연히 중간에서 관련자가 그 차액을 횡령하는 것이다.

흔치는 않지만 목사 중에는 이런 자들도 있다. 개탄할 노릇이다. 이런 행태들은 덕이 되지 않을뿐더러, 더 나아가 전도의 문을 굳게 걸어잠그는 결과를 초래한다.

목사들이 교회를 대표하여 외부 업자로부터 물품을 구매할 경우에는 제값을 주고 공정하게 구매하는 것이 옳다. 당연히 계산서도 합법적으로 끊어야 한다. 출장비가 발생하는 사후 관리의 경우 마땅히 그에 합당한 비용을 지불하는 것이 맞다.

물론 빠듯한 교회 살림에, 목사 입장에서는 어떻게든 한푼이라도 아끼면서도 반대로 양질의 비품을 구매 혹은 설치하고 싶은 것은 인지상정이다. 그 심정과 사정을 모르는 바가 아니다. 하지만 기계 덩어리를 얻으려고 사람을 잃는 것은 어리석은 거래다. 정말 중요한 것은 사람의 마음을 잃지 않는 것이다. 교회가 그깟 돈 몇 푼 절약하자고 사람들의 마음에 상처를 주어서야 되겠는가? 차라리 돈을 더 주더라도 사람에게 신뢰와 존경을 얻는 것이 훨씬 중요하다. 거래 상대자가 교인일 경우 힘들고 어렵게 사업이나 장사를 하고 있는 사람의 마음을 헤아려 배려하는 것이 필요하고, 그 상대가 비신자의 경우는 더더욱 그렇다. 또한 세금 계산서를 합법적으로 끊음으로써 한국사회의 공정성과 투명성 제고에 작게나마 기여하는 것도 중요하다.

만일 교회가 재정 상태가 넉넉지 못해 원하는 물건을 제값 주고 살 수 없다면 어떻게 해야 할까? 답은 간단하다. 안 사면 된다. 부족하면 부족한 대로, 모자라면 모자란 대로 자족하면서 목회하면 된다. 그 대신 양심에 거슬리지 않게 깨끗하게 목회하면 된다. 그것이 더욱 복음적인 목회다.

경청의 태도

목사는 늘 말이 많은 사람이다. 직업(무)적 특성상 어쩔 수 없는 노릇이다. 일단 설교할 일이 많고, 기도(회)를 인도할 일도 많다. 상담을 하고 회의를 주재할 일도 많다. 어느 날은 하루 종일 쉬지 않고 입을 놀려야 할 일도 생긴다. 사실 목사는 말을 잘할수록 주가가 뛰고 가치가 높아진다. 그러니 다들 어떻게 하면 말을 잘할 수 있을까 고민한다. 그렇지만 한 번쯤 뒤집어 생각해보면 어떨까? 목사는 말을 잘하는 사람이라는 대중적 인식 대신에 말을 잘 듣는 사람이 되어보는 것은 어떨까? 아마 목사가 말을 많이 하는 대신에 귀를 기울여 타자의 목소리를 듣는 일이 더 많아지기 시작하면 그의 삶 뿐 아니라 그가 목회하는 교회의 영성과 문화가 상당히 달라질 것이다.

우선, 목사는 하나님의 말씀에 늘 귀를 기울이는 훈련을 해야 한다. 바꿔 말하면, 목사가 기도할 때 자신의 소망과 필요와 욕망을 구구절절 늘어놓기보다는, 하나님이 그 자신과 그가 섬기는 교회에게 원하시는 뜻이 무엇인지를 듣기 위해 귀를 기울여야 한다. 기실 한국교회 안에서는 목사가 기도의 형태로 주도적으로 말을 잘하는 것을 가리켜 목사의 영성이 좋다거나, 심지어 목사의 영력이 뛰어나다는 말을 서슴지 않는다. 그래서 어떤 목사들은 기도할 때 일부러 목소리를 변조하기까지 한다. 아주 심한 경우 빨간색 혹은 흰색 장갑을 끼고서 알아들을 수 없는 주문 비슷한 문구를 남발하며 요상한 짓거리를 하기도 한다. 그러나 이런 유의 목사들의 모습은 무속종교의 주술사의 모습에 다름 아니다. 그것은 형식은 하나님께 드리는 기도인 것처럼 보여도 내용은 사탄에게 휘어잡힌 기도일 뿐이다.

기도는 하나님과 인간 사이의 상호 대화 내지 소통의 행위다. 하나님이 먼저 말씀하시고 인간은 듣는다. 그다음 인간이 말하고 하나님이 들으신다. 이것이 올바른 순서다. 하지만 우리는 너무 자주 이 순서를 역전시키고 전복시킨다. 그것이 우리의 기도가 죄로 오염되는 이유다.

목사는 솔선수범하여 기도의 순서와 질서를 바로잡을 책임이 있다. 그러려면 그 자신부터 기도할 때 인간의 욕망과 필요를 부르짖기 이전에 하나님의 음성을 듣는 귀를 개발해야 한다. 물론 이 말이 하나님이 인간의 요구에 무관심하거나 그것을 무시하신다는 말은 아니다. 다만 나는 기도의 올바른 순서를 말하고 있는 것이며, 교회에서 그 올바른 질서를 형성하는 것이 목사의 중요한 책무 중 하나임을 말하려는 것이다.

혹 어떤 이들은 하나님이 오직 성서 말씀을 통해서만(성서를 읽는 이의 마음의 감동을 통해) 말씀하신다고 주장하는 데 반해 나는 그렇게 생각하지 않는다. 나는 하나님이 기도 중에도 분명 다양한 형식과 경로를 통해 당신의 백성에게, 당신의 의지와 뜻을 말씀하신다고 확신한다. 따라서 우리는 그 하나님의 말씀을 들을 수 있어야 한다. 그런데 하나님의 말씀을 들으려면 인간은 침묵해야 한다. 대화의 상대자 둘이 동시에 떠들면 결코 소통의 사건이 일어날 수 없다. 한쪽이 말하면 다른 한쪽은 경청해야 제대로 된 대화가 성립한다. 기도도 마찬가지다. 하나님이 말씀하시려면 인간은 입을 다물고 대신 귀를 열어야 한다. 그때 우리는 비로소 저 우주 공간을 가로지르고, 아니 10차원의 세계를 관통하여 순식간에 우리 귀에 도달하는 거룩한 음성을 들을 수 있다.

하나님은 본질적으로 선하고 의로우신 분이다. 따라서 하나님의 뜻은 항상 선하고 의롭고 거룩하다. 또한 하나님은 무한히 지혜로운 분이시다. 따라서 하나님의 판단과 전략 및 시기의 결정은 항상 옳다. 이렇듯 선하고 지혜로우신 하나님이 당신의 백성을 향해 말씀하시는 뜻은 당신의 백성의 복지와 안녕을 위한 최선의 방책이다. 그것은 유한한 인간의 전략과 욕망과 필요보다, 마치 하늘이 땅보다 높듯이 훨씬 더 우월하다. 그러므로 우리가 말하기 전에, 하나님이 말씀하시는 의지와 전략을 듣고 순종하는 것이 마땅하다. 그것이 목사 개인에게도, 그가 섬기는 교회에게도 행복의 첩경이다. 따라서 목사는 이런 영적인 안테나를 구비해야 한다. 그것은 목사가 기도의 자리에서 하나님의 말씀을 듣기 위해 자신의 말을 줄일 때 가능하다.

둘째로 목사는 신도들의 말을 정성스럽게 귀담아들어야 한다. 통상 목사가 신도들과 대화를 하거나 상담을 하게 되면 지나칠 정도로 (때로 완전히 일방적으로) 혼자서만 떠드는 일이 비일비재하다. 하지만 이제 이런 유의 의사소통 기법이나 리더십은 그 시효가 만료되었다고 봐야 한다. 오히려 지금은 교회의 리더로서 목사가 신도들의 의견과 주장 및 발언을 적극 경청해야 한다. 가령 신도들이 교회 운영이나 예배 문화와 관련하여 얼마든지 불만 사항을 제기하거나 건의를 할 수 있다. 또 고달프기 그지없는 삶의 문제 앞에서 넋두리를 늘어놓을 수도 있다. 신정론적인 문제 앞에서 절망하며 항의할 수도 있다. 그럴 때 목사는 이들을 계도하거나 교정하려 하기보다는 그들의 속마음을 헤아리며 그들이 던지는 말 하나하나에 진실한 마음으로 귀 기울이는 것이 훨씬 더 덕스럽다.

그뿐만 아니라 교인 가운데는 신학이나 목회 영역 외에 다른 분야에서 목사와는 비교가 안 될 정도로 뛰어난 전문적인 식견과 경험 및 통찰력을 갖춘 사람들이 부지기수다. 이런 점을 감안한다면, 목사가 마치 자신이 모든 분야를 섭렵하기라도 한 것처럼 알지도 못하는 이야기를 함부로 발설하는 우를 범하기보다는, 관련 분야의 전문가들에게 조언을 구하고 도움을 요청하는 것이 지혜로운 태도다.

작금의 한국 개신교의 구조는 목사 개인이 소위 마이크 권력을 90퍼센트 이상 독점한 상태다. 만일 목사가 지능지수가 최소 150

이상 되는 천재로서 다양한 분야를 두루 꿰뚫는 식견을 갖추고 있다 하더라도, 전체 회중과 조직을 상대로 개인이 마이크 권력의 90 퍼센트 가까이를 장악하고 있다는 것은 매우 위험한 징조다. 아무리 뛰어난 리더라 할지라도 독선과 독재는 항상 조직을 경직시키고 우중화시킬 가능성이 농후하기 때문이다. 하물며 목사가 평균적인 지능지수와 통찰력을 갖고 있거나, 혹은 그보다 못함에도 불구하고 혼자서 마이크 권력을 독점하고 있는 것은 얼마나 위험천만한 일인가. 그런데 지금 한국 개신교의 구조가 딱 그 모양인 것이다. 따라서 이런 문제들을 해결하는 차원에서라도, 현재의 한국교회 목사는 훨씬 더 많이 신자들의 목소리에 귀를 기울일 필요가 있다. 목사가 말하고 신도들이 듣는 대신에, 신도들이 말하고 목사가 듣기 시작하면 목사의 권위와 리더십이 붕괴되거나 약화되는 것이 아니라, 오히려 교회의 언로가 더 건강해지고 민주화된다는 자신감을 가질 필요가 있다.

아마도 목사가 하나님과의 관계에서, 그리고 신도들과의 관계에서 말을 많이 줄이고 대신 듣는 연습을 열심히 하기만 해도 현재 한국 개신교가 직면한 문제 중 상당수가 자연스럽게 해결될지도 모른다. 구체적인 수치를 제시하기는 어렵겠지만, 최소 말하는 것과 듣는 것이 5 대 5 정도만 되도 모종의 희망이 보일 것이다.

주의해야 할 어법들

이 글에서는 목사가 특히 주의해야 할 말버릇 내지 어법 몇 가지를 말하려고 한다. 목사가 은연중에 혹은 노골적으로 발설하는 말버릇 가운데 이것만큼은 꼭 고쳤으면 하는 마음에 몇 자 적는다.

첫째, 자신의 생각을 하나님의 뜻처럼 둔갑시켜서 말하는 어투를 조심해야 한다. 많은 목사들이 이 문제에서 자유롭지 못한 것이 사실일 게다. 실제로 목사가 자신의 바람, 욕망, 의지, 희망 사항을 마치 하나님의 뜻인 양 치환하여 신도들에게 강요하거나 부과하는 경우가 얼마나 많은가. 특히 헌금이나 헌신과 관련하여, 심지어 성적인 범죄 행위조차 하나님의 뜻을 운운하는 괴기한 경우도 있으니 참으로 큰 문제다. 그러나 엄밀히 그리고 정확히 말하자면 이런 문제는 모두 목사 개인의 욕망의 투사일 뿐, 하나님의 뜻과는 전혀 상관이 없다.

목사가 자신의 생각과 판단을 신의 뜻으로 둔갑시켜서 발설하는 것은 무엇보다 신성모독죄에 해당할 뿐 아니라 신앙과 종교를 빙자한 사기죄에 다름 아니다. 그런 행위는 하나님의 영광을 가리며, 하나님의 뜻의 광채를 너덜너덜하게 만들며, 사람들의 영혼을 고통과 절망의 저수지에 내던지는 것에 불과하다. 목사가 유발하는 거짓된 하나님 뜻의 번개와 천둥으로 인해 신도들은 미몽의 어둠 속에서 저수지에 빠져 허우적거리다 폐인이 된다. 이로 인해 많은 사람들의 삶이 파탄 나고 가정이 깨어지며 교회의 신뢰도가 바닥을 치게 되니, 이 죄야말로 참으로 그 벌이 엄중하다 하지 않을 수 없다. 따라서 목사는 함부로 하나님의 뜻을 입에 담아서는 안 된다.

물론 시시때때로 하나님께서 당신의 영을 통해 목사의 마음에 모종의 깨달음이나 감동 혹은 통찰을 주실 수 있다. 그리고 말씀의 묵상과 연구를 통해서 당신의 뜻을 알리시고 지도하실 수 있다. 그러나 이때에도 목사는 자신이 받은 감동과 깨달음 안에 얼마든지 인간적인 욕망과 오판이라는 불순물이 섞여 있을 수 있음을 자각하고 겸손한 마음으로 조심스럽게 하나님의 마음을 알려야 한다. 실로 어떤 경우든지 유한한 인간이 무한한 하나님의 뜻을 다 포착하거나 중개할 수 없다는 지극히 평범한 진리 앞에서 겸비한 마음으로 행하는 것이 목사의 의무다.

둘째, 신도들에게 교회 공동체의 과제와 관련한 어떤 일을 맡길 때는 지시하거나 명령하는 어투 대신 공손히(혹은 정중히) 부탁하는 것이 옳다. 많은 목사들이 이 문제에서도 자유롭지 못한 것이 현실이다. 나이가 꽤 들은 목사는 그렇다 치고, 심지어 새파랗게 젊은 목사까지도 자신보다 나이가 한참 연상인 신도들을 향해 반말 투로

지시하는 일도 비일비재하다. 왜 이런 나쁜 문화가 교회 안에서 독버섯처럼 자리하고 있는 것일까? 아마 목사가 스스로를 신적인 중개자 혹은 구약적인 제사장으로 과신하고 착각하고 있어서가 아닐까? 또는 자신이 신도들에게 맡기는 일들은 하나님의 일이므로 그 안에 신적인 효력을 내포하고 있기에 강압적으로 명령해도 된다고 생각하는 것일까? 어떤 경우든지 이런 식의 표현이나 행동은 옳지 않다. 거듭 말하거니와 목사가 교회 일을 신도들에게 당부하거나 위임할 때는 지시나 명령조의 어투가 아니라 예의를 갖춰 정중하게 부탁하는 것이 훨씬 더 덕스럽다.

이와 관련하여 한 가지 더 첨언할 것은, 설령 목사가 정중하게 예를 갖춰 부탁을 했음에도 불구하고, 신도들이 그 과업을 떠맡는 것이 개인적으로 불편하게 생각되거나 혹은 피치 못할 사정이 있어 거절할 수도 있다는 점이다. 이런 경우에 목사는 신도들의 거절(사양)을 수용하고, 이 문제로 어떤 종교적 협박이나 공갈을 일삼지 않도록 극구 조심해야 한다. 우리 주변에 이런 악습이 너무 많기에 하는 말이다.

셋째, 신도들의 크고 작은 헌신 및 봉사와 섬김에 대해 항상 고맙다는 인사를 잊지 않는 것이 옳다. 목사들이 범하는 큰 과오 하나가 이와 관련이 있다. 즉 자신이 교회를 위해서 한 작은 섬김에는 대단한 의미를 부여하고 또 그 행위를 자가 마케팅 내지 공치사하는 식으로 널리 떠벌이면서도, 정작 신도들이 자신의 시간과 물질을 아낌없이 바쳐 헌신한 것에 대해서는 당연히 해야 할 일을 한 것처럼 대수롭지 않게 받아들이고 묵과하는 행위가 목사들의 심리와 처세 안에 만연해 있다. 이는 아주 나쁜 버릇 중 하나다. 오히려 진실을 말하자면, 목사는 교회로부터 자신의 노동과 봉사에 대한 대가를 지불받기에 제아무리 중한 일을 한다 해도 그것을 자랑하거나 뽐낼 일이 전혀 없으나, 신도들의 경우 자신의 시간과 물질을 바치면서도 정작 거기에 더해 노력 봉사까지 아낌없이 드리니, 칭찬과 영광을 받아야 하는 진짜 대상은 차라리 목사가 아니라 신도들이라는 사실이다. 그런데도 실상은 월급을 받는 목사가, 헌금을 내는 신도들에게 이런저런 일을 무상으로 시키면서도 그에 대해 아무런 감사 인사 한마디 없다는 것은 얼마나 후안무치한 일인가.

지역교회 안에서, 그리고 지역교회를 통해서 이루어져 가는 하나님 나라는 결단코 목사 혼자만의 힘으로는 불가능하다. 도리어 수많은 신도들의 겸손한 봉사와 수고를 통해 지역교회 안에서 하나님 나라가 실현되어간다. 그러므로 목사는 그런 헌신의 가치와 의미를 깊이 새기고, 그에 대해 늘 감사한 마음을 가질뿐더러 그것을 적극 표현할 수 있는 자세를 갖춰야 한다.

넷째, 목사가 신이 아닌 다음에야 그도 자주 실수하고 오판하고 실패한다. 지극히 당연한 일이다. 세상에 허물이 없고 모자람이 없는 목사가 어디 있는가? 불가능하다. 다만 이럴 때 목사는 공동체 앞에서, 혹은 그 일과 관련한 특정 신자에게 진심으로 사과할 줄 알아야 한다. 자신이 명백하게 잘못해놓고도 괜히 목사의 권위를 앞세워 변명과 거짓말로 일관하거나, 나아가 자신의 잘못을 지적하고 사과를 요구하는 사람들을 향해 저주를 늘어놓는 행위는, 인간적으로도 추잡한 인격의 발현에 불과할 뿐 아니라 그로 인해 하나님의 영광을 가리고 교회를 큰 시험에 빠지게 하는 죄악이다.

목사가 자신의 실수와 오류를 시인하고 잘못을 구할 때 그것을 빌미로 목사를 소위 인민재판에 회부하여 목사로서의 생명줄을 끊어놓을 사람이 누가 있겠는가? 오히려 목사가 진솔하게 자신의 잘못을 고백하고 용서를 구할 때, 그런 모습이 더 큰 울림과 감동을 주지 않겠는가. 아니, 꼭 그런 효과가 없더라도 그리스도의 제자로서, 그리고 인간의 얼굴을 한 존재로서 자신의 과오와 실수에 대해서는 겸손히 용서를 구하는 것이 올바른 도리다.

정리하자면, 1) 목사는 교회 공동체 앞에서 자신의 의견을 고할 일이 있을 때 성서와 교리의 참된 정신에 비추어, 또한 건전한 상식과 교양에 근거한 합리적인 생각을 제출하는 것으로 만족해야지, 자신의 생각을 굳이 하나님의 이름으로 족쇄를 채워 신도들의 사고와 의식을 결박하는 우를 범해서는 안 된다. 또한 2) 목사는 신도들에게 어떤 일을 위임하거나 위탁할 때 정중하게 부탁하며, 3) 그 일이 진행되는 중간에 혹은 마무리되고 난 후에 감사의 표현을 기꺼이 할 수 있어야 하며, 4) 혹 의도치 않게 실수하거나 과실을 범했을 경우 이를 수긍하고 개선하려는 의지를 표명하는 것을 두려워해서는 안 된다.

그리스도인이 된다는 것은 좋은 사람이 된다는 의미다. 왜냐하면 그리스도인이 된다는 것은, 아담의 범죄로 인해 망가진 순전한 하나님의 형상(참된 인간성)을 회복한다는 의미이기 때문이다. 목사도 마찬가지다. 목사가 된다는 것은 좋은 인간이 된다는 의미다. 제아무리 입에서 불이 나오는 설교를 한다 해도, 덕성과 품격이 실종된 목사가 되는 것은 실은 하나님의 종이 아니라 사탄의 앞잡이 노릇을 하는 일에 불과하다. 좋은 목사가 되기 위해, 먼저 좋은 인간이 되는 것이 필연적이다. 이를 위해 일단 우리의 말투부터 고쳐보자.

제4부 목사와 행정

영혼 호객 행위

초기 한국 개신교 지도자들은 이른바 "쌀 신자"를 걸러내기 위해 각별한 노력을 기울였다. 쌀 신자란 순전히 복음의 내용과 능력에 감동·감화에 되어 그리스도인이 된 사람이 아니라, 다른 목적으로 교회에 입교한 사람들을 총칭하던 표현이었다. 예컨대 직업을 구하고 돈을 얻기 위해 교인이 된 사람들, 서구식 교육을 받고 선교 병원에서 치료받기 위해 교회에 가입한 사람들, 선교사들이 가지고 있던 정치적 힘에 의지하여 생명이나 재산을 보호할 목적으로 교회를 조직하고 선교사를 초청하는 사람들, 심지어 가짜 교회를 세우고 선교사의 힘을 이용하여 주민들로부터 돈을 갈취하는 자들까지 등장했다. 초기 한국 개신교 선교사들은 이런 사람들을 "쌀 신자"로 보고 이들을 교회에서 걸러내거나 올바른 신앙 교육을 시키기 위해 학습 교육 및 사경회에 심혈을 기울이는 한편 엄격한 권징의 시행에도 신경을 썼다.

학습 제도란 교회에 입교한 후 6개월 동안 매 주일 예배와 학습 자반에 철저히 참석하여 기독교의 기본 교리와 신앙 교육을 받으면서 그 기간 동안 전도의 증거가 있으며 귀신숭배와 제사를 중단한 사람에 한해서 세례 문답에 들어갈 수 있던 제도를 말한다. 마포삼열 선교사는 학습 제도 시행의 목적에 대해 자세히 논하면서 이렇게 말했다.

> 학습 교인으로 등록시키는 것은 기독교적 친교의 손길을 뻗는 것인데, 이교를 버리고 그리스도를 영접하기로 처음으로 형성된 의도에 대해 그를 격려하는 것이다. 나는 그것을 사역의 초기 단계에서 특히 더 가치 있는 기관으로 여기는데, 그것은 처음 회심한 사람들을 세례 받은 등록교인과 더 완전한 조직을 가진 교회 앞에서 인정하고 조직하는 방식을 제공함으로써 기독교에 대한 더 뚜렷한 주창자가 되게 한다. 학습 교인에게 성경을 가르치는 것이 더 체계적이고 철저할수록, 이 요소가 복음화에서 더 가치 있는 것임이 입증될 것이다.

이런 기조 위에서 특별히 당시 숭실학당의 첫 번째 교사이자 훗날 평양 장대현교회의 장로가 된 이영언은 주님께서 자신에게 어떤 위대한 일을 행하셨는지를 가족과 이웃 사람에게 알리지 않은 사람을 교회에 받아들이는 것이 타당한지 의문을 제기하여 이 관행을 교회에 정착시켰다. 마포삼열 선교사는 이런 관행이야말로 한반도 북쪽 지역에서 기독교 사역이 광범위하게 발전한 가장 중요한 요소라고 단언했다(『마포삼열 자료집 4』, 673쪽 참조).

또한 초기 한국 개신교 지도자들은 매 주일 오후에 시행하는 성서 공부와는 별도로 농한기인 겨울철에 7-10일 동안 집중적으로 성서를 공부하는 사경회를 개최하여 신자들의 신앙 성장을 적극 도왔다. 1904년 기준으로 미자립교회의 75퍼센트가 사경회를 개최했으며 이 비율은 점차 높아졌다. 선교사들이 제출한 당시 사경회 풍경은 대략 이랬다.

> 통상적 프로그램은 다음과 같다. 참석자가 어느 집에서 자든지 새벽 기도와 찬양 예배를 드린다. 아침 식사 후 30분간 함께 경건회를 드리고, 이어서 오전 성경공부를 위해 흩어진다. 학급의 수는 가르치는 교사의 수에 달려 있다. 오후에 각각 1시간의 성경공부와 찬양 부르기가 있으며, 자주 오후 시간에 집에 있는 불신자들을 찾아가 전도한다. 저녁에는 다함께 토론회를 하거나 전도 집회에 참석한다.

이것이 초기 한국 개신교의 모습이었다.

이에 반해 오늘날 한국 개신교의 전도 방식은 어떠한가? 이 글의 제목을 "영혼 호객 행위"라는 다소 자극적인 것으로 잡은 데서 엿볼 수 있듯이 오늘 한국 개신교의 전도는 천박하기 이를 데 없다. 가령 소위 총동원주일예배라고 하는 풍습을 따져보자. 과연 총동원주일예배에서 순수한 복음이 선포되고 전파된다고 할 수 있는가?

아니다. 오히려 그날의 메인 이벤트는 사람들에게 널리 알려진 인기 연예인을 섭외하여 무대 위에 세우는 데 있지 않은가? 그래서 총동원주일예배를 앞두고서는 그날 자신들 교회에 아무아무개 연예인이 온다고(뜬다고) 대대적인 광고를 하지 않는가? 또 총동원예배 주일에 말 그대로 동원된 사람들에게는 각종 상품, 경품을 제공하며 인간의 마음을 얻으려고 안간힘을 쏟지 않는가? 심지어 다른 교회 신도들까지 사정사정해서 데리고 오는 일도 있지 않은가? 나아가 그렇게 인원 동원에 크게 성공한 자기 교회 신도들에게는 상품권과 금반지 등을 나눠주며 격려하고 치하하지 않는가? 이것이 과연 전도인가?

설사 이렇게 해서 예배당 안에 발을 들여놓은 사람이 있다 할지라도 로마 시대의 초기 기독교, 그리고 초기 한국 개신교처럼 엄격하고 철저한 신앙 교육과 생활의 점검 및 권징이 실시되고 있는가? 솔직히 이런 말을 한다는 것 자체가 정말 꿈 같은 일이다. 오히려 각종 종교 상행위를 통해서 교회 안에 끌어들인 사람들의 영혼에 번영신앙, 기복-무속 신앙으로 대표되는, 즉 돈과 성공이란 이름의 질병에 걸린 신앙이라는 마약을 다량으로 투여하여 그들의 영혼을 빈사상태에 이르게 하고 있는 것이 현실이다. 거기에 더해 이들을 목사 왕국의 충실한 신민이 되게 하여 영적 노예로 만드는 일도 부지기수다. 그 어디에도 예수 그리스도의 십자가의 복음, 하나님의 선하신 통치, 곧 복음의 정수를 찾아보기 어렵다. 오직 전도와 부흥을 빙자한 인간의 욕망만이 넘실거릴 뿐이다. 결국 출처도 족보도 알 수 없는 기괴한 종교적 행위만 무성할 뿐, 성서적 기독교가 가르치는 참된 교리와 윤리를 찾아보기가 난망하다. "예수 믿는 것들이 더하다"는 말이 괜히 나온 것이 아니다. 부끄럽기 그지없다.

여기에 더해 (약간의 불편함을 감수하고서라도) 길거리 전도의 폐해에 대해서도 한마디 하고자 한다. 과연 길거리에서 커피를 따라주고, 물티슈나 휴지를 나눠주며 주보를 돌리는 것을 가리켜 전도라고 할 수 있는가? 이런 행위들이, 아주 심하게 말하자면, 각종 호객행위와 무슨 차별이 있는가? 물론 교회 성장을 위해서 금쪽같은 시간을 아껴 헌신하는 개별 신자들의 순수한 열정과 착한 마음을 모르는 바가 아니나, 이런 순수한 마음조차도 올바른 지식에 기초하지 않는 순간 악용될 수 있음을, 아니 실제로 매우 광범위하게 악용되고 있는 현실에 대한 안타까움을 토로하는 것이다.

분명 영혼(인간 존재)의 구원은 성서적 기독교의 가장 핵심 과제다. 또한 인간 존재가 예수 그리스도 안에서 성취된 참하나님의 형상을 닮아가는 것은 성서적 기독교가 지향하는 최종 목표 중 하나다. 따라서 목사들은 자신이 섬기는 교회에서 전도와 신앙 성숙이 선순환을 이룰 수 있도록 지대한 관심을 갖고 헌신해야 마땅하다. 그러나 위에서 간단히 지적했듯이, 그것이 영혼에 대한 호객행위로 변질되어서는 안 된다. 더욱이 그런 종교적 열심의 바탕에 있는 근본 동기가 교회를 크게 키워 목사의 왕국을 만들기 위한 타락한 욕망에 기초하고 있다면 이것은 도저히 묵과할 수 없는 교회 타락상의 극치다. 실제로 오늘 이런 한국 개신교의 기형적 모습이, 한국 개신교가 그토록 입에 침을 튀겨가며 비판하는 중세 가톨릭의 면죄부 판매와 그 근본에서 무엇이 다르단 말인가?

이제라도 한국의 모든 목사들이 다시 성서로 돌아가 올바른 복음 전도, 올바른 신앙 성숙에 매진해야 할 때다. 그것이 교회를 살리는 길이고, 자신을 살리는 길이다. 본시 개혁(Reform)이란 이제껏 존재하지 않던 것을 새로 만드는 것이 아니라 원래 있던 것(form)으로 돌아가는 것(re)이다. 더 늦기 전에 한국 개신교는 성서로 돌아가야 한다.

취미/오락생활

나는 지금껏 살면서 두 번의 큰 교통사고를 경험했다(접촉 사고 수준의 교통사고는 빼고). 둘 다 20대에 겪은 사고였으며 자칫하면 생명을 잃을 수도 있을 만큼 위험했다.

첫 번째 치명적인 교통사고는 내 나이 26세 때 네덜란드에서 벌어졌다. 당시 총신신대원 3학년에 재학 중이던 나는 교단 비리와 학교 학사 행정의 모순 등과 맞물려 해마다 빠짐 없이 연례적으로 반복되는 수업 거부 등 도저히 정상적으로 공부를 할 수 없는(그리고 그보다 비정상적인 상태를 바로잡지 못하는) 상황에 분노를 느껴 3학년 1학기를 마치고 자퇴서를 제출한 후 곧바로 네덜란드 암스테르담으로 날아갔다. 네덜란드 자유대학교에서 박사학위 논문을 쓰고 있던 (고) 이정석 교수님이, 내 상황을 알고 네덜란드에 와서 당신 집에 함께 머물며 진로를 모색하는 게 어떻겠냐고 권유를 하셔서 덜컥 받아들였던 것이다. 그렇게 해서 난생 처음으로 유럽 땅을 밟았고, 그해 여름에 이정석 목사님 가족과 함께 유럽을 일주하며 세상 구경을 실컷 했다. 그리고 다시 네덜란드로 돌아와 시간을 보내면서 학교 구경도 하고, 미리 유학 와 있던 선배들도 만나서 인사를 하던 중, 하루는 오스트리아에서 놀러온 K 목사님과 이정석 교수님, 그리고 나 셋이 함께 로테르담 구경을 갔다가 중간에 뒷차에 받혀서 크게 다쳤다. 결국 부상이 너무 심해 모든 계획을 접고 중도 귀국할 수밖에 없었다.

두 번째 교통사고는 내 나이 29세 때 의정부 가능 사거리에서 신호를 대기하던 중 왼쪽에서 적신호를 무시하고 100킬로미터 이상으로 쏜살같이 달려온 차에 운전자 문쪽으로 곧장 받혀서, 내 자가용이 몇 바퀴 빙그르 돌 정도로 큰 사고를 당했을 때다. 그 사고로 내 차는 폐차를 해야 할 정도로 산산조각이 났다. 사고 운전자의 과실이 명백한 데다 사고 내용이 중하여(신호 및 속도위반 뺑소니 등) (주변에서 말하길) 내가 마음만 독하게 먹으면 한몫 단단히 챙길 수 있는 상황이었다. 그런데 사고를 낸 운전자가 하도 애절하게 사정하길래, 그냥 치료비 명목으로 300만 원을 받고 합의하여 끝냈다. 그때가 마침 내가 초임 군목으로 부임한 부대의 예배당 시설 보수 공사 및 교육관 신축 공사를 시작한 때였는지라, 공사비가 무척 궁했다. 그래서 이것도 다 하나님 뜻이려니 하고 합의금으로 받은 300만 원을 갖고 교회 음향 장비 일체를 새로 설치했다. 문제는, 그때 제대로 치료를 받지 않고 넘어간 까닭에 그 후 몇 년간 사고 당시 부딪힌 왼쪽 몸 전체가 마치 얼음장처럼 차갑고 저린 현상 때문에 큰 고통을 당해야만 했다는 것이다. 그래서 당시 나는 사석에서 가까운 이들과 교제할 때면 그 합의금으로 헌금할 게 아니라 보약을 사먹었어야 했다고 말하며 웃곤 했던 기억이 생생하다.

20년 가까이 목회를 하면서 돌이켜보면 내 자신 참 열심히 목회했다. 금식한 날도 많고, 밤을 지새운 날도 많았다. 30대에는 총 일곱 번에 걸친 건축을 하면서 등짐도 져봤고, 속도 많이 썩어봤다. 수년 동안 하루도 거르지 않고 새벽마다 매일 50-100명 이상씩 안수기도를 하면서 진액을 다 쏟은 날들도 있었다.

그런데 목사가 최선을 다해 목회를 하는 것은 맞지만, 죽을 각오로 목회를 할 필요는 없다는 게 내 생각이다. 목숨 걸고 목회하면, 자칫 목숨을 내놓을 일이 생긴다. 목숨까지는 아니어도 결국 몸에 남는 것은 갖가지 질병뿐일 때도 많다. 목사가 아프면 처음에는 교회가 함께 속상해하고 근심하지만, 그것도 어느 정도일 뿐, 오랫동안 계속 아프면 교회가 슬슬 부담을 느끼기 시작한다. 그렇게 되면 불쌍한 것은 목사의 가족뿐이다. 이게 현실이다.

목회는 단거리 경주가 아니라 마라톤이다. 따라서 일정 속도로 꾸준히 뛰는 것이 중요하다. 또 목회는 단기 여행이 아니라 장기간의 순례다. 그래서 무엇보다 중도에 지치지 않는 것이 중요하다. 그러려면 목사도 정기적으로 취미생활 혹은 오락생활을 즐기는 것이 필요하다. 사람이 기계가 아닌 다음에야 어떻게 계속 일만 할 수 있겠는가. 목회 중간중간에 일정한 짬을 내서 영혼의 휴식과 몸의 생기를 재충전하는 일을 반복해줘야, 목사도 살 수 있다. 그래서 목사에게 여행, 운동, 사진 찍기, 전시회 관람, 영화 구경, 수다 떨기 등등이 모두 유용하다. 목사가 이런 부분에 에너지를 할애하는 것은 결코 죄가 아니라, 하나님이 주신 삶의 풍성함을 누리는 한 방편이며, 목회를 장기적으로 꾸준히 유지하기 위한 전략적 투자다.

단, 이때도 최소한 두 가지는 조심해야 한다는 것이 내 생각이다. 첫째, 특정한 취미 혹은 특기 활동에 지나치게 많은 시간과 돈을 빼앗기지 않도록 자신을 잘 관리해야 한다. 종종 어떤 목사들은 자신이 좋아하는 운동이나 취미 활동에 푹 빠져 사느라 정작 목회 자체는 소홀한 것을 보게 되는데 이는 완전히 주객이 전도된 것이라는 점을 유념해야 한다.

둘째, 지나치게 고급스럽거나 사치스러운 취미 활동이나 오락은 멀리하는 것이 옳다. 때때로 어떤 목사들은 값비싼 카메라 장비를 구비하여 전 세계의 풍광 좋은 곳을 두루 찾아다니며 소위 작품 사진 건진 것을 자랑스럽게 여기는 이들이 있는데 이것은 전혀 바람직스럽지 않다. 목사에게 가장 중요한 것은 매사에 "덕스러움"이다. 목사는 밥을 먹을 때도, 옷을 입을 때도, 취미생활을 할 때도 덕스러움을 먼저 생각해야 한다. 만일 목사가 일반인의 생활과 동떨어진 고급 취미생활에 돈을 펑펑 쏟고 다니면 그것이 과연 덕스럽겠는가? 목사가 덕을 잃어버리면, 그가 강단에서 제아무리 설교를 유창하게 잘해도 그러나 이미 실질적인 은혜는 상실한 것이다. 따라서 목사는 강단 아래서 항상 덕이 되는 삶의 기준을 유지하려고 노력해야 한다. 그리고 이것은 취미 및 특기 생활에도 마찬가지다. 내 생각에는, 목사가 교인들의 평균적인 생활 수준보다 약간 못하거나 비슷한 정도에서 운동 장비도 구입하고, 기호 및 취미생활도 하고, 가끔씩 가벼운 여행도 하면 덕을 잃지 않고도 얼마든지 삶을 즐길 수 있을 것으로 본다.

특별히 작금의 우리 사회에서 경제적·사회적 불평등이 얼마나 치명적인가? 여전히 많은 사람들이 빈곤의 문제에서 자유롭지 못한 것이 우리 사회의 현실이다. 또 많은 노인들과 청년들이 삶의 질이 악화되어 고통스럽게 살고 있다. 어느덧 정치적 자유는 계속 확대되고 있지만, 경제적 불평등은 좀처럼 개선될 기미가 보이지 않는다. 또한 요즘의 경제적·사회적 불평등은 세습의 특성을 띠고 있기 때문에 그 구조적 해악이 더욱 심각하다. 이런 불의한 사회 현실에서 목사들이 고급스럽고 사치스런 취미 활동을 즐기는 것은 일종의 죄악이 될 수 있다. 목사라면 이 점을 유의하고 유념해야 할 것이다. 하나님께서 목사들에게 건전한 취미와 오락의 자유를 주셨지만, 목사들이 그 자유를 사회 공동체 전체의 덕을 위해서 사용한다면 훨씬 더 좋을 것이다.

먹사라는 오명

오늘날 한국사회에서 개신교 목사들에게 따라붙는 가장 치욕스런 별칭이 있다면 바로 "먹사"일 것이다. 나는 왜 목사가 먹사로 불리게 되었는지 그 정확한 최초의 연유에 대해서는 잘 모르겠다. 다만 이 말이 오늘날에 와서 목사들의 무분별한 탐욕에 대한 총체적 비판과 야유의 성격을 지닌 단어라는 것 정도는 알 것 같다. 이 글에서는 특히 목사의 식사 문화와 연관지어 몇 가지를 짚어보려고 한다.

개신교 목사를 먹사로 부르는 이유 중에는 목사의 식사 문화가 중심에 있다고 생각한다. 목사가 오죽 먹는 것을 좋아하면 먹사라고 불리울 정도에 이르게 되었을까? 물론 모든 목사들이 다 식탐을 누리며 사는 것은 결코 아니다. 절대다수의 가난한 목사들은 일반인이 먹는 것 이상의 문화생활을 영위하지 못하는 것도 사실이다. 그러나 보편적으로 볼 때 교회가 어느 정도의 규모만 되어도 목사의 식사 문화에 거품과 허영이 많다는 것은 누구나 포착할 수 있는 사실이다. 목사의 미덕은 고독과 청빈으로 대표되는 수행의 삶인데 반해 목사들이 육체의 즐거움을 위하여 소위 주지육림을 탐하다 보니 세상이 그들을 향해 먹사라고 야유하고 있는 것이다. 따라서 목사들이 먹사라는 오명에서 벗어나기 위해서는 다음 몇 가지 사항을 실천할 필요가 있다.

첫째, 고급 호텔 식당에서 값비싼 음식을 먹는 것을 극구 피해야 할 것이다.

둘째, 목사들끼리 월요일에 이런저런 핑계로 모여 맛 좋은 음식점을 순례하며 미식을 구가하는 것을 절제해야 한다.

셋째, 소위 보양식이라고 해서 몸에 좋다는 음식을 잘 만들기로 소문난 음식점을 목사들끼리 그룹을 이루어 찾아다니는 것을 절제해야 한다.

넷째, 교인들이 제아무리 고급 음식을 접대하고자 해도 그것이 사회 통념상 도에 지나친 가격대의 음식이라고 하면 정중하게 사양해야 한다.

다섯째, 거나하게 식사하는 것을 마치 교회 친교의 핵심이라고 생각하는 그릇된 관행과 오해에서 탈피해야 한다.

아마 이런 기본적인 부분만 잘 지켜져도 목사가 먹사로 불리는 일이 상당히 줄어들지 않을까 싶다.

더 나아가 목사는 다른 사람에게 음식 접대받기를 좋아하기보다는 오히려 다른 사람들에게 식사 대접하는 것을 마땅하게 생각하고 그것을 환대의 한 예로 적극 실천해야 한다. 한국교회에서는 목사는 당연히 대접받는 사람, 신도들은 목사에게 가장 좋은 음식을 대접해야 하는 사람이라는 아주 잘못된 이분법적 구도가 오래전부터 자리매김해왔다. 과거 국가적으로 가난하던 시절, 교회 역시 매우 궁핍하던 시절에는 평상시 목사들이 영양을 충분히 보충하지 못해서 이따금씩 신도들에게 좋은 음식을 대접받는 일이 큰 흠이 되지 않았다. 하지만 지금은 사회 전반에 걸쳐 생활수준이 크게 향상되었으며, 목사가 영양실조로 생명의 위협을 느낄 일도 거의 없다. 이런 상황에서 목사가 사회에서 힘들게 한푼 두푼 버는 신도들에게 일방적으로 음식을 대접받는 것은 재고의 여지가 충분하다. 오히려 세상에서 힘겹고 고단하게 살아가는 신도들을 위해 목사가 따뜻한 밥 한 끼 사며 격려와 위로의 말을 건네는 것이 훨씬 더 목회자의 본분에 합당하다. 더욱이 교회 규모가 일정 이상이 되어 교회로부터 생활비 외에 목회 활동비가 별도로 나오는 경우, 목사는 그 돈을 용도에 맞게 신도들을 위해 합리적으로 쓰는 것이 옳다. 그럴 경우 목사가 신도들을 위해 식사를 대접하는 것은 전혀 어렵지 않다.

궁극적으로 목사는 예수님이 사탄과의 시험에서 인용하신 신명기 말씀을 늘 기억할 필요가 있다. 곧 "사람은 떡으로만 사는 것이 아니라 하나님의 입에서 나오는 말씀으로 사는 것"이다. 목사는 바로 이 말씀을 자신의 삶에서 실천하기 위해 부름을 받은 사람이다. 목사는 음식으로 사는 자가 아니라 하나님의 말씀이 주는 영양가로 사는 사람이다. 그런데 현실은 정반대다. 마치 사도 바울이 통렬하게 꾸짖듯이 자신의 "배"가 우상이 된 목사들이 적지 않기에 오늘날

제4부 목사와 행정

한국사회에서 목사가 먹사라는 오명을 자초하고 있는 것이다. 이는 누구의 잘못도 아니다. 목사가 스스로 자초한 결과다. 그러니 이 문제를 목사들 스스로 푸는 것이 합당하다. 목사가 건강한 영성생활을 추구하기 위해서는 적당히, 아주 적당히 위 한쪽이 비어 있는 것이 더 바람직하다.

추기 1. 일 년 전 어느 분이 자신의 문제 하나를 도와주었다고 해서 나보고 20만 원짜리 음식을 대접하고 싶다는 제안을 하신 일이 있었다. 텔레비전에도 자주 출연하는 유명 셰프가 운영하는 고급 음식점에서 파는 식사 메뉴였다. 그분도 어렵게 얻은 특별 식사권이라고 하시면서 나를 꼭 사주고 싶어 하셨다. 나는 그 제안을 받고 그 자리에서 이렇게 말씀드리며 정중히 사양했다. "말씀은 너무 감사합니다. 하지만 음식 값이 목사가 먹기에는 사회 통념상 지나치게 고급스러운 것 같습니다. 마음만 기쁘게 받도록 하겠습니다." 다행히 그분이 나의 이런 마음을 잘 이해해주셨다.

추기 2. 15년 전 내가 모처에서 개척교회를 시작할 당시 나름 급진적인 개혁을 추구한답시며 정관을 장황하게 만들었는데 그중에는 이런 내용도 있었다. "우리 교회에서는 여하한의 경우에도 교인 상호 간, 목사와 신자 간 식사 때 5천 원 이상의 음식은 먹을 수 없음."

내 딴에는 거품이 많이 낀 교회 음식 문화를 개혁한답시고 그런 조항을 신설했던 것인데 한 일 년쯤 시행을 해보니 내가 잘못 판단했다는 것을 톡톡히 느꼈다. 종종 신도들은—특히 장년 신도들은—

목사를 사랑하거나 목사에게 고마움을 느껴서 좋은 음식을 접대하고 싶어 하는 경우가 분명 있다. 그런데 5천 원이라는 식사 가격 규정이 교인들이 그런 마음을 표현하는 것을 금함으로써 결과적으로 목사와 신도들 사이에 더 깊은 인격적 만남이 제한을 받을 수 있다는 것을 뼈저리게 느꼈기 때문이다.

결론적으로 목사와 신도들이 평상시는 6천 원-1만 원 내에서 자유롭게 식사를 하고 특별히 축하하거나 감사할 일이 있을 시에는 그보다 약간 더 상향된 가격 범위 안에서 함께 식사를 하며 서로 친교를 나누면 큰 문제가 없을 것으로 생각된다. 어디까지나 내 경험에서 하는 한 가지 제안일 뿐이다.

제4부 목사와 행정

호스피스 사역에 대한 이해

기독교는 스스로를 일컬어 부활의 종교라 한다. 모든 종교는 현세 뿐 아니라 내세의 운명에 관심을 갖는다. 죽음 이후의 존재방식에 대해 무로 돌아감, 불가지론, 윤회 등 여러 이론이 있지만 기독교는 부활의 소망을 신앙한다. 물론 부활의 본질과 성격에 대해서는 다양한 이론이 있지만 통상 보수적인 기독교에서는 몸의 부활을 믿는 것이 상례다.

그렇다면 부활 신앙을 갖고 있는 개신교인들의 죽음의 질은 어떨까? 특별히 이 글에서 다루려고 하는, 암과 같은 중증 질병을 앓고 있는 사람들의 경우 종교별로 죽음의 질이 어떻게 나타날까? 얼핏 생각하면 부활 신앙을 갖고 있는 개신교인들의 죽음의 질, 곧 죽음에 임박했을 때 겪는 감정 변화 및 생을 아름답게 마무리하는 능력이 가장 높을 것 같다. 당연하지 않은가? 죽음이 끝이 아니라 천국에서의 영생의 소망이야말로 많은 개신교인이 갖고 있는 궁극적 소망이 아니던가.

하지만 실제로는 무신론자뿐 아니라 각종 종교인 중에서 개신교인들의 죽음의 질이 가장 떨어지는 것으로 조사되고 있다. 이게 무슨 말인가? 예컨대 말기 암 환자로 판명이 나면 의학적으로는 치료에 대한 가능성이 (현재의 의학 기술로는) 거의 없다. 상황이 이 정도가 되면 병원에서는 환자에게 가족과 함께 마지막으로 오붓한 시간을 보내든지 혹은 호스피스 병동으로 옮겨서 죽음에 대한 준비를 할 것을 정중히 권고한다. 그러면 타종교인이나 비종교인의 경우 대개는 병원 측의 제안을 받아들여 본격적으로 죽음에 대한 준비에 돌입한다(물론 처음에는 죽음을 받아들이는 것이 힘들지만 그러나 일정 시간이 지나면 마음의 문을 열고 그 수순을 밟는다). 그런데 유독 개신교인들만 임박한 죽음의 현실을 못 받아들이고 병원의 제안을 단숨에 거부하기 일쑤라고 한다.

왜 그런가? 일단 환자 및 환자의 가족이 죽음을 못 받아들이는 것이 원인이다. 이는 인간으로서 지극히 당연한 반응이다. 하지만 개신교인들이 중증 질병 앞에서도 죽음을 못 받아들이는 데는 종교적 이유가 더 강하다. 즉 기도하면 언제라도 하나님께서 고쳐주실 것이라는 믿음이 강하기 때문이다. 그런데 이 지점에서 목사의 조언이 매우 큰 역할을 한다. 즉 목사가 심방대원들을 데리고 정기적으로 병원을 방문해서 환자를 위로하며 하나님께서 어떻게든 고쳐주실 것이니 마음 약하게 먹지 말고 믿음으로 꼭 이겨내야 한다고 신신당부하는 것이 큰 영향을 끼친다.

문제는 이렇게 해서 정말 환자가 기적적으로 치료되면 괜찮은

데 현실은 그렇지 못하다는 데 있다. 환자 본인의 간절한 소망과 가족 및 교회의 간곡한 기도에도 불구하고, 말기 암 환자의 거의 대부분은 얼마 더 못 버티고 결국 이생에서의 삶을 마감한다. 상황이 이렇다 보니, 이생에서의 얼마 남지 않은 황금 같은 시간을 가족과 함께 보내고, 또 호스피스 병동에서 세상을 아름답게 떠날 준비를 하는 데 사용하기보다는 오히려 신기루 같은 기적만 기다리며 중환자실에서 기계에 둘러싸여 사투를 벌이다가 어느 날 느닷없이 영원히 이별하게 되는 것이다. 개신교 신자들 가운데서 유독 이런 경향이 강하게 나타나다 보니, 개신교인 중증 환자들의 죽음의 질이 가장 떨어진다고 말한 것이다.

이런 현실은 우리 목사들을 비롯하여 개신교회 전체적으로 많은 점을 반성케 한다. 특히나 생의 마지막 금쪽같은 시간을 가장 의미 있고 아름답게 사용하지 못하고 이룰 수 없는 환상과 미련에 묶여 속절없이 보내는 것에 대해서 우리는 우리의 신앙과 욕망 사이의 괴리를 솔직히 인정하지 않을 수 없다.

본시 기독교 신앙은 영원한 삶을 지향하면서 지상에서의 삶을 상대화시킬 수 있는 힘을 키우는 것인 데 반해, 현실의 개신교 신앙은 이 세상의 삶에 대한 집착과 욕망을 더욱 부추기는 방식으로 작동되고 있다 보니 죽음이 문턱에 도달한 시점에서까지 상황을 냉정하게 판단하는 능력을 거세당해버린 이 현실을 짚고 넘어가지 않을 수 없다. 더욱이 목사가 중증 질환과 종교적 치유 및 의학적 치료의 상관 관계 등에 대한 객관적 지식과 이해가 부족하다 보니, 불행한 사태에 직면한 신자들의 딱한 형편에 대해 안타까워하며 어떻게든 기도의 힘으로 그를 도우려는 목사의 선의가 오히려 사태를 더 그르치는 결과를 초래하고 있는 것이다.

그런 점에서 목사는 중증 질병에 대한 이해와 더불어 연명 치료 및 호스피스 요법에 대해 진지하게 공부할 필요가 있다. 신자들이 큰 병에 걸렸을 때 목사와 교회가 이 문제를 자신의 문제처럼 여기고 간절히 기도하는 것은 너무나 당연하다. 그런 상황에서 기도조차 하지 않는 목사는 목사로서 최소한의 자격도 없는 사람일 것이다. 혹 하나님께서 그 기도를 들으시고 초자연적 방법으로 병을 고쳐주신다면 이 또한 얼마나 감사하고 좋은 일인가.

하지만 그런 일은 좀처럼 일어나지 않는다는 현실 또한 냉정히 받아들일 필요가 있다. 그래서 목사는 기도와 함께, 신자들이 죽음의 문턱에 직면했을 때 그로 하여금 이 세상에서의 마지막 삶을 아름답게 마무리 지을 수 있도록 지혜롭게 도와야 한다. 곧 그가 생의 마지막 순간에 아직도 용서하지 못한 사람과 화해할 수 있도록, 또한 너무 과도한 욕심에 붙들려 이 세상에 지나치게 많은 물질을 남겨놓고 가지 않고 적절한 나눔을 실천할 수 있도록 권면해야 한다. 무엇보다 가족과 함께 사랑하고 사랑받을 수 있는 특별한 시간을 보낼 수 있도록 도와야 한다. 나아가 목사 자신이 죽음의 강을 건너갈 준비를 하고 있는 사람들 곁에서 좋은 말벗이 되어 생의 의미 전체를 반추하며 대화를 나눌 수 있다면 얼마나 뜻깊은 일인가.

목회자 이중직 문제

나는 종종 신학교 채플에서의 설교 봉사나 혹은 신대원 원우회 주최 특강에 초청을 받아 신학생들 앞에 설 기회를 얻곤 한다. 내가 어느 신학교에 초청을 받아 가든지, 빼놓지 않고 제일 먼저 하는 말이 있다.

"여러분 모두 당장 자퇴를 해도 한국교회가 굴러가는 데 아무런 지장이 없습니다. 여러분 중에 한 사람도 목사가 안 되어도 한국교회 미래에 아무 문제가 없습니다. 왜냐구요? 지금 한국교회는 목사가 없어서 문제가 아니라, 목사가 너무 많아서 문제이기 때문입니다. 현재 상황으로 볼 때 최소 10년 동안 한국교회가 목사를 새로 배출하지 않아도 한국교회가 돌아가는 데 아무 문제가 없을 겁니다."

이런 이야기를 꺼내면 신학생들의 표정이 묘해진다. 웃어야 할지 울어야 할지 쉽게 가늠이 안 되어서일 거다. 한국교회에 목사가 너무 많다는 말에는 공감이 되지만, 자신이 그 길을 포기해야 한다는 데는 거부감이 들 게다. 그러나 지금 한국교회에 목사가 지나칠 정도로 많다는 데는 누구나 공감할 줄 믿는다. 더욱이 교회를 이탈하는 신도들의 숫자가 해마다 가파르게 늘어나고 있을뿐더러 전체적으로 교회의 고령화 속도가 빠르기 때문에 신도 숫자에 비해 과도하게 목사가 많은 것은 이만저만한 문제가 아니다. 목사가 너무 많다 보니 그 질이 떨어질 뿐만 아니라 교회 생태계가 교란되어 목회 현장이 정글로 변질되어버렸다. 결국 목사들은 생존의 문제 앞에서 살아남기 위해 온갖 세속적인 방식을 동원해서라도 자신과 가정을 보호하려는 본능 앞에 굴복할 수밖에 없다.

나는 개인적으로 이런 문제를 15년 정도 전부터 심각하게 인식하기 시작했다. 아무리 계산을 해봐도 한국교회의 목사 수급 문제(수요와 공급 문제)는 완전히 실패했다는 판단에서였다. 그래서 이런저런 기회가 있을 때마다 이 문제를 해결하지 않고는 한국교회의 미래가 없을 거라는 주장을 펼치기도 했다. 사실 이 문제를 해결할 수 있는 유일한 주체는 교단 총회와 교단의 지도를 받는 신학교 당국자들이다. 그러나 유감스럽게도 그들은 이 문제를 적극적으로 해결할 의지도 능력도 없다. 워낙 다양한 이해관계가 걸린 문제이기도 하지만 무엇보다 자신의 밥그릇과 직결된 일이기 때문이다. 결국 목사의 과수급 문제를 해결할 수 있는 방편은 크게 축소되거나 제한된다. 쉽게 말해 그냥 개인이 알아서 목사를 그만두거나, 혹은 목사직을 유지하면서 생활비를 스스로 해결하는 것이다. 소위 말하는 "목사 이중직" 문제만이 소극적이고 부정적인 방식이나마 문제

해결의 한 단초가 될 수 있는 것이다.

　나는 10여 년 전부터 본격적으로 목사 이중직 문제를 거론하기 시작했다. 어차피 교회가 너무 많은 데다, 신도들 숫자가 100명 미만인 교회가 절대다수인 상황에서 개교회가 목사 가정의 생계 문제를 전적으로 책임질 수 없다면 목사가 주중에 다른 직업을 갖는 방식을 통해서라도 각자도생할 수밖에 없을 거라는 이야기였다. 나는 목사 이중직이 한국교회 목사 수급 실패의 문제를 근본적으로 해결해주는 방편이라고는 생각하지 않았으나, 교단과 총회가 소속 목사들의 복지와 인권 문제를 책임지지 않고 무방비 상태로 방치하는 상황에서는 그렇게 해서라도 살아남아야 하지 않겠느냐는 의미와 함께, 이중직 문제를 거론함으로써 궁극적으로는 목사 수급 문제를 합리적으로 재검토하기를 바라는 마음이 컸기에 그런 화두를 건드렸다. 그러나 당시만 해도 내가 이런 말을 꺼내면 다들 이상하다는 반응을 보였다. 어떤 사람은 나를 믿음이 부족한 사람 취급하기도 했다.

　하지만 또다시 몇 년이 흐르자 한국 개신교의 분위기가 확 달라졌다. 교회 쇠퇴와 신도 이탈의 문제가 가시화되고 그에 반해 목사의 숫자가 너무 많다는 데 공감대가 형성되면서, 무엇보다 실제로 우리 주변에서 생계 걱정을 해야 하는 목사들이 점점 늘어나면서 드디어 "이중직" 문제가 공론화되기 시작했다. 이중직 문제를 적극 옹호하는 사람들은 자신의 주장을 뒷받침하기 위해 그 흔하디 흔한 바울의 자비량 사역을 거론하기도 하고, 목사가 실제로 직업 현장에서 살아봐야 신자들의 고통과 애환을 이해할 수 있을 것이라는 논리를 동원했다.

그런 와중에 개인적으로 나 또한 몇 차례 이 문제와 관련하여 인터뷰를 하자는 언론의 요청이나 어느 교단에서 주최하는 공청회에 나와 의견을 밝혀달라는 부탁을 받았지만 모두 다 거절했다. 그 사이 내 생각이 또 바뀌었기 때문이다. 현재 나는 사석에서 이 문제에 대해 질문을 받으면 이렇게 답하곤 한다.

"이중직을 고민해야 할 정도 상황이면 그냥 목회를 그만두시고 전직하시지요."

내가 이런 말을 하면 상대는 적이 놀라거나 실망한다. (아마 속으로는 서운하거나 분노할 수도 있을 것이다.)

그럼 상대의 눈치를 살펴가며 나는 이렇게 말을 잇는다.

"사실 목회는 굉장한 에너지가 필요한 일입니다. 말 그대로 풀타임으로 전력투구를 해도 성공할까 말까 한 일입니다. 그런데 주중에 다른 일을 하면서 주말에만 목회를 한다는 것은 불가능에 가깝습니다. 딸랑 설교 한 편 하는 것은 목회도 아닐뿐더러, 주중에 고되게 일하고 지친 몸으로 토요일에 반짝 설교 준비한다고 해서 좋은 설교가 나오지도 않습니다. 그러니 현실이 꼭 이중직을 해서라도 생계를 유지해야 할 정도면, 차라리 마음을 정리하고 전직을 하는 것이 더 나은 선택이라고 봅니다."

아마 나의 이런 대답이 야속하거나 못마땅한 분들도 있을 것이다. 그래도 할 수 없다. 목회를 진득하게 안 해본 사람은 이중직에 대한 나름의 환상을 갖고 있을 수 있겠으나, 목회를 해본 사람은 그게 말처럼 쉬운 일이 아니라는 것을 잘 알 것이다. 이중직은, 자칫하면 목회도 못하고 사회생활도 망칠 수 있다.

나는 여전히 이 문제를 어떻게 해결할 수 있을지 그 정답을 알지 못한다. 다만 현재까지 정리된 생각의 수준은 이렇다. 첫째, 정말 이중직을 겸하면서 목회를 하고 싶은 사람은 큰 욕심을 부리지 말고 10명 내외의 알차고 단단한 교회를 꿈꾸는 것이 합리적이라고 본다(물론 이도 쉽지 않을 것이다). 둘째, 자신은 무슨 일이 있어도 목사로서 교회를 섬기다 죽겠다는 소명과 일념이 굳건한 사람이라면 아무리 어려워도 이중직의 유혹에 넘어가지 말고 정말 죽을 각오로 목회에 승부를 걸기 바란다. 셋째, 이도 저도 아닌 사람이나 혹은 이리해봐도 안 되고 저리해봐도 안 되는 사람은 차라리 전직을 해서 다른 일로 생계를 도모하고 주일에는 교회에서 평신도로 봉사하며 살기 바란다.

나는 도저히 먹고살 수가 없어 목회 현장을 포기하고 전직을 하는 사람에 대해서 하나님이 매섭게 책망하거나 정죄하지 않으실 것이라고 믿는다. 하나님은 그런 매정하고 무자비한 분이 아니시다. 목사가 생계에 위협을 겪는 문제는 단지 목사 혼자만의 문제로 끝나는 것이 아니라, 더 근본적으로는 목사 가정 전체가, 특히 아이들이 생존의 막다른 골목에 내몰리는 것을 의미한다. 더군다나 금수 저니 흙수저니 하면서 부모의 부와 계급이 자식에게 대물림되는 한 국사회 현실에서 목사 가정이 경제적으로 밑바닥을 헤매는 것은 세 대를 이어 고통의 뿌리가 될 수 있다.

목회를 아무리 해도 안 되어 전직을 하는 것은 당신의 죄가 아 니다. 당신이 무능하거나 나쁜 사람이어서도 아니다. 그것은 우리 선배 목사들이—특별히 교권주의자들이—자신들의 정치적 야망과 욕심에 눈이 멀어, 그리고 전투적 선교 개념에 빠져 무분별하게 신 학교를 확충하고 목회자 수급 정책을 비합리적으로 설계해놓았던 것의 칫값을 당신이 대신하고 있기 때문이다. 그러니 자책하거나 자괴감에 빠지지 않아도 된다.

이 글을 써내려가는 내 마음에도 눈물의 강이 흐른다.

글을 마치며

소설가 이외수 선생은 젊은 날 한 편의 글을 쓰기 위해 집안에 철창
으로 된 유치장을 만들어놓고 그 안에 들어가 먹고 자며 치열하게
작품을 집필했다고 한다. 그야말로 글 감옥이었던 셈이다.

감히 이외수 선생에 비할 바는 아니지만 내게는 지난여름 짬짬
이 페이스북에 연재한 "목사 시리즈"가 일종의 글 감옥이었다. 다른
이유는 없다. 이런 유의 글을 쓴다고 해서 과연 한국교회가 나아질
지, 목사들이 달라질지, 지극히 회의적이었기 때문이다. 세상에 내
키지 않는 글을 쓰는 것보다 더 큰 고역이 어디 있단 말인가. 그래
도 내 자신과 맺은 약속을 조금이라도 지키기 위해 꾸역꾸역 글을
썼다. 애당초 작정했던 분량에는 못 미쳤지만 그래도 하고 싶은 말
의 7할 이상은 채웠다고 자평한다.

이 시리즈를 쓰기로 마음먹었던 초기에 유혹이 전혀 없었던 것
은 아니다. 마침 올해가 종교개혁 500주년이 아니던가. 해서 나도
일그러진 한국 개신교의 심장을 정조준하는 날카롭고 매서운 글을
써볼까, 하는 마음을 잠시나마 먹었더랬다. 그러나 곧바로 내 글은

상식이 통하는 목사

그런 깜냥이 못 된다는 것을 자각하고 아무 미련 없이 그 유혹에서 벗어날 수 있었다.

한 달이 조금 넘는 기간 매일 1-2개의 글을 페이스북에 올리면서 내가 가장 신경쓴 것은 이 글이 지나치게 현학적이지도, 반대로 과도하게 현장 중심적이지도 않게끔 적절한 균형을 유지하는 것이었다. 왜냐하면 나는 이 글들을 통해서 무엇보다 한국교회의 현실을 함께 고민하고 싶었기 때문이다. 그래서 신학 논쟁에 빠질 수 있는 글쓰기를 조심하는 한편, 현장에 함몰되지 않도록 주의했다. 한국교회의 약점을 비켜가지 않는 동시에 현장에서 사역하는 목사들만의 고충도 담으려고 나름 노력했다. 물론 실제로 얼마나 그 목표가 달성되었는가는 별개의 문제다.

내가 그동안 썼던 글들은 모두 페이스북 글쓰기 창에서 잠시의 망설임도 없이 한 번에 쓴 것들이다. 목사 시리즈의 어떤 글들도 사전에 글의 얼개를 짜거나 초안을 잡아놓고 수정한 후 페이스북 공간에 올린 것은 없다. 모두가 페이스북에서 직접 작성한 후 수정을 거치지 않은 날것 그대로였다. 따라서 많은 글들이 성기고 거친 것이 사실이다. 하지만 글의 생동감을 살리기 위해 몇몇 오류를 바로잡는 것 외에는 그대로 두었다.

때마침 오늘 저녁에 칼뱅의 『교회 개혁』이 제작 완료되었다. 이 책은 종교개혁가 칼뱅이 1544년에 열린 제4차 슈파이어 제국의회에 제출한 『교회 개혁의 필요성』이란 장문의 글을 책으로 엮은 것이다. 당시 신성 로마 제국의 황제이자 가톨릭 신자였던 카를 5세는 제국 내의 정치적 안정을 도모하기 위해 종교개혁에 가담한 영주 및 신학자들이 가톨릭 교회의 울타리 안으로 복귀할 것을 은근히 종용했다. 이런 상황에서 부처가 칼뱅에게 종교개혁의 정당성을 논증할 글을 써달라고 부탁했고, 그 부탁을 받아 칼뱅이 작성한 글이 바로 『교회 개혁의 필요성』이었다. 칼뱅은 이 글에서 중세 가톨릭 교회의 타락과 부패상을 조목조목 지적하고 비판하며 교회가 성서적 원리로 다시 돌아갈 것을 부르짖는다.

칼뱅은 중세 가톨릭의 실패의 근본 원인이 부실한 사제 선발과 관리에 있다고 갈파했다. 그는 말하길, 집에서 부리는 마부를 선발하는 일에도 꼼꼼히 뒷조사를 하는 판국에 정작 사제를 선발하는 과정은 번갯불에 콩 구워먹듯이 부실하기 짝이 없다고 개탄한다. 그 결과 무려 12세 소년이 여러 개의 교구를 관장하는 대주교 자리에 오르는 일까지 버젓이 벌어진다. 칼뱅의 이런 한탄은 마치 오늘의 한국 개신교의 현실을 보여주는 듯하여 씁쓸하기 그지없다. 그 때나 지금이나, 문제의 현상도 비슷하고, 그 원인도 동일하다. 좋은 목사가 부족하기 때문에 교회가 병드는 것이다.

아마 목사들 가운데는 이런 지적이 영 마뜩찮은 사람도 있겠다. 왜 목사만 갖고 자꾸 뭐라 하느냐 싶을 게다. 그래도 할 수 없다. 한국교회 실패의 가장 큰 원인이 목사들에게 있다는 것은 부인할 수 없는 사실이 아니던가. 그러니 장로, 권사, 집사 모두 끌고 들어가는

상식이 통하는 목사

물귀신 작전을 구사하기보다는 목사들이 앞장서 그저 내 탓이오 고백하는 것이 더욱 책임 있는 모습이 아닐까 싶다.

무섭게 퇴락해가는 한국 개신교를 살릴 수 있는 길은 과연 무엇일까? 나아가 시민사회와 민족의 근심거리가 되어버린 한국 개신교를 변혁시킬 수 있는 방책은 무엇일까? 나는 좋은(신실한) 목사들이 배출되는 것 말고는 길이 없다고 본다. 다른 방법도 있겠지만, 내가 보기에는 이 문제가 결정적이다.

이를 위해 신학교는 과감하게 구조조정을 단행하고 도제 수업에 준하는 방식으로 신학 교육을 재설계해야 하지 않을까. 이미 현장에 나와 있는 목회자들은 시대정신을 성찰하며 스스로 재교육에 부단히 힘써야 하지 않을까. 목사들 모두 이 상황을 돌파하기 위해 피나는 노력을 해야 하지 않을까. 이런저런 현실적 이유를 들먹이며 핑계대는 대신 우리 모두 교회가 직면한 위중한 상황을 직시하고, 이 상황을 타개하기 위해 최선의 노력을 경주해야 하지 않을까.

내 짧은 식견으로는, 지난 이천 년의 교회 역사를 일별해볼 때 부패하고 무기력한 교회가 갱신될 때에는 위대한 신학자들이 출현해 신학의 패러다임을 근본적으로 뒤바꾸든지, 혹은 위대한 영성가들이 출현해 대각성 운동을 벌이든지 하는 식이었다. 그런 의미에서 우리에게도 기도와 말씀, 학문과 경건으로 무장한 정말 좋은 목사들이 절실히 필요하다. 부디 여기저기서 그런 자질을 갖춘 좋은 목사들이 나타나기만을 고대한다. 이 모든 것이 사람의 힘으로는 불가능해도 주의 성령으로는 가능하리라.

오! 성령이여, 부디 한국교회를 긍휼히 여기시고 도우소서.

상식이 통하는 목사

삶에 밑줄 긋기

Copyright ⓒ **김요한** 2017

1쇄발행_ 2017년 9월 22일
3쇄발행_ 2017년 11월 24일

지은이_ 김요한
펴낸이_ 김요한
펴낸곳_ 새물결플러스
편 집_ 왕희광·정인철·최율리·박규준·노재현·한바울·신준호·정혜인·김태윤
디자인_ 김민영·이지훈·이재희·박슬기
마케팅_ 임성배·박성민
총 무_ 김명화·이성순
영 상_ 최정호·조용석·곽상원

아카데미_ 유영성·최경환·이윤범

홈페이지 www.holywaveplus.com
이메일 hwpbooks@hwpbooks.com
출판등록 2008년 8월 21일 제2008-24호
주소 (우) 07214 서울특별시 영등포구 양평로 11, 4층(당산동5가)
전화 02) 2652-3161
팩스 02) 2652-3191

ISBN 979-11-6129-036-2 03230

책값은 뒤표지에 있습니다.

이 도서의 국립중앙도서관 출판예정도서목록(CIP)은 서지정보유통지원시스템
홈페이지(http://seoji.nl.go.kr)와 국가자료공동목록시스템(http://www.nl.go.
kr/kolisnet)에서 이용하실 수 있습니다(CIP제어번호: CIP2017023708).